처음
주식투자를
하는
너에게

처음 주식투자를 하는 너에게
내 딸에게만 알려주고 싶은 주식투자법

1판 1쇄 발행 2023년 6월 2일

지은이 연금술사 이윤영

기획편집 정선영
디자인 문성미
교정교열 하민희
제작 세걸음

펴낸이 정선영
펴낸곳 도도서가
출판등록 2023년 1월 3일 제2023-000001호
주소 서울시 서대문구 증가로 2길 39, 203호
이메일 dodoseoga@gmail.com
인스타그램 @dodoseoga

ISBN 979-11-983121-0-5 (03320)

ⓒ 연금술사, 이윤영

이 책은 저작권법에 의해 보호받는 저작물이므로 무단 전제와 복제를 금합니다.
이 책의 일부 또는 전부를 재사용하려면 반드시 저자와 도도서가의 동의를 받아야 합니다.
책값은 뒤표지에 있습니다. 잘못된 책은 구입하신 곳에서 교환해드립니다.

내 딸에게만
알려주고 싶은
주식투자법

처음
주식투자를
하는
너에게

연금술사·이윤영 지음

도_도
서가

추천의 글

바른길을 알려줄 진짜 고수의 책

*

염승환
이베스트투자증권 이사

2021년 초 주식시장이 한참 뜨거울 때 이 책의 저자를 처음 만났다. 그땐 주식투자를 하리라곤 전혀 생각하지 못했다. '세상 모든 것에 관심 많은 열정적인 사람이구나'라고만 생각했다. 그런데 어느 날 내게 A라는 기업에 대해 물어보길래 내가 아는 선에서 답을 해줬다. '주식투자를 시작하려고 그러나?' 하고 생각을 했는데 그게 아니었다.

이내 그가 말했다. A라는 기업의 과거 스토리, CEO, 현재의 사업 현황, 미래에 벌어질 일, 그리고 A기업이 속한 산업까지…, 듣기만 했는데 순식간에 내 눈앞에 A기업의 과거, 현재, 미래의 그림이 그려졌다. 그가 다 알면서도 물어본 이유는 아마 A라는 기업에 대한 자신의 생각을 확인하고 싶었던 것 같았다. 그때 느꼈다. 이 사람은 단순히 세상에 관심만 많은 사람이 아니라, 관심도 많고 '주식투자도 잘하는 고수'구나!

그는 내가 모르는 부분도 많이 알고 있었고 실제 그가 투자하고 있다고 했던 기업들의 주가는 대부분 상승세를 보였다. 그리고 기회라고 생각하면 과감하게 투자하는 결단력도 있었다. 이 책에서도 강조한 기업에 대한 관찰, 세상에 대한 관찰, 그리고 앞으로의 미래에 대한 예측, 그 예측이 합리적이라고 생각하면 과감하게 투자하는 실행력까지, 그는 말만 하는 투자자가 아닌 진짜 고수였던 것이다.

내가 개인적으로 훌륭한 투자자라고 생각하는 일반인 투자자가 몇 명 있다. 그중에 한 명이 바로 이 책의 저자이다. 일단 그는 이것저것에 관심이 많다. 책에서도 계속 강조한 것이 관심이다. 세상에 관심이 많아야 주식투자에서 성공할 확률이 높아진다. 주가는 기업의 미래 가치를 반영한다. 세상이 변하는 데 기여한 기업, 세상의 변화에 잘 적응한 기업은 장기간 꾸준히 주가가 상승하는 경우가 많다. 세상의 변화와 역행하는 기업(디지털 카메라가 나온 이후 코닥의 몰락, 아이폰 출시 이후 노키아의 몰락 등)은 살아남을 수 없고 주가도 계속 하락하게 된다. 관심이 있어야 세상의 변화를 알 수 있다. 그리고 그러한 변화를 제3자의 관점에서 입체적으로 관찰해야 한다.

주식투자는 1+1=2를 푸는 1차원 방정식이 아니다. 다양한 변수가 들어가는 1+1=5가 될 수도 있는 고차원 방정식이다. 단편적 사고로는 정답을 풀 수 없는 곳이 주식시장이다. 그리고 반드시 미래를 예측해야 한다. 주가는 미래를 선반영하기 때문이다. 이때 공상과학 소설은 곤란하다. 팩트에 기반해야 하는 것은 기본이다. 예를 들어, "앞으로 로봇 시대가 열릴 것 같아요"는 그냥 공상과학 소설에 불과하다. 막연하기 때문이다. "삼성전자가 레인보우로보틱스란 협동로봇 기업에 투자했어요. 대기업이 돈을 투자하는 곳에 시장이 열린다는 말을 들었어요. 삼성전자는 실제 미국에 반도체 공장을 짓는다고 하네요. 미국 정부는 외국 기업들이 미국에 공장을 지으면 대규모 보조금을 지급한다고 합니다. 공장들이 많아지면 협동로봇 수요가 늘겠네요. 진짜 로봇 시대가 오고 있네요"라는 생각은 어떤가? 구체적이면서도 팩트에 기반한 미래 예측이라는 생각이 들 것이다. 이 책의 저자는 이러한 사고방식을 통해 기업을 선정하고 투자하는 훌륭한 투자자이다. 실제 성과도 매우 좋은 것으로 알고 있다.

이 책은 주식투자 입문서이다. 필자 자신의 풍부한 투자 경험을 바탕으로 쉬운 용어와 문체로 매우 친절하게 써 내려간 책이다. 주식을 몰라도 읽는 데 전혀 어려움이 없다. 이 책은 주식투자를 시작하지 않았거나, 이제 막 발걸음을 뗀 초보 투자자에게 매우 적합한 책이다. 주식투자를 왜 해야 하는지, 주식투자에 필요한 마음가짐은 무엇이고 어떻게 공부를 해야 하고 기본 지식으로는 어떤 걸 알아야 하는지 등을 매우 친절하게 알려준다.

주식투자에 막연한 두려움을 갖고 있거나 길을 몰라 헤매고 있는 분들에게 이 책은 제대로 된 길을 알려주는 내비게이션이다. 처음이라고 너무 어렵고 두렵게 생각할 필요 없다. 이 책이 여러분의 곁에서 친절하게 길 안내를 해줄 것이다.

　이 책의 저자가 내게 추천사를 써달라고 부탁했을 때 단 0.1초의 망설임도 없었다. 오히려 내가 감사했다. 실력자의 책에 내가 글 한 줄이라도 쓸 수 있었기 때문이다. 다시 한번 그에게 감사하다는 말을 전하고 싶다.

　주식투자는 여러분을 큰 부자로 만들어주기도 하지만 치명적인 재산상의 피해를 주기도 한다. 그러니 바른길을 찾아야 한다. 바른길을 알 수 있다면 부자가 되는 것은 어렵지 않다. 그 길로 가는 첫 번째 관문을 이 책만큼 잘 알려줄 책은 없다.

프롤로그

연금술사

딸, 아빠가 주식투자를 시작한 게 2005년이니까 벌써 20년 가까이 주식투자를 해왔네. 인생을 바꿀 만큼 큰돈을 번 건 아니지만 꾸준히 수익을 올린 사실에 대해 자부심도 가지고 있어.

주식투자를 하면서 제일 자랑스럽게 생각하는 일은 2008년에 수익률 0%를 기록한 일이야. 미국에서 시작된 금융위기로 수많은 사람들이 큰돈을 잃었을 때 계좌의 돈을 잘 지켰다는 게 그렇게 뿌듯하고 자랑스러울 수가 없었어.

한편으로 속상한 건 스노우볼링을 하지 못했다는 사실이야. 주식투자는 수익을 기록함에 따라 원금이 불어나면서 똑같은 수익률을 기록해도 버는 돈이 점점 많아지게 되는데, 이를 처음에는 작았던 눈덩이가 커지면서 점점 빠르게 커지는 모습과 닮아서 '스노우볼'이라고 하거든. 아빠도 꾸준히 수익을 기록했기 때문에 눈덩이를 굴리듯 계속 굴릴 수 있었다면 꽤 큰돈을 모을 수 있었을 거야.

너도 알다시피 우리 집의 여러 상황 때문에 아빠의 계좌는 원금을 불려나가지 못하고 계속 커지는 눈덩이를 헐어서 쓸 수밖에 없었지. 어느 날 문득 계좌에서 돈을 빼지 않고 계속 불려나갔다면 얼마쯤 됐을지 계산해보고 속이 상하기도 했단다. 깜짝 놀랄 만큼 큰돈이었거든. 이런 가정은 무의미하지만 우리 집에 그런 상황이 없어서 계속 계좌를 불릴 수 있었다면 얼마나 좋았을까.

하지만 한편으로는 정말 뿌듯하고 자랑스러워. 아빠가 열심히 노력했기 때문에 우리 가족이 여러 어려운 상황에도 불구하고 경제적으로 큰 어려움을 겪지 않고 살 수 있었다고 생각하거든. 우리 딸도 이 다음에 가족들의 어려움을 대신 해결해줄 수 있는 사람이 되었으면 좋겠어. 물론 어려움을 겪지 않고 살 수 있다면 더욱 좋겠지.

주식투자를 시작할 때 제일 중요한 건 두 가지야. 첫째, 주식투자에 투입하는 노력과 시간이 본업에 방해가 되지 않아야 한다는 거야. 대부분의 주식 투자자들은 주식투자 외에 원래 직업이 있지. 너처럼 학교에 다니는 학생일 수도 있고, 아빠처럼 회사를 다니는 회사원일 수도 있고, 장사를 하는 사람도 있고, 학교 선생님일 수도 있어.

주식투자를 하는 사람 중에는 가끔 주식창을 들여다보느라 자기 일을 소홀히 하는 사람이 있어. 절대로 그래서는 안 돼. 최선을 다해 자기 일을 하고, 남는 시간과 에너지를 주식투자에 투입하면서 투자를 해야 해. 본업을 소홀히 하면서 주식창을 들여다보는 사람은 본업도 제대로 못하고, 주식투자도 실패하는 경우가 대부분이야. 자기 일을 제대로 하지 않는 사람이 주식투자라고 제대로 할 수 있을 리가 없잖아. 그러니 주식투자는 본업에 최선을 다할 수 있는 범위 내에서만 해야 해.

둘째, 탐욕을 부려선 안 돼. 대부분 주식투자에 실패하는 사람들은 지나친 욕심을 부리다 실패해. 너무 빨리 너무 많은 돈을 벌려다가 실패하는 거지. 주식투자는 길고 오래가야 성공할 수 있어. 지속적으로 주식투자를 하려면 탐욕을 부려선 절대로 안 돼.

지족불욕知足不辱, 즉 만족함을 알면 욕을 당하지 않는다는 말처럼 적당히 빠르게 적당히 수익을 올리는 걸 목표로 주식투자를 해야 해. 그러다 보면 생각한 것보다 훨씬 좋은 결과가 나오는 일도 생길 수 있고, 무엇보다 큰 실패를 하지 않아. 주식투자는 성공하는 것보다 실패하지 않는 게 훨씬 중요해. 그러니 과욕을 부리지 않도록 항상 조심해야 해.

아빠가 하는 말을 다 이해하진 못하겠지만, 너와 함께 쓴 이 책이 네가 커서 다시 봤을 때, 네 투자생활에 도움이 될 수 있다면 좋겠어.

프롤로그

이윤영

아빠, 처음 아빠가 주식공부를 하며 용돈으로 주식투자를 해보자고 할 때는 덜컥 겁부터 났어. 주변에 친구들이 부모님과 함께 주식투자를 시작했다가 주식창이 날뛰는 것을 많이 보았다고 했거든. 또 어떤 친구는 부모님이 갖고 계신 주식이 56만 원이 되어 더 오를 거라 생각해 팔지 않았지만 다음 날 바로 30만 원대가 되어 많이 속상해하신다는 얘기를 하기도 했고.

그래서 아빠의 말을 듣고 그동안 열심히 모은 나의 용돈이 다 없어지면 어떻게 하지라는 걱정부터 앞섰거든. 두려운 마음에 의식적으로 주식에 대해 더 관심을 갖지 않고 멀리하려고 했었나 봐.

아빠와 같이 주식투자를 시작한 지도 벌써 1년 정도 됐어. 그동안 열심히 공부해서 주식이 무엇인지는 이제 알게 되었지만, 투자를 어떻게 해야 잘하는 건지는 아직 잘 모르겠어. 가장 어려운 건 어떤 회사가 좋은 회사인지 판단하는 것과 매도 시점이야. 이 점은 앞으로도 어려울 것 같아.

하지만 이번에 아빠와 함께 책을 쓰면서 주식투자에 대해 더 많이 알게 되고 두려움도 좀 더 이겨낼 수 있게 된 거 같아. 고마워.

차례

추천의 글 ・5
프롤로그 ・9

1장 주식 기초부터 차근차근

주식이 생소한 너에게 ・19
주식은 왜, 어떻게 탄생했을까 ・24
주식 매매는 어디서 어떻게 할까 ・29

2장 주식투자를 해야 하는 이유

주식투자란 ・39
투자로 돈을 벌면 무엇이 좋을까 ・47
제일 좋은 투자처는? ・49
가장 좋은 투자 수단, 주식 ・53
그럼에도 주식투자를 말리는 사람들이 있는 이유는? ・78

3장 주식투자 시작하기

갖춰야 할 세 가지 능력 · 85
투자 전에 명심할 점 · 89
주식시장에서 이기는 비결 · 91
주식시장 어떻게 읽을까 · 95
단순히 보는 게 아니라 관찰하기 I 다음을 예측해보기 I 반대도 생각해보기 I 쾌감에 취하지 않기 I 개인 투자자만의 강점을 적극 활용하기 I 손실에 익숙해지기 I 악력 기르기 I 겸허히 받아들이기 I 벌 때 많이 벌고, 잃을 때 조금 잃기 I '그런 것까지' 알기 I 비율로 생각하는 습관 들이기 I 주식장이 좋지 않을 때 외면하지 않기 I 주식 공부, 책으로 하기
자신의 투자 스타일 찾기 · 143
투자할 회사 찾는 법 · 156
투자 아이디어 검증하기 · 163
실전! 아이디어 검증 · 168

4장 주식투자 3대 관리

종목관리 · 177
심리관리 · 179
자본관리 · 193

5장 모두의 보물지도, 재무제표

재무제표란 · 215
재무제표를 공부해야 하는 이유 · 216
재무제표 보는 법 · 217
현금성 자산 I 부채 I 재고자산 I 매출채권 I 손익계산서 I 현금흐름표
보고서 전체 보기 · 233
주목해야 할 보고서 내용 · 235
보고서를 입체적 유기적으로 보는 법 · 238

6장 주식투자로 돈을 벌기 위해 꼭 알아야만 하는 것들

복리의 마법 · 245
복리가 중요한 이유 · 248
투자자가 꼭 알아야 할 안전마진 · 251
회사는 주가는 어떻게 평가할까 · 255
투자자의 기대와 가치평가 · 260
수익성으로 회사를 평가하는 방법 · 270
너에게 주식투자법을 알려주는 이유 · 285

1장

주식
기초부터
차근차근

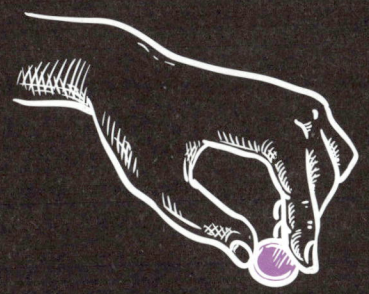

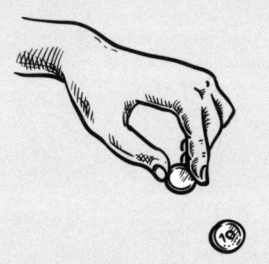

주식이 생소한 너에게

우리가 사는 집이나 먹는 음식, 자주 사용하는 자동차, 스마트폰 같이 우리가 쓰는 모든 물건, 그리고 우리가 보는 웹툰이나 영화, 드라마나 우리가 하는 게임은 누가 만들지? 모두 잘 아는 것처럼, 회사들이 만들지. 게임을 만드는 넥슨이나 엔씨소프트 같은 회사도 있고, 라면을 만드는 농심이나 삼양식품 같은 회사도 있고, 자동차를 만드는 현대자동차나 기아자동차, 집을 만드는 GS건설이나 현대건설처럼 수없이 많고 다양한 회사가 있지. 이러한 회사들은 한 종류의 물건을 만들어 팔기도 하지만, 여러 종류의 물건을 팔기도 해. 심지어 물건이 아닌 걸 팔기도 하지.

물건이 아닌 걸 파는 회사라면 인스타그램, 페이스북 같은 회사가 떠오를지도 모르겠다. 이런 플랫폼 회사뿐만 아니라 물건을 팔지 않고 영상 콘텐츠를 파는 SBS나 tvN 같은 방송국도 생각날 거야. 케이팝을 전 세계에 알린 SM, JYP, 하이브같이 가수가 있는 회사도 CD나 굿즈만 파는 게 아니라 다양한 콘텐츠를 팔아.

네이버나 카카오 같은 회사는 물건을 직접 팔지 않고 자신들의 앱을 통해서 광고를 내보내거나 누군가 물건을 팔게 해서 더 큰돈을 벌어. 이런 걸 '서비스'를 판다고 하지. 게임 회사도 아이템을 팔아 돈을 벌기도 하지만, 앱스토어나 구글 플레이, 스팀(Steam, 글로벌 온라인 게임 유통 플랫폼) 같은 플랫폼을 통해 온라인으로 게임을 팔기도 해. 웹툰이나 영화, 드라마를 자기 플랫폼에 올려 회원을 모집해 사용료를 받는 OTT 회사도 네이버나 카카오처럼 물건을 파는 게 아니라 서비스를 제공하는 회사지.

수많은 회사가 자신들의 물건을 팔거나 서비스를 제공해서 돈을 벌어. 그럼 회사에서 돈을 벌면 그 돈은 누가 가지게 될까? 당연히 회사의 주인이 가지겠지? 그런데 회사를 만든 사람이 꼭 회사의 주인일까? 그런 경우도 있지만 아닌 경우도 많아. 지구에서 가장 유명한 기업가 중 한 명인 스티브 잡스는 한때 자기가 만든 회사인 애플에서 쫓겨나 다른 회사에 다니다 나중에 다시 애플에 돌아와 지금 우리가 쓰는 여러 애플 제품을 만들었어.

스티브 잡스가 회사의 주인이었다면 애플에서 쫓겨났을까? 잡스 사례를 통해 알 수 있듯이, 회사의 주인은 회사를 만들었냐 아니냐로 결정되는 게 아니라 다른 방법으로 주인이 정해진단다. 어떤 방법일 것 같니? 회사의 주인을 결정하는 방법은 한 가지가 아니라 여러 가지가 있어. 그 방법 중 지금 회사에서 가장 많이 사용하는 방법을 알려줄게.

회사의 주인이 될 수 있는 권리와 이를 증명하는 증서를 정해진

수량만큼 발행해서, 증서를 가지고 있는 사람들을 회사의 주인으로 정하는 방법이 있단다. 이때 이 증서를 '주식'이라고 하고, 이런 방법으로 회사의 주인을 정하는 회사를 '주식회사'라고 해.

주식과 주식회사

아, 오래 걸렸네. 드디어 주식이란 단어가 나왔지? 주식회사는 주식을 가진 사람을 회사의 주인으로 인정한단다. 주식을 하나라도 가지면 회사의 주인이 되는 거지. 주식을 가지고 있는 사람들을 '주주'라고 부른단다.

그럼 주식이 1000개 있는 주주와 1개 있는 주주는 똑같이 회사의 주인으로서 권리를 행사할 수 있을까? 그렇지는 않아. 주식을 많이 가질수록 '더 주인으로서' 권리를 행사할 수 있어. '더 주인으로서'란 말이 좀 어색하지만, 주식을 많이 가질수록 회사의 주인으로서 영향을 행사할 수 있는 권리가 더 커지기 때문에 이런 식으로 표현했단다.

어떤 회사에 대해서 '얼마나 주인인가'라는 다소 어색한 표현을 주식시장에서 사용하는데, 이는 '지분이 몇 %인가' 혹은 '주식을 몇 주 가지고 있는가'를 의미해. 회사의 총 지분을 100%라고 할 때 어떤 사람이 몇 %의 지분을 가지고 있느냐에 따라 그 사람이 회사의 결정에 관여하고 이익을 나눠 가지는 비율이 달라지지. 그래서 지분이 많은 사람이 적은 사람에 비해서 '더 주인'이 돼.

'주식을 가진다'라는 건 '회사를 가진다'라는 것과 같은 의미란다. 자기가 가진 주식 수만큼 회사 일부를 소유한다는 거지. 그러니까 주식은 회사를 누가 얼마큼 가졌는지 알려주고 증명해주는 문서란다.

어떤 회사의 주식은 많이 가질수록 그 회사의 건물이나 공장, 기계, 땅 같은 자산이나 그 회사가 버는 돈에 대해 더 많은 권리를 부여해. 정확히 말하면 자신의 지분율만큼 권리를 부여하지. 주주 중에서 주식을 가장 많이 가진 사람을 '최대주주'라고 부르는데, 이 사람들은 당연하게도 회사의 중요한 결정을 내릴 때 다른 주주보다 더 큰 권한을 행사할 수 있어.

지분을 조금 가진 사람, 극단적으로 얘기하면 1주만 가지고 있는 사람도 모두 주주이고, 회사의 주인이야. 이런 사람들을 '소액주주'라고 부르는데, 이 사람들도 자기가 가진 지분만큼은 회사의 의사 결정에 관여할 수 있단다.

정리하자면, 회사의 소유권을 증명하는 증서는 주식이고, 이 주식을 가진 사람은 주주라고 부르며, 이 주주들은 회사의 중요한 결정에 참여해 회사가 버는 돈을 공유해 회사의 중요한 사안에 관해서 결정할 수 있는 권한도, 공유받는 이익도 총 주식 중 자신이 가진 주식의 비율만큼 갖는단다.

다음 그래프는 A 회사의 주주 구성을 그린 거야. 최대주주인 진도준 씨는 지분율이 50%, 2대 주주인 진영기 씨는 30%, 3대 주주인 진동기 씨는 20%인 걸 볼 수 있지. 이 회사에서 어떤 결정을 하기 위해 투표하면 진도준, 진영기, 진동기 씨는 각각 5:3:2의 비율로 의결권을 갖게 돼. 그래서 자기 마음대로 결정하려면 50%를 넘는 지분을

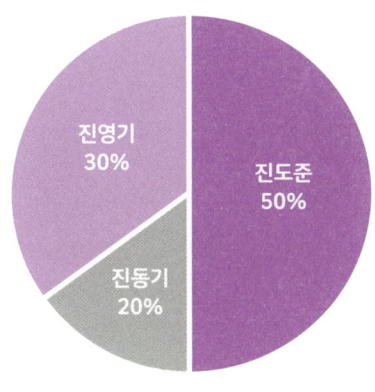

A 회사 주주들의 주식 보유 비율

가져야 하지.

민주주의 시스템과 마찬가지로 주식회사도 과반을 차지하면 어떤 결정을 위한 투표를 하더라도 이길 수 있고, 자기 뜻대로 할 수 있거든. 그래서 두 사람 이상이 회사를 만들 때 돈을 제일 많이 투자하는 주주는 보통 50%+1주나 51%의 지분을 가지겠다고 하는 경우가 많단다. 50% 넘는 지분을 가져야 회사의 중요한 사안을 자기 뜻대로 결정할 수 있거든.

지분이 50%가 넘지 않을 경우, 어떤 결정을 내리기 위해선 다른 주주의 동의를 얻어야 해. A 회사의 경우엔 진도준 씨가 아무리 하고 싶은 결정이 있더라도, 진영기 씨와 진동기 씨가 함께 반대하면 자기가 원하는 결정을 할 수가 없어. 그래서 진영기 씨나 진동기 씨 둘 다 혹은 둘 중 한 사람이라도 자기 뜻에 동의하게 만들어야 하지.

우리가 살 수 있는 주식회사 대부분은 최대주주가 50% 이하의 주식을 가지고 있어. 최대주주의 지분이 50%가 넘으면 최대주주 마음대로 모든 결정을 할 수 있어서 그 회사의 주식은 별로 인기가 없고 사람들이 잘 사지 않으려고 하기 때문이지.

지분율 = 소유한 주식 수/ 총 발행 주식 수

한마디로, 자기가 가진 지분율만큼 회사를 소유하고 회사의 의사결정에 참여할 수 있는 권리를 가질 수 있는 회사를 주식회사라고 한단다.

Must know!

주식을 가진 사람이 주인이 되는 회사를 주식회사라고 한다
주식회사에선 자기가 가진 주식비율만큼 회사를 소유한다.

주식은 왜, 어떻게 탄생했을까

우리가 사는 사회는 자본주의 사회야. 자본주의 사회에선 수많은 물건과 서비스가 사고팔려. 그중에는 '이런 게 사고팔린단 말이야?'라는 생각이 들 정도로 신기한 것도 있단다. 예를 들면, 아이

마켓코리아라는 회사가 그런 경우이지. 이 회사는 어떤 회사나 단체가 필요로 하는 물건을 대신 사 주고 돈을 벌어. 이런 사업을 'MRO(Maintenence유지, Repair보수, Operation운영)'라고 해.

MRO 회사는 물건을 만들어 파는 게 아니라 고객사들이 귀찮게 생각하는 일을 대신 해주고 돈을 번단다. 또 다른 회사, 플랜티넷은 인터넷을 쓰는 사람, 특히 어린이가 유해 사이트에 접속하지 못하도록 차단해주는 서비스를 제공하고 돈을 벌어.

심한 경우에는 법으로 금지되어 있는 물건을 사고파는 사람들도 있어. 마약 같은 물건이 대표적이지. 이런 물건을 사고팔면 처벌을 받겠지. 그렇지 않더라도 누군가를 해칠 수 있는 물건을 사고팔아서는 안 돼.

아무튼 자본주의 사회에선 사고팔 수 없는 물건은 없다고 해도 과언이 아닐 정도로 수많은 것들을 사거나 팔고 있어. 이렇게 사고팔리는 물건 중엔 회사도 있단다. 집을 사고팔거나 자동차를 사고파는 것처럼 회사도 사고팔지.

그런데 한 가지 문제가 있단다. 회사는 집이나 자동차보다 훨씬 비싸. 큰 빌딩과 공장 수십 개를 가진 자동차를 만드는 곳인데 자동차와 비교도 되지 않게 몇천 배, 몇만 배 비싼 게 당연한 거겠지.

비싼 물건일수록 사고팔기가 어렵단다. 가격이 비쌀수록 그만큼 큰돈을 지불할 수 있는 사람의 수가 적어지기 때문이지. 회사를 사거나 팔고 싶은데 너무 비싸서 사고팔기가 어려우니 어떻게 하면 좋을지 사람들이 고민하기 시작했단다.

잠깐 다른 얘기를 하자면, 혹시 '화살 세 개'라는 이야기를 알고 있니? 서로 사이가 좋지 않은 형제들에게 아버지가 화살 세 개를 주면서 이런 말씀을 하시지. '하나로 있을 땐 쉽게 부러지던 화살이 세 개로 뭉쳐놓으니까 잘 부러지지 않는 것처럼 너희 형제들도 셋이 마음을 합쳐야 한다'고 한 이야기란다.

다시 하던 얘기로 돌아와, 회사를 팔고 싶어하는 사람들은 형제의 아버지와 정반대인 해결책을 냈단다. 하나로 뭉쳐 있으면 너무 비싸고 살 수 있는 사람들이 적어 팔기 어렵지만, 셋으로 나누면 쉽게 팔 수 있다고 생각한 거지. 그래서 회사의 소유권을 하나가 아니라 여러 개로 쪼개는 방법을 생각해낸 거야. 회사의 주인이 꼭 한 명이어야 하는 법은 없잖아. 그러니까 회사가 누구 것인지를 증명하는 종이를 여러 개로 나눈거지. 회사를 나눠놓으니 나눈 하나하나의 가격은 낮아져 사고팔기 쉬워졌고, 혹여 회사를 통째로 사거나 팔고 싶으면 나눠놓은 걸 전부 사면 되는 거지. 회사를 사고파는 것에 대한 단점은 없어지고 장점은 그대로 살아 있게 되었단다.

자본주의 사회에선 뭐든 거래될 수 있고, 회사도 예외는 아니야. 하지만 회사는 너무 크고 비싸서 사고팔기가 어려우니 주식을 만들어 쉽게 사고팔 수 있도록 만든 거지.

최초의 주식회사

주식은 언제 처음 만들어졌을까? 20세기 초라고 생각하는 사람이 제일 많겠지만, 주식회사의 역사는 그보다 훨씬 오래되었단다.

17세기, 정확히는 1602년에 네덜란드에서 처음 만들어졌어. 영국 상인들이 만든 동인도 회사가 막대한 이익을 얻는 걸 본 네덜란드의 상인들이 무역선단을 대규모로 꾸리려 했는데 자금이 부족한 거야. 그래서 국민의 투자를 받으려고 했는데, 이렇게 투자를 받고 이익은 어떻게 나눌지 논의하는 과정에서 주식회사라는 형태가 처음 생기게 되었단다.

이때 투자자 중 급하게 돈이 필요한 사람은 주식을 팔려고 했고, 어떤 사람은 미래가 유망하다고 보고 투자금을 늘리고 싶어 했어. 이렇게 두 사람의 필요가 맞물리면서 최초의 주식 거래가 시작되었지.

네덜란드의 주식회사 형태인 동인도 회사가 급성장하면서 네덜란드는 전 세계를 호령하는 강대국의 지위를 누리기도 했어. 금융이 어떤 힘을 가졌는지를 보여준 사례지. 금융은 실제로 뭔가를 만들어내지는 못해. 하지만 무언가를 만들어내기 위해선 돈이 필요하지. 작은 것은 각자 가진 돈으로 만들어낼 수 있겠지만, 큰돈이 필요한 걸 만들어내기 위해선 아주 많은 돈이 필요하지. 그런데 이런 돈을 개인이 구하기는 어렵잖아. 특히 다리나 고속도로, 철도, 전기와 가스관 같은 것을 만들기 위해선 막대한 돈이 필요해.

이런 큰 사업은 국가에서 할 수도 있지만 모든 일을 국가에서 할 수는 없어. 그래서 이런 일을 국가가 아닌 다른 주체가 해야 하지. 국가라면 세금을 거둬 큰 사업을 할 수 있겠지만, 세금을 거두지 못하는 쪽에선 돈을 구해야만 사업을 할 수 있을 거야. 이런 막대한 돈을 조달하는 특별한 수단이 바로 금융이란다. 금융은 직접 무언가를 만들어내지는 못하지만 무언가를 만들어낼 수 있는 밑바탕을 마련해 주지.

동인도 회사는 사실 다른 약소국을 수탈하는 제국주의적 성격을 지닌 회사이기도 해서 마냥 칭송할 수만은 없지만, 현대 금융과 사회 번영의 기초가 되는 주식회사가 처음으로 만들어졌다는 점에서 큰 의미가 있단다. 그리고 우리가 먹고 입고 자고 생활하는 물건을 만드는 회사 대부분은 주식회사이지.

만약에 주식회사라는 개념이 현재 존재하지 않았더라도 스마트폰이나 자동차 같은 고급 기술이 있는 물건이 만들어지지 않았을 거라고 단언할 수는 없지만, 개발이 굉장히 더뎠을 거라 생각해. 발전과 혁신에는 대규모 투자, 즉 막대한 돈이 필요하기 때문이지. 어떤 사람이 굉장히 돈이 많아서 한 분야에 계속 투자할 수는 있겠지. 하지만 아무리 돈이 어마어마하게 많은 부자라고 해도 모든 분야에 투자할 수는 없으니까. 셀 수 없을 정도로 많은 분야가 빠르게 발전하기 위해서는 다양한 곳에 투자할 수 있는 돈이 필요해. 주식회사는 현재까지는 이런 돈을 모으기 위한 최적의 시스템이란다. 주식회사가 없었다면 인류는 이렇게 빠르게 발전하기 어려웠을 거야. 동인도 회사가 네덜란드를 부강하게 만들어준 것처럼 주식회사는 지금 인류의 삶을 풍요롭고 편리하게 만든 일등 공신이란다.

Must Know

세계 최초의 주식회사는 네덜란드에서 만들어졌다.
주식의 발명은 인류 역사를 풍요롭고 편리하게 만들어주었다.

주식 매매는 어디서 어떻게 할까

주식이 발명되면서 사람들은 전보다 쉽게 회사를 사고팔 수 있게 되었단다. 회사를 사고팔기가 쉬워지면서 투자자들이 얻는 좋은 점이 하나 더 생겼지. 주식 거래에서 시장 가격이 좀 더 정확하게 반영된다는 거야. 이게 무슨 말인지 이해하기 어렵지? 예를 들어 설명해줄게.

수산물 시장에서 매일 경매하는 생선 가격이 몇 년에 한 번 거래되는 빌딩의 가격보다 시세를 좀 더 빠르고 정확하게 반영할 수 있잖아. 10년에 한 번씩 거래되는 물건보다 매일 거래되는 물건 가격이, 한두 개 거래되는 물건보다 100만 개가 거래되는 물건의 가격이 그때그때 시장 상황을 잘 반영할 수 있으니 아무래도 거래 가치가 좀 더 정확하게 반영되겠지.

팔기 어려운 물건은 살 때도 '이걸 샀다가 못 팔면 어떻게 하지'라고 고민하게 되지만 쉽게 팔 수 있는 물건은 살 때도 고민을 적게 해도 되잖아. 그러니까 사려는 사람도 많아지고 팔려는 사람도 많아지지. 이렇게 되면 주식 거래가 활발해져 거래량과 거래액도 자연스럽게 늘어난단다.

물물교환에서 화폐 시대로 넘어오면서 상업이 활발해진 것도 이 때문이야. 거래가 활발해지면 그것만으로도 시장과 사회는 더 성장할 수 있어. 누군가에겐 불필요한 물건이 그 물건이 필요한 사람에게 넘어가면서 사회 전체의 자원이 효율적으로 배분이 되고 그로 인해 생산성이 올라가기 때문이지.

주식회사가 처음 생겼을 때도 비슷한 문제가 있었지. 네덜란드 동인도 회사 주식을 가지고 있는 사람들은 이 주식을 사거나 팔고 싶어 하는 또 다른 사람이 있는지 알 수 없었고, 얼마에 사거나 팔면 좋을지도 알 수 없어서 그때그때 각자 정해서 거래했단다. 이런 문제를 해결하기 위해 1609년 네덜란드 수도인 암스테르담에 최초의 주식 거래소인 암스테르담 증권 거래소가 생겼지.

우리나라 최초의 주식 거래소인 증권 거래소는 1956년에 처음 만들어졌어. 하지만 본격적으로 주식시장이 활성화된 건 1980년대 이후야. 현재 우리나라의 대표적인 주식 거래소는 증권 거래소가 2005년에 이름을 바꾼 한국거래소KRX(이하 '거래소')라는 곳과 코스닥KOSDAQ이란다. 미국의 대표적인 증권 거래소는 뉴욕 증권 거래소NYSE와 나스닥NASDAQ이 있지.

거래소에선 주로 역사가 길고 큰 회사의 주식이 사고팔려. 삼성전자나 포스코, SK텔레콤 같은 곳들이 거래소에서 주식이 사고팔리는 대표적인 회사야. 코스닥에서는 거래소에 비해 역사가 짧고 규모가 작은 회사들의 주식이 거래돼. 주로 테크주라고 해서 IT나 바이오 등 신기술을 사용해 제품을 만드는 회사들이 많지. 이 밖에도 코넥스나 장외주식 같은 시장도 있지만 여기서는 거래소와 코스닥 이야기만 할게.

거래소와 코스닥

주식을 사려면 거래소나 코스닥에 찾아가면 될까? 아냐. 거래소나 코스닥은 주식을 직접 사고파는 곳이 아니야. '저희 시장에 있는 회사의 주식은 저희가 검증하고 있으니 여기서 거래되는 주식은 믿고 사고파셔도 됩니다'라고 보증하는 곳이야. 이를 좀 더 자세히 설명해줄게.

주식 아니 회사라는 상품이 가지는 특수성 때문에 거래소와 코스닥이 필요하단다. 회사는 자동차나 커피 같은 물건과는 달리 우리가 직접 품질을 확인하기가 어려워. 커피는 마셔보면 되고 차는 몰아보면 되겠지만 회사는 좀 다르지. 그 회사 물건이 실제로 팔리고 있는지, 팔리고 있다면 얼마나 잘 팔리는지, 그 회사에 땅이나 건물, 기계 같은 게 실제로 있는지, 그보다 이 회사가 실제로 물건을 만들고 있는 회사인지, 실제로 존재하는 회사인지를 투자자들이 직접 확인하기가 어렵잖아. 회사에서 장부를 공개하지만, 이 장부가 거짓말인지 아닌지 투자자들은 구분하기가 쉽지 않아.

그래서 거래소나 코스닥에선 회사가 하는 말들이 진짜인지 확인하는 일을 대신 해줘. 이 회사가 실제로 존재하는 회사이고, 회사에서 물건을 만들어서 팔고 있으며, 얼마나 팔았고 이익이 얼마나 발생했는지, 투자자를 대신해서 확인하는 거지.

거래소와 코스닥은 이런 검증을 마친 회사를 자신들의 거래소에 올려 그 회사의 주식을 사고팔 수 있게 해. 이렇게 하는 것을 '상장한다'라고 한단다. 영어로는 IPO Initial Public Offering라고 하지. 거래소와 코스닥은 회사를 상장시키고, 상장 후 각 회사가 자신들이 하는 사업에 대해 정직하게 말하고 있는지를 계속 확인해. 그래서 각 회사의 상장을 유지할지 폐지할지 계속 검증하지.

굳이 비교하자면 네이버 쇼핑이나 쿠팡과 비슷한 일을 하는 거란다. 자신들이 직접 물건을 만들어 파는 건 아니지만 투자자(소비자)가 물건을 믿고 사고팔 수 있도록 시장을 조성하고 유지하는 일을 하는 거지.

가끔은 나쁜 사람들이 마음먹고 거짓말해서 실제로는 팔지 않은 물건을 판다고 한다든지, 사업해서 돈을 벌기는커녕 손해를 봤지만 이익을 봤다고 하는 일도 있어. 이때 투자자들은 그 회사가 사업이 잘되고 있다고 생각해서 주식에 투자했다가 나중에 진실이 밝혀지면 손해를 보게 되겠지. 거래소나 코스닥 위원회에서는 이런 일이 생기지 않도록 최대한 검증한단다.

거짓말하는 회사들은 거래소나 코스닥에서 쫓겨나. 이렇게 시장에서 쫓겨나면 그 회사가 '상장폐지'되었다고 하고, 그 회사의 주식은 거래소에서 거래가 정지되지. 계속 적자가 나는 회사나 사업 유지가 어려울 정도로 매출 규모가 줄어드는 회사도 규칙에 따라 상장폐지를 해.

주식매매

거래소나 코스닥에서 주식을 직접 사고파는 게 아니라면 어디서 사고팔아야 할까? 주식은 '증권'이라고도 불러. 그래서 주식을 사고파는 일을 대신 해주는 회사를 '증권회사'라고 한단다. 이렇게 주식거래를 대신 해주는 일을 '주식 거래 중개'라고 불러. 미래에셋증권, 키움증권, 대신증권 같은 회사들이 사람들이 주식 거래를 중개하고 수수료를 받아 돈을 버는 '회사'야.

주식을 사거나 파는 걸 '매매'라고 해. 주식을 사는 걸 '매수'라고 부르고, 주식을 파는 걸 '매도'라고 부르는데 이 둘을 합쳐 '주식매매'라고 하는 거지. 주식을 매매하고 싶은 사람은 증권회사를 통해서 할 수 있어.

예전에는 증권회사 지점에 직접 가야만 매매를 할 수 있던 때도 있었고, 그 후에는 전화를 통해 매매를 신청해야 했던 때도 있었지만, 지금은 그런 방식으로 주식매매를 하는 사람은 거의 없어. HTS나 MTS를 통해 매매를 할 수 있단다. HTS는 Home Trading System의 약자야. PC로 주식매매를 하게 해주는 프로그램을 뜻하지. MTS는 Mobile Trading System을 뜻해. 스마트폰으로 주식매매를 하게 해주는 앱이지. 전화 통화로 매매하는 방법도 있지만 이렇게 매매하는 사람은 거의 사라졌어. 수수료가 비싸거든. 증권회사는 앞에서 말한 것처럼 물건을 파는 회사가 아니라 사람들 사이에서 주식 거래 중개를 대신 해주고 돈을 버는 '서비스 회사'야. 증권회사가 돈을 버는 방법은 주식 거래를 대신 해주고 수수료를 받는 거지. HTS와 MTS 시대가 되면서 투자자들이 증권회사에 내는 수수료는 예전에 비해 훨씬 저렴해졌어.

투자자들 입장에선 좋은 일이지만 증권회사 입장에선 나쁜 일이지. 버는 돈이 줄어들었으니까. 그래서 증권회사들도 고민이 많단다. 예전에는 주식 매매 수수료만으로도 충분했는데, 이젠 그럴 수가 없잖아. 그래서 증권회사들도 이전까지는 없었던 다양한 방법을 이용해 돈을 벌려고 해. 이전까지는 우리나라 증권회사에선 거래할 수 없었던 미국이나 일본 회사의 주식 거래가 가능해진 것도 증권회사들이 새로운 수익모델을 필요로 했기 때문이란다. 그렇다고 해도 증권회사는 주식 거래 중개가 가장 중요한 사업이라고 할 수 있지.

예전에는 주식이 전부 종이로 되어있었지만 지금은 대부분 전자문서 형태로 저장돼. 요새는 종이로 된 주식 증서를 본 사람은 별로 없어. 그럼 그 문서는 어디에 있을까? 증권 예탁원이라는 곳에서 대신 맡아서 관리해주고 그 대신 주식 보관 증서라는 걸 발행해주지. 우리 같은 개인 투자자는 주식 문서 형태나 보관 방법에 고민하지 않아도 돼. 증권회사가 수수료를 받고 이런 일을 대신해주니까.

Must Know

주식이 거래될 수 있도록 하는 일은 상장이라고 하고, 상장과 관련된 일을 하는 곳은 거래소이다.
투자자들이 실제로 주식을 사고파는 일은 거래소가 아닌 증권회사를 통해서 한다.

2장

주식투자를
해야 하는 이유

주식투자란

　우리가 살아가기 위해서는 돈이 필요하지. 밥을 먹고 옷을 입고 집에서 잠을 자기 위해서 돈이 꼭 있어야 해. 돈이 세상의 전부는 아니고, 돈으로 모든 것을 살 수는 없지만, 돈이 없으면 많은 것을 할 수 없어. 그래서 우리는 돈을 벌어야 하지. 간혹 부모로부터 큰돈을 물려받아 돈을 벌지 않아도 되는 사람도 있지만, 그 돈도 결국 그 사람의 부모가 번 돈이니까 누군가 돈을 벌어야 하는 건 마찬가지야.

　그럼 돈은 어떻게 벌까? 돈을 버는 방법은 크게 세 가지야. 우선 일을 해서 돈을 벌 수 있지. 사람들 대부분이 일을 해서 돈을 벌어. 의사는 병을 고쳐서 돈을 벌고, 버스 기사는 운전해서 돈을 벌지. 경찰은 도둑을 잡아서 돈을 벌고, 교사는 학생들을 가르치고 돈을 벌지. 일을 해서 돈을 버는 방법의 장점은 일을 하면 돈을 벌 수 있다는 거야. 자기가 일하는 만큼 돈을 벌겠지. 이게 당연한 일 같지만 무언가를 한다고 해서 꼭 돈을 벌 수 있는 건 아니거든. 아이를 돌보는 일이 직업이 되면 돈을 받을 수 있지만, 자기 아이를 돌본다고 해서 돈이 생기는 건 아니니까. 아이를 돌보는 일을 하는 건 같지만, 다른 사람의 아이를 돌보는 사람은 돈을 받아. 하지만 자기 아이를 돌보는 사람에겐 아무도 돈을 주지 않지. 버스나 택시 운전사분들은 운전하면 돈을 벌지만 사람들 대부분은 운전을 한다고 돈을 벌 수는 없어. 자기 일을 하기만 하면 돈을 벌 수 있다는 건 생각 이상으로 큰 장점이야.

하지만 일을 해서 돈을 버는 사람은 일을 하지 않으면 돈을 벌 수 없어. 당연한 소리라고? 맞아, 당연한 얘기야. 하지만 이 당연한 얘기에 숨어 있는 의미를 생각해봐야 해. 우리가 일을 하지 못하게 될 위험은 여러 가지가 있어. 직장에서 해고되거나 건강을 잃어버리면 더 이상 일을 할 수 없지. 그리고 돈을 벌지 못하게 되겠지.

문제는 하나 더 있어. 일을 해서 돈을 벌면 우리가 일한 만큼만 돈을 벌 수 있다는 거야. 일한 만큼 돈을 번다는 장점은 반대로 말하면 일한 이상으로 돈을 벌 수 없다는 거잖아. 그런데 일한 만큼만 돈을 벌면 우리가 일하는 이상으로 돈을 벌기는 어렵겠지.

돈을 버는 두 번째 방법은 사업을 하는 거야. 회사를 차리거나 가게를 여는 거지. 사업의 장점은 여러 가지가 있어. 우선 일한 것보다 훨씬 더 많은 돈을 벌 수도 있어. 지구에서 제일 부자인 테슬라 창업자 일론 머스크의 재산은 1800억 달러 정도 돼. 우리나라 돈으로 계산하면 200조 원 정도야. 재산을 정확하게 얘기하지 못하고 어림잡아 얘기하는 이유는 일론 머스크의 재산이 날마다 바뀌기 때문이지. 일론 머스크의 재산은 대부분 테슬라의 주식이고, 테슬라의 주가가 오르고 내릴 때마다 재산이 크게 오르고 내리기 때문에 어림잡아 얘기할 수밖에 없어.

200조 원. 얼마나 많은 돈인지 감이 오지 않을 정도로 큰돈이야. 얼마나 많은 돈인지 잠깐 생각해볼까? 1년에 1억 원을 받는 직장인이면, 월급을 많이 받는 편이라고 할 수 있겠지. 1년에 1억 원을 받는 월급쟁이가 돈을 1원도 쓰지 않고 200조 원을 모으려면 얼마나 걸릴까? 10년이면 10억 원이고, 1000년이면 1000억 원, 10000년이면 1조 원이야. 200조 원이면 200만 년이 걸리겠지. 200만 년 전이면 어떤 공룡이 살 때였더라? 200조 원은 정말 어마어마하게 큰돈이야.

다르게 한번 생각해볼까? 200조 원이면 맘스터치 싸이버거를 몇 개나 먹을 수 있을까? 2023년 5월 기준 싸이버거 세트 가격이 6900원이니까 200조 원 나누기 6900원을 하면, 289억 8550만 7246개야. 엄청난 숫자지? 전 세계 인구가 60억 명이라 가정하면, 지구의 모든 사람이 4번씩 싸이버거 세트를 먹을 수 있는 돈이야.

일론 머스크는 이 많은 재산의 대부분을 최근 몇 년 동안 벌었어. 앞서도 말했듯이 머스크는 재산의 대부분을 자신이 만든 회사인 테슬라의 주식으로 가지고 있는데, 테슬라의 주가가 급등하면서 그는 인류 최대의 부자가 된 거야.

부자들 대부분은 자기 회사를 가지고 있어. 자본주의 사회에서 회사는 전문적으로 돈을 버는 곳이고, 돈을 제일 잘 버는 건 회사와 회사를 가진 사람일 수밖에 없어. 그럼 우리도 부자가 되기 위해선 회사를 가지는 게 제일 좋겠지.

회사를, 그것도 돈을 잘 버는 회사를 가진다는 게 쉬운 일은 아니야. 돈을 잘 버는 회사를 물려받을 수 있다면 제일 손쉽게 회사를 가질 수 있겠지만 그건 아무나 할 수 있는 게 아니잖아. 스스로 회사를 만들어 성공하는 것도 금수저를 물고 태어나야 하는 것만큼이나 힘든 일이야. 회사를 창업해 성공하려면 필요한 것들이 너무 많거든. 우리는 회사를 창업해서 성공하는 이야기를 하려는 건 아니니까 이쯤에서 줄이고 돈을 버는 세 번째 방법에 대한 이야기로 넘어가자.

세 번째 방법은 돈으로 돈을 버는 거란다. 은행에 저금하면 이자를 주는 이유가 뭘까? 이자는 돈의 사용료이기 때문이야. 지하철이나 버스를 탈 때 요금을 내는 이유는 우리가 지하철이나 버스를 이용했기 때문이잖아. 매달 스마트폰 요금을 내는 이유는 우리가 통신사의 망을 이용했기 때문이지. 돈도 마찬가지야. 다른 사람의 돈을 이용하면 이용료를 내야겠지. 은행은 다른 사람들의 돈을 모아 빌려주고 이용료를 받잖아. 우리는 은행에 그 돈을 '저축'이라는 형태로 제공하고 그 이용료로 '이자'를 받는 거지. 은행에 저금하고 이자를 받는 게 가장 손쉽고 안전하게 돈으로 돈을 버는 방법이야. 차차 얘기하겠지만 저축 이외에도 돈으로 돈을 버는 방법은 여러 가지가 있단다.

직접 일을 해서 돈을 버는 방법은 내 시간과 능력이라는 제약이 있고, 회사를 만드는 일은 아무나 할 수 있는 게 아니야. 그러니 보통 사람이 돈을 벌기 위해선 자신의 돈이 일을 하게 만들어야 해. 돈이 일을 하게 만드는 건 회사에 다니면서, 가게를 운영하면서도 할 수 있어.

이 방법의 또 다른 장점은 같은 일을 하면서 더 큰돈을 벌 수 있다는 거야. 돈으로 돈을 버는 일은 1000만 원으로 100만 원 벌 때 들어가는 노력이나 100억 원으로 10억 원을 벌 때 들어가는 노력이나 크게 다르지 않아. 돈이 일을 하게 만들어 돈을 벌면, 나는 일을 조금 덜 해도 되거나 내가 일하는 것에 비해 더 많은 돈을 벌 수 있어. 그러니 당장 내 돈이 일하게 하도록 만드는 게 좋겠지.

돈이 일을 하게 만드는 가장 대표적인 방법은 저축이야. 여전히 많은 사람이 저축으로 돈을 일하게 만들어. 하지만 예전에 비하면 그 수나 비율은 아주 낮아졌어. 이제는 저금이 전처럼 돈이 일을 하게 만드는 매력적인 방법이 아니거든. 예전에는 이자로도 충분히 돈을 벌 수 있었어. 1990년대까지만 해도 은행 이자율이 20%가 넘었거든. 1억 원을 은행에 저금하면 이자로 1년에 2천만 원씩 받을 수 있었지. 그래서 사람들 대부분이 별 고민 없이 저축만으로도 돈이 나를 위해 일하도록 만들 수 있었지.

지금은 은행에서 예전처럼 이자를 많이 주지 않아. 1~2%를 주던 얼마 전보다는 나아졌지만 그래도 20% 이상씩 이자를 주던 예전만은 못하지. 예전에 2천만 원을 이자로 받을 수 있었던 돈으로 지금은 그 절반도 받기가 쉽지 않아. 예전에는 저축으로 돈이 일을 잘하도록 만들 수 있었지만 이제는 시대가 바뀌었어.

우리가 일을 잘하면 더 많은 돈을 벌 수 있는 것처럼 돈도 마찬가지야. 회사를 경영하는 경영자는 직원들이 일을 잘해서 더 큰돈을 벌도록 만들기 위해 여러 가지 방법을 생각하고 실천하지. 직원들이 일을 잘할수록 회사가 돈을 더 많이 벌 수 있기 때문이야. 우리도 마찬가지야. 우리 돈이 일을 잘하도록 만들어야 해. 예전에는 열심히 농사를 짓기만 해도 돈을 잘 벌 수 있었기 때문에 부지런함이 가장 큰 미덕이었지만, 지금은 시대가 바뀌어서 부지런한 것만으로는 부족해. 종일 별거 안 하는 것처럼 보이는 개발자가 아이디어 하나로 세상을 바꾸기도 하잖아. 겉으로 보이는 성실함이 아니라 눈에 보이지 않는 가치를 찾아내는 일이 중요한 시대가 되었단다. 돈으로 돈을 버는 영리한 전략이 중요한 시대가 됐어. 돈이 가장 일을 잘할 수 있는 방식이 무엇일까 고민해야 해.

돈으로 돈을 버는 방법은 아주 다양해. 앞서 말했듯이, 은행에 저금을 할 수도 있고, 아파트나 가게, 땅 같은 부동산을 사서 이용료에 해당하는 돈을 받을 수도 있지. 아파트나 땅값이 오르면 팔아서 산 가격과 판 가격의 차액만큼 돈을 벌 수도 있어. 다른 사람이나 회사에 돈을 빌려주고 이용료에 해당하는 이자를 받는 방법도 있지. 하지만 자본주의 사회에서 돈이 일하게 만들어서 돈을 버는 가장 좋은 방법은 주식투자일 수밖에 없단다.

주식투자가 돈을 버는 가장 좋은 방법인 이유

주식투자가 왜 가장 좋은 방법일까? 자본주의 사회에서 돈을 가장 잘 버는 건 회사라고 했잖니. 회사가 돈을 잘 벌 수 있는 이유는 회사는 돈이 잘 돌아다니도록 하는 일을 가장 잘하기 때문이란다. 그러니 회사를 이용해 내 돈을 일하게 만드는 게 돈을 버는 가장 좋은 방법이라는 거야. 회사를 이용해 돈을 벌려면 내가 직접 회사를 만들지 않는 한, 다른 사람의 회사에 투자해 그 회사가 버는 돈 일부가 내 돈이 되도록 하는 방법이 가장 효율적이겠지. 앞에서도 설명했지만 회사가 버는 돈 일부가 내 돈이 되게 하는 게 주식투자야. 그러니 자본주의 사회에 사는 사람에게 주식투자는 돈을 버는 가장 좋은 방법이란다.

근데 명심할 게 한 가지 있어. 수영을 하려는 사람 중에 무작정 물에 뛰어드는 사람은 거의 없어. 자동차 운전을 하려는 사람도 누군가에게 운전하는 방법을 배워. 당연한 일이잖아? 근데 이 당연한 이치가 주식투자에는 해당하지 않는 경우가 많아. 주식투자가 뭔지, 어떻게 해야 하는지 한 번도 해보지 않은 사람이 누군가의 말을 듣고, 혹은 그냥 느낌이 좋아서 어떤 주식을 샀다가 손해를 보고 자신이 두 번 다시 주식투자를 하면 사람이 아니라는 엄숙하고 극단적인 선언을 해. 두 번 다시 술을 마시면 개라고 선언한 사람이 또 술을 마셔도 잠깐 취한 사람이 될 뿐 계속 사람이잖아. 물론 한심하다는 수식어가 앞에 붙겠지. 주식투자에 실패한 투자자도 그냥 주식투자에 실패한 사람이 될 뿐이야. 실패했더라도 주식투자에 관해서 공부하고 다시 투자에 도전하면 좋겠어.

수영을 배워도 물을 먹는 경우가 생기고 자전거를 처음 타면 넘어질 수도 있어. 운전을 처음 하는 사람은 사고가 나기도 해. 수영이나 자전거 타기, 운전을 한 번도 배운 적 없는 사람이라면 이런 경우는 더 많겠지. 당연한 일이잖아? 근데 이 당연한 이치가 주식투자에는 해당되지 않는 경우가 많아. 주식투자를 시작하는 사람 대부분이 자신은 한 번도 실패하지 않고 성공할 수 있다고 믿어. 이건 잘못된 믿음이지.

우리가 자본주의 사회에서 살려면 돈이 필요해. 같은 시간, 같은 노력을 들여 일을 할 거라면 좀 더 많은 돈을 버는 쪽이 좋겠지. 그리고 그 가장 좋은 방법이 주식투자인 이유도 이젠 알게 됐잖아. 주식투자가 돈이 일하게 하는 가장 좋은 방법이란 얘기는 주식투자를 하는 데, 아무 노력 없이 돈을 벌 수 있다는 의미가 아니야. 땡땡이치면서 편하게 돈 버는 몇몇 사람들을 제외하고 노동자 대부분이 월급을 받기 위해 얼마큼의 시간과 노력을 들이는지 생각하면 주식투자로 돈을 벌기 위해 공부하고 노력하는 걸 당연하게 생각해야 한단다.

Must Know

주식투자를 하면서 실패하지 않을 수는 없다.
실패를 하지 않는 게 중요한 것이 아니라 실패를 통해 무엇을 배우느냐가 중요하다.
주식투자로 성공하기 위해서는 노력이 필요하다.

투자로 돈을 벌면 무엇이 좋을까

투자해서 돈을 벌면 왜 좋을까? 우리가 무언가를 하려면 돈이 필요하다고 했잖아. 돈이 전부는 아니지만 돈이 없으면 할 수 없는 일, 불편한 것이 너무 많아. 당장 갖고 싶은 물건이나 하고 싶은 일, 가고 싶은 곳에 가려면 돈이 꼭 필요해. 그러니 돈을 벌어야겠지. 그런데 일을 해서 돈을 버는 사람은 일을 하지 않으면 돈을 벌 수 없으니 일을 해야 하잖아. 그러니까 돈이 일하게 만들어서 내가 필요로 하는 돈보다 많은 돈을 벌 수 있으면 좋겠지. 그런데 이건 아까 했던 뻔한 얘기이고, 돈으로 돈을 벌면 확실히 좋은 점이 두 가지 있어.

투자를 해서 돈을 벌면 내가 하고 싶지 않은 일은 안 할 수 있단다. 우리가 살아가는 데는 돈이 필요하잖아. 그런데 우리가 필요로 하는 돈보다 많은 돈이 있으면 돈을 더 벌지 않아도 되잖아. 그럼 하고 싶지 않은 일은 하지 않을 수 있어. 돈이 많은 사람 전부가 일주일 내내 놀고 쉬면서 살지는 않아. 오히려 다른 사람보다 더 열심히 일하는 사람도 많아. 하지만 그 사람들은 자기가 하고 싶지 않은 일은 하지 않을 수 있는 자유가 있어. 이걸 '경제적 자유'라고 부른단다.

네이버 창업자 이해진 GIO나 엔씨소프트 창업자 김택진 대표 같은 사람은 평생 써도 다 못 쓸 만큼 돈을 많이 벌었지만 누구보다도 열심히 일하며 살아. 하지만 그 사람들은 하기 싫은 일을 하면서 돈을 벌지 않아도 되기에 언제든지 자유롭게 일을 그만둘 수 있어. 그런 사람들이 일을 하는 이유는 돈 때문이 아니라 자신이 원하는 바를 이루기 위해서야. 돈을 위해서 일하는 게 아니라 자기가 하고 싶은 일을 하게 되면 인생에 대한 만족도가 올라가겠지. 내가 하는 일이 먹고 살기 위한 돈벌이만을 위해서 하는 게 아니라 내 목표와 꿈을 이루기 위해서라면 얼마나 좋겠어?

또한 돈이 있으면 내가 하고 싶은 일을 할 수 있지. 당연한 얘기를 왜 하냐고? 여기서 얘기하는 '하고 싶은 일'은 첫 번째 단계 '경제적 자유'를 성취한 사람들에게만 해당되는 일을 의미하는 거야. 인간은 입고 먹기 위해서만 사는 게 아니야. 사람마다 자기가 하고 싶은 것, 갖고 싶은 것, 되고 싶은 것이 있지.

〈은과 금〉이라는 만화에 '세상을 하얀 캔버스라고 한다면 돈은 그 캔버스에 그림을 그릴 수 있는 물감이지'라는 대사가 나와. 내가 원하고 이상적이라고 생각하는 세상을 만드는 건 누구나 꿈꾸는 일이야. 어떤 사람은 결혼해서 아이를 낳고 가족끼리 오순도순 행복하게 사는 세상을 만들고 싶어 하고, 어떤 사람은 사회나 나라를 자기가 원하는 모습으로 바꾸기를 원하지.

그런 꿈을 꿀 때 충분한 돈은 무엇보다 큰 힘이 되어줄 거야. 물감이 모자라면 내가 그리고 싶은 그림을 그릴 수 없잖아. 내가 어떤 그림을 그리고 싶은지에 따라 필요한 물감의 양은 달라지겠지만 내가 필요로 하는 만큼 물감이 있어야 해. 투자는 내가 필요로 하는 만큼의 물감을 만들어줄 강력한 무기가 될 거야. 내가 하고 싶지 않은 일을 하지 않을 만큼의 돈을 갖는 경제적 자유가 '소극적인 경제적 자유'라면 내가 하고 싶은 일을 할 수 있도록 만들어주는 경제적 자유는 '적극적인 경제적 자유'라고 할 수 있어. 소극적이거나 적극적인 경제적 자유를 얻는 데 투자는 큰 힘이 되어줄 거란다.

주식투자를 하면 좋은 점이 또 하나 있어. 투자를 하려면 투자대상과 세상에 대해 이해해야 해. 어떤 식으로 돌아가는지, 어떤 식으로 돈을 벌 수 있는지를 알아야 하니까. 그래서 투자하다 보면 세상이 어떻게 돌아가는지 더 잘 알게 된단다. 우리가 게임을 할 때 그 게임 내 세계에 대해 이해를 잘할수록 게임을 더 잘 할 수 있는 것처럼 세상에 대한 이해도가 높아질수록 우리는 더 즐겁게 잘 살 수 있지.

Must Know

경제적 자유를 획득하면 삶을 좀 더 풍요롭고 윤택하게 만들 수 있다.
주식투자를 하면 세상에 대한 이해가 넓고 깊어진다.

제일 좋은 투자처는?

투자를 한다면 어디에 투자하는 게 제일 좋을까? 일단, 투자 수단에 대해서 알아볼까? 투자 수단은 정말 다양해. 우리가 쉽게 생각할 수 있는 저축이나 펀드, 주식, 부동산, 암호화폐부터 외환, 채권, 미술품, 금, 와인, 석유 등 다양하지. 돈을 벌기 위해 돈이 필요한 곳이면 어디든 투자할 수 있어. 이런 곳에 투자하기 위해 가장 필요한 건 투자대상과 관련된 지식이야. 어떤 투자 수단은 높은 수익을 기대할 수 있지만 너무 복잡하고 어려워서 접근이 쉽지 않아. 어떤 수단은 접근하기 쉽지만 수익률이 너무 낮아 투자대상으로 매력적이지 않을 수도 있지.

어떤 투자대상에 투자할지를 결정하는 것부터 지식이 필요해. 미술품에 투자하고 싶은 사람이 있다고 치자. 미술품에 투자하려면 어떻게 시작해야 할지, 뭘 사야 할지, 얼마에 사야 할지, 언제 어디서 사야 할지를 알아야 투자할 수 있잖아. 투자와 관련된 일에는 전부 지식이 필요해. 투자하는 데 필요한 지식은 크게 세 종류가 있단다.

투자를 결정할 때 필요한 지식

자신이 가진 자산의 규모가 어느 정도인지, 자신이 어느 정도의 위험을 감수할 수 있고, 어느 정도의 수익률을 원하는지 알아야 하고, 그에 맞는 가장 적합한 투자 수단은 뭔지를 알아야 해. 이런 지식이 없는 사람은 보통 주변 사람들이나 인터넷 같은 매체를 통해 '뭐가 좋다더라'라는 소문을 듣고 투자하지. 이런 경우 많은 사람이 투자에 실패해.

어떤 사람에게는 최고의 투자 수단이 어떤 사람에게는 최악의 투자 수단이 될 수도 있거든. 모든 사람은 수입도 다르고 지출도 다르고 돈이 필요한 시기와 액수도 달라. 누군가에게 조언받을 수는 있지만 자신에게 적합한 투자 수단은 자신이 결정할 수밖에 없어. 그러니 적합한 투자 수단을 결정할 수 있는 지식이 필요하단다.

투자대상에 맞는 투자방법에 대한 지식

꽃게잡이가 풍년이 될 거라는 걸 미리 안 사람이 꽃게잡이 어선에 투자하고 싶어도 어떻게 꽃게잡이 어선에 투자해야 하는지를 모르면 아무 소용이 없어. 투자대상을 선정할 지식과 선정한 투자대상에 투자하는 방법에 대한 지식은 다른 거니까. 접근이 어려운 투자대상에 접근하는 방법은 그 자체로 특별한 지식일 수밖에 없어. 어느 날 갑자기 생선경매를 하고 싶다고 해도 수산시장에서 경매에 참여할 수 있는 건 아니야. 이런 특별한 지식이 없는 보통 사람은 일반적으로 접근하기 쉬운 투자 수단을 결정할 수밖에 없지.

투자대상에 대한 지식

당연히 이 지식이 제일 중요해. 앞에 두 가지 지식은 누군가의 도움을 받아도 상관없지만, 이 지식만은 반드시 자신이 갖춰야 해. 투자는 의사 결정만으로 돈을 벌 수 있는 행위야. 의사 결정은 어떻게 이뤄질까? 의사 결정을 어떻게 해야 성공할 수 있을까?

한두 번은 지식 없이 주사위를 던져서 나올 수 있는 행운만으로 투자에 성공할 수 있겠지만, 이렇게 해선 투자에 계속 성공할 순 없어. 누군가의 조언으로 투자를 해나간다고 해도 그 누군가가 계속 올바른 결정을 할 수 있는 사람인지에 대한 지식이 필요하기 때문이지. 결국 그 누군가가 투자대상에 대해 얼마나 이해하는가를 내가 판단할 수 있어야 해. 결국 투자대상에 대해 직접 이해하고 지식을 알아야 한다는 의미이지.

위의 세 가지에 대한 판단과 결정을 꼭 혼자 다 할 필요는 없단다. 주변 누군가나 은행, 증권회사를 찾아가 조언을 받을 수도 있어. 하지만 명심해야 할 건 나에게 조언하는 누군가가 나보다 많이 알고 있을지는 몰라도 바른 판단을 하는지는 알 수 없다는 거야. 그 사람들이 항상 올바른 판단을 할 수 있는 사람이라면 아마 그 사람은 나에게 조언하는 일이 아닌 다른 일을 하고 있을 테니까. 또 여태까지 항상 옳은 결정을 한 사람이라고 해서 앞으로 내릴 결정도 올바른지 알 수 없는 일이잖아. 결국 투자에서 최종 결정은 내가 하는 거고 누가 대신해줄 수 없어. 이건 항상 명심해야 해. 아무리 강조해도 지나치지 않아.

투자대상을 결정할 때, 내가 위의 세 가지에 대한 충분한 지식이 있거나 아니면 세 가지에 대해 충분한 지식이 있는 사람에게 조언받을 수 있는 것으로 투자대상을 결정하는 게 좋아. 그 외에도 여러 가지를 고려해야 해. 그래서 이 모든 걸 고려했을 때 대다수 사람에게 주식이 가장 좋은 투자 수단이라는 결론이 나오지(물론 모든 사람이 반드시 그렇다는 얘기가 아니야).

Must Know

투자를 잘하기 위해서는 '지식'이 필요하다.
투자에서 최종 결정은 자신밖에 내릴 수 없다.

가장 좋은 투자 수단, 주식

주식투자가 가장 좋은 투자 수단인 이유는 뭘까? 다른 투자 수단과 비교할 때, 주식투자가 지닌 장점 때문이야. 주식투자의 장점을 얘기하기 전에 우선 다른 투자 수단의 장단점에 대해서 알아보자.

저축의 장단점

저축은 돈을 까먹을 위험이 거의 없다는 장점이 있어. 아주 특수한 경우를 제외하고는 수익률이 마이너스가 될 걱정이 없지. 돈을 잃을 위험을 조금도 감수하고 싶지 않은 보수적인 성향의 사람은 돈이 있으면 저금해. 하지만 저축으로는 돈을 모을 수는 없어. 겉으로는 돈을 잃지 않는 것 같지만 실제로는 돈을 조금씩 잃는 거나 다름이 없지. 이게 무슨 소리냐고? 인플레이션이란 말 들어봤지? 인플레이션은 물건의 가격이 사회 전반에 걸쳐 조금씩 올라간다는 뜻이야. 10년 전엔 짜장면이나 햄버거 가격, 지하철 요금이 지금보다 저렴했잖아. 10년 동안 가격이 올랐다고 할 수 있지만, 돈의 가치가 줄어들었다고도 볼 수 있지. 실제로도 그렇단다.

돈의 가치는 시간이 지나면서 조금씩 떨어져. 돈의 양이 계속 늘어나기 때문이지. 사회 전체에 존재하는 물건의 양은 그대로인데 돈이 많아지면 가격은 올라가. 공급과 수요의 법칙 때문이지. 사려는 물건의 양은 그대로인데 사려는 사람이 많아지면 가격은 올라갈 수밖에 없단다. 물건을 살 수 있는 돈은 늘어나는데 물건의 양은 그대로면 물건의 값이 비싸질 수밖에 없어. 2022년에 모든 물건의 가격이 올라간 이유는 2020년에 코로나19 위기로 경제가 위험해져서 각국의 정부와 중앙은행들이 엄청난 양의 돈을 풀어 경제 위기를 해결했기 때문이야. 당장 위기는 해결이 됐지만, 그 후에 모든 것의 가격이 오르는 일을 피할 수 없었고, 이제는 이 문제를 해결하기 위해 노력하고 있어.

우리가 사는 자본주의 사회에서 돈의 양은 일반적으로 조금씩 늘어나도록 설계되어 있단다. 이것이 자본주의 사회가 계속 발전할 수 있는 원동력이지. 하지만 이건 가진 돈의 양을 늘리지 못하는 사람 처지에서 보면 가진 돈이 점점 줄어드는 거나 마찬가지야. 정확히 말하면, 돈이 줄어드는 게 아니라 돈으로 살 수 있는 물건이 줄어든다는 얘기지. 이걸 '구매력이 줄어든다'라고 말해. 2021, 2022년에 우리가 경험한 일도 이것과 같단다. 돈이 엄청나게 늘어나면서(희소성이 줄어들면서) 물건의 가격이 올라간 거야.

투자의 가장 중요한 목적은 돈을 버는 게 아니라 돈의 구매력을 유지하는 거야(굉장히 중요한 얘기니까 꼭 기억해둬). 돈의 양이 늘어나는 만큼 구매력이 줄어든다고 했잖아. 구매력이 줄어든 만큼 물건 가격이 비싸지는 걸 인플레이션이라고 했고. 구매력이 줄어드는 비율을 알려주는 수치를 인플레이션 비율이라고 해.

예컨대 100원으로 살 수 있었던 물건이 200원을 줘야 살 수 있게 되면 구매력은 50%가 줄어들게 되는 셈이지. 그런데 가격이 50% 오른다고 구매력이 50% 줄어드는 건 아니야. 개수로 생각해보면 100원으로 100개를 살 수 있던 물건의 가격이 1.2원이 되면 83개를 살 수 있게 되니 가격은 20%가 오르고 구매력은 17%가 감소하는 셈이 돼. 다시 말해, 구매력이 줄어들어 인플레이션이 올라가는 게 아니라 인플레이션이 되어 구매력이 줄어드는 것이지.

다시 투자로 돌아와서, 투자의 제1목표는 인플레이션 비율을 따라잡아 내 자산의 구매력을 유지하는 거야. 사람들 대부분이 투자의 목표를 부자가 되는 것으로 생각하는데 모두 부자가 될 수는 없어. 하지만 노력하기에 따라서 인플레이션 비율은 따라갈 수 있고, 또 따라가야 해. 인플레이션 비율을 넘어서서 구매력도 늘릴 수 있다면 좋겠지만 이건 제1목표를 달성한 후의 목표가 되겠지.

저축으로는 인플레이션을 따라가기 힘들단다. 여러 가지 이유가 있지만 보통은 돈을 맡겨놓고 받을 수 있는 이자로 벌 수 있는 돈보다 인플레이션 때문에 깎여나가는 구매력이 크기 때문이지. 인플레이션이 되면 재화의 가격이 올라가고 가격이 올라가면 같은 돈을 살 수 있는 물건의 양이 줄어들어 구매할 수 있는 양이 줄어드는데 이

것을 구매력이 줄어든다고 해.

가끔 사회에 풀린 돈이 모자랄 때는 이자율이 인플레이션보다 높을 때도 있지만 어디까지나 예외적인 경우이고, 보통은 이자율이 인플레이션보다 낮을 수밖에 없어. 인플레이션으로 인해 사회에 돈이 늘어나는 속도가 이자로 돈이 불어나는 속도보다 빠른 경우가 대부분이고, 우리가 받는 이자는 은행의 이익금과 은행원의 월급 같은 비용을 떼고 받기 때문이지.

저축으로는 인플레이션을 따라가기 어려워서 저축을 하는 건 우리 돈이 줄어들도록 놔두는 거나 다름이 없어. 돈의 구매력이 줄어들어도 상관이 없는 사람이나 눈에 보이는 돈이 줄어드는 위험을 감수하기 싫은 사람은 저축을 고를 수도 있지만 저축을 좋은 투자 수단이라고 말할 수는 없단다.

장점
| 돈을 잃어버릴 위험이 극단적으로 적다.
| 환금성(물건을 팔아서 돈으로 바꿀 수 있는 성질)이 좋다.

단점
| 구매력을 유지하기가 불가능에 가깝도록 어렵다.

부동산의 장단점

부동산은 우리나라에서 특히 인기 있는 투자 수단이야. 실제로 우리나라 국민의 투자 수단은 부동산에 지나치게 편중되어 있어 바람직하지 못하다고 이야기하는 전문가들이 많단다. 이건 개인적인 차원의 문제이기도 하지만 국가나 사회적인 문제로 번질 수 있기 때문이야. 시장이 올라도 문제이고 떨어져도 문제가 돼. 실제로 2018년 이후 2021년까지 부동산 가격이 폭등하면서 큰 사회적 문제가 됐는데 2021년 여름 이후부터 지금까지는 부동산 가격 폭락이 큰 사회적 문제가 되고 있어.

우리나라 국민은 평균적으로 자산의 70% 이상이 부동산으로 형성되어 있어. 다른 나라의 경우엔 50% 미만이 대부분이거든. 국민의 자산이 한 곳에 지나치게 집중되었을 경우, 그 시장에 문제가 생기면 국가 경제 전체에 문제가 생길 수 있단다. 특히 부동산 가격이 지속 하락할 때, 국가 경제 전체가 흔들릴 수 있어. 2008년 미국발 금융위기는 부동산 가격 하락이 어떤 문제를 만들어낼 수 있는지 보여준 좋은 예라고 할 수 있지. 다행히 우리나라 부동산 시장은 장기간에 걸친 하락을 경험하지 않아서 큰 문제가 생기지 않았지만, 앞으로 그런 일이 생기지 않는다고 말할 수 없어. 지금 벌어지고 있는 부동산 가격이 일시적이라면 어떻게든 문제를 해결할 수 있겠지만, 계속 하락한다면 어떤 문제가 생길지 알 수 없어. 그래서 전문가들이 우려하는 거란다.

부동산은 움직이지 않는(부동不動) 재산(산産)이란 뜻인데 아파트처럼 우리가 사는 집이나 길에서 볼 수 있는 가게, 건물이나 땅을 말해. 투자 수단으로써 부동산의 가장 큰 장점은 우리가 살아가는 데 꼭 필요하다는 거야. 우리 모두 살 집이 필요해. 그리고 사람이 살아 가려면 발을 디디는 땅이 반드시 있어야 하지. 바꿔 말하면 부동산 가격이 0이 되는 일은 없다는 걸 의미해. 모든 물건은 필요로 하는 사람이 있으므로 가격이 생기지. 반대로 필요로 하는 사람이 없으면 가격도 없단다.

아프리카 사막 한가운데 있는 땅보다 서울 강남 아파트가 비싼 이유는 그걸 필요로 하는 사람이 많기 때문이야. 예전에는 비싸게 팔리던 것들이 지금은 싸게 팔리거나 사라지는 이유는 기술이 발전하면서 사람들이 그 물건을 쓰지 않게 되거나 사회 문화가 변하면서 삶의 방식이 바뀌었기 때문이지. 길에 있는 공중전화기나 USB가 나오기 전에 사용한 외부 기억 장치 플로피 디스켓은 기술이 발전하면서 사용하지 않게 됐지. 또 중세에 여성들이 입던 코르셋이라는 속옷이나 조선시대의 비녀는 사회상이 바뀌면서 영화 촬영 같은 특수한 상황 외에는 사용하지 않게 되었고.

그런데 우리가 사는 모습과 방법이 어떻게 바뀌더라도 땅은 꼭 필요해. 조선시대 사람들도 땅에 집을 짓고 살았고, 우리도 땅에 집을 짓고 살잖아. 누군가 필요로 하는 물건은 사라지지 않아. 이런 의미에서 부동산은 투자 수단으로 가장 안전하단다. 혹시 모르지. 일론 머스크가 말한 대로 인류가 화성으로 이주하게 된다면 지구에 있는 땅의 가치가 사라질 수도. 하지만 그건 우리가 사는 동안 쉽게 이뤄질 일은 아니니까 그때 가서 생각하자.

부동산의 또 다른 장점은 사용가치가 있다는 거야. 아파트나 오피

스텔, 상가에 투자하면 살 때보다 가격이 올라서 돈을 벌 수 있는 시세차익이 생기고, 이외에도 거기서 살거나 장사를 하고 싶어 하는 누군가에게 빌려주고 돈을 받을 수도 있어. 매달 일정한 돈이 들어온다는 건 부동산 투자가 가진 또 다른 큰 장점이지. 금은 인류 역사를 통해 가장 오래된 투자 자산이지만 사용가치는 거의 없어. 사용가치가 없으면 가격의 상승을 통해 이익을 볼 수는 있어도 현금흐름이 없으므로 가격이 오르지 않거나 떨어지면 아무 쓸모가 없지.

부동산 투자가 장점만 있는 건 아냐. 단점도 있단다. 부동산이 투자 수단으로써 가지는 가장 큰 단점은 투자하는 데 큰돈이 필요하다는 거야. 아파트 하나 사려고 해도 수억 원이 있어야 해. 땅이나 건물은 수십억 원, 수백억 원이나 하니 부자들만 살 수 있고 보통 사람은 엄두도 낼 수 없지. 보통 사람들에게 투자 수단으로써 부동산이 의미가 있으려면 자기가 사는 집 외에 추가로 부동산이 있어야 할 텐데 그런 사람은 많지 않아. 보통 사람들은 자신이 살 집 하나 갖기도 힘들기 때문에 부동산은 투자 수단으로 큰 의미를 갖기 어렵단다.

세금도 큰 문제야. 부동산은 거래 과정에서도 세금을 내지만 갖고 있기만 해도 세금을 내야 해. 누군가가 내 부동산을 빌려서 살고 있다면 그 돈으로 세금을 낼 수 있지. 하지만 아무도 쓰지 않는다면 사용 유무와 상관없이 보유하고만 있어도 내가 다른 곳에서 버는 돈으로 보유세라는 것을 내야 해. 내가 수입이 없다면 빚을 져서 세금을 내야 할 수도 있어. 우리나라는 부동산을 가지고 있으면 내야 하는 세금인 보유세가 낮은 편에 속하니 다행이지만 앞으로 더 올라가서 세금 부담이 더 커질 수 있어. 보유세가 올라가면 투자 수단으로써 부동산의 매력은 더 떨어져.

부동산에 투자하려는 사람이 줄어들면 세금 부담 외에도 가격 하락의 위험도 커져. 그럼 부동산 투자로써 인플레이션을 방어하고 구매력을 지킨다는 원래 목표를 잃어버릴 뿐만 아니라 '가격 하락 + 보유세'의 2단 콤보로 자산은 무섭도록 빠르게 줄어들 거야. 우리나라에선 아직까진 이런 일이 없어서 다행인데 바로 이웃 나라인 일본에선 1990년대 이후 이런 일이 벌어져서 엄청난 부자였던 사람들이 노숙자가 되기도 했어. 갖고만 있어도 세금을 내야 한다는 건 부동산의 치명적 단점이라고 볼 수 있지.

보유세와 가격 하락 외에도 부동산의 단점이 한 가지 더 있단다. 처음에 부동산은 가격이 비싸다고 했잖아. 그리고 거래 비용도 비싼 편이고. 양도세랑 등록세 등 세금을 많이 내야 하거든. 한 유닛(건물 하나, 아파트 한 채처럼 일반적으로 거래가 이뤄지는 최소한의 단위)의 가격이 높고 거래 비용이 비싸서 환금성이 떨어져. 환금성은 얼마나 쉽게 투자 수단이 돈으로 바뀔 수 있는지를 말하는 거야.

일본에서 엄청난 부자였던 사람이 노숙자가 됐다고 얘기했잖아. 얼핏 생각하면 가격이 떨어질 때 얼른 팔아치우면 되는 거 아닌가 하고 생각할 수도 있어. 하지만 부동산은 가격이 비싸고 보유할 때 세금을 내야 하기 때문에 부동산 가격이 하락하는 시기에 사려는 사람이 별로 없어. 싸게 팔려고 해도 사려는 사람이 없으면 팔 수가 없잖아. 아직 우리나라에선 이런 일이 벌어지지 않아서 사람들이 팔리지 않는 부동산이 얼마나 무서운지 경험한 적이 별로 없지만 이런 일이 벌어지면 정말 무섭도록 가격이 내려간단다.

이런 현상을 '가격 폭락'이라고 하는데, 가격 폭락은 국가 경제가 큰 폭으로 후퇴할 때 벌어지는 일이야. 아직 우리나라 사람들은 장기간의 국가 경제 후퇴를 경험한 적이 없어서 이런 일이 생기면 얼마나 무서운 일이 벌어지는지 잘 몰라. 일본에서 지난 30년간 벌어진 일을 보면 국가 경제가 성장하던 나라가 성장이 멈추거나 둔화하면 자산, 특히 부동산 가격에 어떤 일이 벌어지는지를 아주 잘 알 수 있어. 1960년대부터 폭발적으로 성장하던 일본 경제는 1980년대 후반 이후 성장이 둔화하고 후퇴하는 경향을 보였는데 이런 일이 벌어진 후에 일본의 부동산 가격은 폭락했어.

다시 한번 말하지만 우리나라 사람들은 국가 경제가 장기간에 걸쳐 후퇴한 경험이 한 적이 없어서 국가 경제가 후퇴할 때 부동산 가격이 어떻게 되는지 알지 못하기 때문에 국가 경제의 성장을 자산, 특히 부동산 가격에 영향을 미치는 변수로 고려하지 않아. 대부분의 사람들이 부동산 가격에 영향을 미치는 주요 변수로 금리, 인구, 규제, 공급 같은 걸 들지만, 이건 다 부수적인 변수란다. 부동산 가격에 가장 큰 영향을 미치는 변수는 국가 경제의 성장이야. 1997년 IMF 때와 2008년 미국 부동산발 금융위기가 닥쳐서 우리나라 경제 성장률이 마이너스를 기록했을 때, 부동산 가격이 어떻게 됐는지를 되돌아보면 이 사실을 알 수 있어. 우리나라 경우만 보면 국가 경제가 성장하는 건 당연한 일이라고 생각해서, 국가 경제의 성장을 부동산 가격에 영향을 미치는 변수라고 생각도 못하는 경우가 대부분이지. 하지만 전 세계적으로 살펴보면 국가 경제의 성장과 부동산 가격은 아주 강하게 커플링이 되어 움직인다는 걸 알 수 있어.

우리나라 부동산 가격은 지난 몇 년간 폭등했는데 그 이유는 여러 가지가 있겠지만 가장 중요한 이유는 세계 10~12위 정도였던 우리나라 경제가 7~8등을 다툴 정도로 빨리 성장했기 때문이야. 게다가 코로나19로 인해 전 세계적으로 돈이 엄청나게 공급되는 바람에 부동산 가격이 1980~1990년대 일본이 생각날 정도로 빠르게 올랐어. 금리가 오르면서 코로나19로 인해 풀렸던 돈이 줄어들고 있는 상황에서 우리나라 경제가 전처럼 빠르게 성장하지 못하면 부동산은 우리가 생각하는 것 이상으로 가격이 내려갈 수 있으므로 극도로 주의해야 한단다.

모든 투자 자산의 가격이 폭락할 수 있지만 부동산은 가격 폭락이 벌어지면 다른 자산보다 훨씬 위험해. 가격이 비싸기 때문만은 아냐. 부동산이 투자 자산으로써 갖는 가장 큰 장점이 가장 큰 단점이 되어버리기 때문이야. 부동산에 투자할 때 자기가 가진 돈으로만 투자하는 사람은 별로 없어. 집을 살 때도 보통 은행 같은 곳에서 대출을 받지. 집이 5억이라고 하면 내가 가진 돈 1~2억에 대출을 3~4억을 받아서 집을 사. 다른 부동산도 마찬가지야. 다른 투자 자산에 대해선 빚을 내서 투자하는 경우가 많지 않지만 부동산은 이런 식으로 투자하는 이유는 ① 부동산은 개인이 가진 돈만으로 사기엔 너무 비싸고 ② 가격의 변동이 다른 자산에 비해 상대적으로 안정적이며

③ 빌려주는 입장에선 어떤 상황에서도 땅이 남아 있어서 담보가 확실해 손해를 볼 가능성이 적기 때문이란다.

이런 식으로 투자하는 방식을 '레버리지(지렛대)' 투자라고 하는데 이렇게 투자하면 수익률이 극적으로 높아질 수 있다는 장점이 있지. 1억 원을 가지고 4억 원을 빌려서 5억 원짜리 집을 샀는데 집값이 6억 원으로 뛰면 원금 1억 원으로 1억 원을 벌었으니 수익률이 100%가 되잖아.

우리나라 사람들이 부동산이 가장 좋은 투자 수단이라고 생각하는 이유는 부동산 가격이 지속 상승한데다가 레버리지를 써서 수익률이 높았기 때문이야. 앞에서 얘기한 대로 우리나라 경제는 1970년대 이후 잠깐씩 후퇴했던 때를 제외하면 지속적으로 성장해왔어. 그래서 우리나라 사람들은 부동산 가격이 장기간에 걸쳐 후퇴하는 걸 경험해본 적이 없고, 단기적으로 후퇴했을 때도 이후에 원래 가격 이상으로 올랐기 때문에 부동산 가격은 잠깐 내려가더라도 언젠가는 자신이 산 가격보다 오르게 되어 있다는 믿음을 가지게 됐지. 반드시 이익을 거둘 수 있다면 레버리지를 쓰지 않을 이유가 없고, 레버리지를 쓰면 수익률은 좋을 수밖에 없어. 그래서 우리나라 사람들은 대부분 자산을 부동산으로 가지게 된 거란다.

또 집을 살 때는 대부분이 입지나 교통, 학군 같은 걸 꼼꼼히 알아보잖아. 물이 새지는 않는지 수압은 어떤지까지도 꼼꼼히 점검해. 주식투자는 알아보지도 않고 지인의 말만 듣고 함부로 투자할 때도 많지만. 자세히 알아보고 하는 투자는 실패할 확률이 낮아. '묻지마 투자'를 했던 주식보다 꼼꼼히 따져서 투자한 부동산이 투자에 성공한 경우가 많은 건 어쩌면 당연한 일인 거지.

또 우리나라 사람의 부동산 투자는 대부분 자기가 살 집을 사는 거라서 가격이 내려가도 타격이 상대적으로 적어. 가격이 오르든 떨어지든 거기 사는 사람한테는 그냥 저울의 눈금이 변할 뿐 실제로 달라지는 건 없거든. 가격이 내려가면 그냥 살면 되니까 문제없고, 가격이 오르면 기분이 좋아지지. 부동산 투자는 절대 실패하지 않는다는 대한민국 '부동산 불패' 신화는 이렇게 만들어진 거란다.

여태까지 실패하지 않았다는 게 앞으로도 실패하지 않을 거라는 의미는 아니야. 5억 원짜리 집이 3억 원이 되면, 1억 원을 가지고 4억 원을 대출받아 집을 산 사람들은 자기 돈 1억 원을 잃은 것뿐만이 아니라 빚까지 1억 원을 지게 돼. 전 재산을 다 날리고 빚 1억 원만 남게 되지. 레버리지의 무서움인데 우리나라 사람 중엔 부동산 레버리지의 무서움을 경험해본 사람들이 별로 없어서 이러한 위험성을 잘 몰라. 2008년에 미국에서 벌어진 금융위기 때문에 수많은 사람이 멀쩡히 살던 집을 잃고 길거리로 내몰렸어. 이런 일이 벌어질 가능성이 높지 않고 벌어지지 않으면 좋겠지만, 이런 일이 절대 벌어지지 않는다고는 말할 수 없단다.

무엇보다 부동산 투자의 가장 큰 단점은 이미 얘기한 부동산 가격의 특징, 가격의 변동이 그 나라의 경제 성장과 연동되어 있다는 거야. 가격이 엄청나게 오른 것처럼 보여도 평균적으로 부동산 가격의 상승 폭은 국가의 성장률을 넘어서지는 못해. 레버리지를 사용하기 때문에 수익률이 굉장히 높아 보이지만 레버리지를 제거하고 나서 따졌을 때도 수익률이 높은가 하면 그렇지는 않거든.

어떤 나라의 경제가 커질수록 성장하는 액수는 커져도 성장률은 떨어질 수밖에 없단다. 1억 원이 2억 원이 되는 것보다 1조 원이 2조 원이 되는 게 어려운 건 당연한 거겠지. 부동산은 풍선처럼 시장 전체가 부풀어 오르는 경향이 있으므로 경제 성장률이 떨어지면 전체적으로 상승률이 떨어질 수밖에 없어. 이전에 우리나라는 인구 밀도가 높고 빠르게 성장하는 나라라 부동산이 투자 수단으로 중요한 의미가 있었지만 앞으로도 이런 성장이 계속될 수 있을까? 우리나라가 지금처럼 계속 성장하지 못해도 부동산이 투자 수단으로 의미가 있을 수 있을까? 만일 우리나라 경제가 정체하거나 후퇴하면 어떤 일이 벌어질까?

앞에서 얘기한 것처럼 다행히 우리나라는 아직 장기간에 걸친 경제 정체 혹은 후퇴를 경험하지 않았단다. 우리 국민들이 부지런하고 똑똑해서 가능했던 일이지. 1990년대 이후 일본 부동산 시장에 어떤 일이 벌어졌는지 우리는 이미 알고 있어. 그렇게 되지 않기를 바라야 하고 그렇게 되지 않기 위해 노력해야 해. 하지만 우리나라 경제가 일본 경제처럼 된다면 우리나라 부동산 시장도 일본처럼 될 거야.

우리나라 국민의 자산이 지나치게 편중되어 있다는 점도 투자 수단으로써 부동산의 매력을 떨어뜨렸어. 자산이 한군데에 집중되어 있고, 부동산 특히 아파트나 빌라 등 거주용 부동산의 가격이 급등하면 수많은 문제를 일으키기 때문에 정부에선 부동산 집중 현상을 개선하기 위한 여러 가지 방법을 마련해. 이게 실제로 해결이 될 수 있는 문제인지와는 별개로 정부가 세금을 더 많이 걷거나 부동산을 살 때 돈을 빌리는 걸 막는 등의 방법으로 부동산 문제를 해결하려고 하고 있거든. 여태까지는 부동산이 매력적인 투자 수단이었다고 해도 경제 성장률이 떨어지고, 나라에서 부동산 가격 상승을 막으려고 하는 상황에서 앞으로도 매력적일지에 대해서는 부정적일 수밖에 없단다.

장점
| 꼭 필요한 재화이다.
| 사용가치가 있다.
| 레버리지 활용이 쉬워 투자가 성공했을 경우 수익률은 높은 경우가 많다.

단점
| 투자하는 데 큰돈이 필요하다.
| 돈으로 쉽게 바꿀 수 없다.
| 레버리지를 쓰지 않을 때 수익률이 높지 않다.
| 레버리지를 활용하는 경우가 많아 투자가 실패했을 경우 경제적으로 큰 문제가 생길 수 있다.
| 레버리지를 쓸 때 환금성이 떨어져 큰 위험이 생길 수 있다.
| 가격 상승이 국가나 도시 경제 성장에 연동되어 움직이기 때문에 전체 경제가 성장하지 않으면 상승을 기대하기 어렵다.

채권의 장단점

저금이나 부동산처럼 보편적이지는 않지만 채권을 투자 수단으로 사용하는 사람들도 있단다. 채권은 쉽게 말해 저금과 비슷한 거야. 저금이 은행에 돈을 빌려주고 이자를 받는 거라면, 채권은 나라나 기업에 돈을 빌려주고 정해진 이자를 받는 거지. 나라나 기업이 어떤 일을 벌이려고 하는 데 돈이 필요하면 채권을 발행해 돈을 빌리기도 해. 나라에서 발행하는 채권을 '국채'라고 하고, 기업에서 발행하는 채권을 '회사채'라고 해. 채권은 저금에 비하면 이자를 조금 더 받을 수 있는 대신 원금을 손해 볼 위험이 좀 더 커지지.

채권이 원금을 손해 보는 경우는 채권을 발행한 국가나 기업이 돈을 갚을 수 없는 상태에 빠지는 거야. 그런 경우를 제외하고는 채권이 손해를 볼 확률은 없어. 그래서 장사가 잘되지 않는 부실기업의 채권은 장사가 잘되는 기업에 비해 이자를 더 많이 주고, 기업의 채권은 국가의 채권보다 좀 더 높은 이자를 준단다. 나라가 망할 확률이 기업이 망할 확률보다는 낮잖아. 미국에서 발행한 국채 같은 경우는 원금을 손해 볼 확률이 거의 없으므로 이자가 굉장히 낮아.

김진태 강원도지사가 2천억 원 정도의 채권에 대해 채무불이행을 선언한 것 때문에 채권 시장, 나아가 금융 시장 전체가 난리 난 일이 있어. 2천억 원은 큰돈이지만 채권 시장 전체로 보면 푼돈에 불과한 돈인데 채권 시장 전체를 뒤흔드는 큰 문제가 된 이유는 김 지사가 채무불이행을 선언한 채권이 지방 정부에서 발행한 지방채이기 때문이야.

지방 정부가 망하는 건 나라가 망하는 상황 외에는 없어. 그렇다는 얘기는 지방 정부가 발행한 '지방채=국채'란 뜻이 되지. 국채는 못 돌려받을 확률이 거의 없어서 이자율이 굉장히 낮다고 했잖아. 지방채도 마찬가지야. 전쟁이 난 나라는 망할 수도 있기 때문에 국채 이율이 미친 듯이 올라가고 그에 따라 국채 가격은 형편없이 내려가게 돼. 2023년 현재 우크라이나가 좋은 예지.

김진태 강원도지사발 레고랜드 채무불이행 사태가 큰 문제를 일으킨 건 전쟁이 나지 않는 이상 돌려받지 못할 확률이 제로라고 생각했던 지방채가 채무불이행을 선언했기 때문이야. 게다가 지금은 금리가 빠르게 올라가고 있는 상황이야. 파산 확률이 0에 가까운 지방채도 못 받을 확률이 생겼다는 건 나머지 채권은 못 받을 확률이 더 높아진다는 의미가 되지. 채권을 발행하는 회사들은 금리를 엄청나게 높게 줘야만 채권을 사는 사람이 생기는 상황이 된 거야. 김 지사의 불이행 선언 전에는 이자를 1천만 원만 줘도 채권을 샀는데 선언 이후엔 3천만 원, 4천만 원씩 줘야 채권을 사는 상황이 됐지. 그러니 채권 시장 전체가 난리가 난 거란다.

채권은 경제 상황이 나쁠 때는 이자율이 올라가고 좋을 때는 떨어지는 경향이 있어. 채권이란 그 채권을 발행하는 국가나 기업에 돈이 필요해서 발행하기 때문에 경기가 나쁠 때는 돈을 구하기가 어려워져서 높은 이자를 주고라도 돈을 빌리려고 해. 경기가 좋을 때는 돈을 빌려주려는 사람이 많아지기 때문에 채권 이율이 낮아지는 경향이 있어. 채권의 이율이 올라갈 때가 경제가 나빠질 때고, 내려갈 때는 경제 상황이 좋아지고 있다고 봐도 돼.

채권의 이자율은 '표면 이자율'과 '실제 이자율'이 있지만, 채권에 투자할 게 아니라면 이런 복잡한 것까지 알 필요는 없고, 그냥 돈을 빌려주고 정해진 이자를 받는다는 정도만 알면 돼. 또 하나 알아둬야 할 건 금리가 올라가면 채권 가격은 내려가고, 금리가 떨어지면 채권 가격이 올라간다는 거야. 이것도 이해하려면 복잡하니까 그냥 이렇게 외워둬. '금올채떨, 금떨채올.' 외워두고 있으면 나중에 자연스럽게 이해될 때가 올 거야.

채권의 가장 큰 장점은 큰돈을 다른 투자 수단에 비해 상대적으로 안정적으로 투자할 수 있다는 거야. 돈이 커지면 수익률도 중요하고 안정성도 중요해져. 1조 원으로 투자한다면 이자율이 0.1%만 달라져도 큰돈이 왔다 갔다 해. 1조 원을 투자하는 데 저축 이자율이 2%고 채권의 이자율이 3%라고 하면 1년 이자 차이가 100억 원 차이가 나. 그러니 0.1%라도 더 높은 이자를 받고 싶겠지.

큰돈은 돈을 잃을 위험이 큰 곳에 투자하기도 어려워. 액수가 커지면 환금성도 생각하지 않을 수 없어. 아무리 큰 회사라고 해도 1조 원 정도 되는 주식을 파는 건 어려운 일이거든. 채권은 내가 돈을 빌려주고 정해진 때에 정해진 액수를 돌려받는 거니까 환금성을 상대적으로 적게 고려해도 괜찮아. 그래서 큰돈을 움직이는 사람들은 국채나 망할 위험이 아주 적은 우량한 회사의 채권에 투자해서 수익성과 안정성을 둘 다 추구하는 거란다. 적은 돈을 투자하는 개인 투자자는 생각하지 않아도 되는 문제들이지.

채권은 은행 이자보다 높은 수익률을 거둘 수 있으면서, 국채 같은 곳에 투자할 때 원금을 잃을 위험이 아주 적다는 장점이 있어. 단점은 개인 투자자들이 접근하기 어렵다는 점이지. 움직이는 돈이 워낙 크다 보니 큰손들과만 거래하는 경우가 많고, 적은 돈을 투자하는 일반 투자자에게는 정보도 기회도 인색해. 채권을 사기도 어렵지만 살 수 있다고 해도 이 채권이 얼마나 위험한지 이 정도 위험을 감수할 만큼 이자를 많이 주는 건지 계산하는 게 복잡하고 어렵단다.

또한 이자율이 정해져 있으므로 수익률이 제한되어 있다는 단점이 있어. 채권의 이자율은 미리 정해져 있고 그 이상은 받을 수 없단다. 비록 낮은 확률이지만 나라가 망할 위험이 없는 건 아니니 돈을 잃을 위험도 있어. 하지만 채권 대부분은 항상 돈을 벌 수 있고, 그 대신 벌 수 있는 돈이 미리 정해져 있지.

장점

| 저금보다 이자율이 높다.
| 돈을 잃을 위험이 낮다.

단점

| 접근이 어렵다.
| 어떤 식으로 채권의 가격이 움직이고 어떻게 해야 돈을 벌 수 있는지 계산하기 어렵다.
| 수익률이 제한적이다.

암호화폐의 장단점

요새 수많은 사람, 특히 20~30대를 중심으로 가장 인기 있는 투자 수단은 암호화폐와 NFT야. 비트코인이나 이더리움 같은 암호화폐에 투자해서 믿기 어려울 정도로 큰돈을 번 사람도 있지. 그래서 수많은 사람이 암호화폐에 관심을 두고 있어.

암호화폐의 장점은 변동성 높은 상품에서만 나오는 높은 수익률이야. 암호화폐는 다른 어떤 투자 수단보다 변동성이 강해. 하루에 몇십 % 정도는 우습게 왔다 갔다 하지. 그래서 잘 사고판다면 인생이 바뀔 정도로 높은 수익을 올릴 수 있단다. 또한, 암호화폐와 관련된 일을 하는 사람들이나 투자자들의 말처럼 암호화폐가 언젠가 우리가 일반적으로 말하는 돈, 정부가 발행하는 법정 화폐를 대신할 날이 올지도 몰라. 그런 날이 오면 지금 암호화폐를 가진 투자자들의 수익률은 상상하기 어려울 만큼 높을 수도 있어.

암호화폐에 투자하는 사람이 아무리 많고, 수익률이 높다고 해도 암호화폐가 주 투자 수단이 될 수 있는가에 대해서는 의문이 있어. 보조 투자 수단으로 내가 가진 총자산의 1~20%나 많게는 30%까지 투자할 수도 있겠지. 또 거기서 놀라운 수익을 거둘 수도 있을 거야. 하지만 이 이상을 투자하는 건 너무 위험한 일이란다. 왜냐하면 암호화폐는 아직 가치측정 방법이 없거든. 나중에 좀 더 자세히 얘기하겠지만 투자할 때 가장 중요한 건 가치측정Valuation이란다. 어떤 투자자산이 얼마의 가치가 있는지, 현재 가격이 그 가치보다 싸다고 생각할 때 투자하고, 비싸다고 생각하면 팔아야 해. 이때 다양한 방법과 기준으로 가치를 측정해보는데, 측정하는 사람마다 생각하는 가치가 달라져.

예를 들어, 부동산의 경우엔 가치를 측정하는 가장 손쉬운 방법은 월세를 은행 이자와 비교해서 비싼지 싼지를 판단하는 거지. 은행 금리가 4.8%라고 하면 10억 원을 맡기면 1년 뒤에 이자로 5천만 원을 받을 수 있을 테니 한 달 이자로 400만 원을 받는 셈이잖아. 그럼 월세 300만 원을 받을 수 있는 10억 원짜리 아파트는 비싸게 팔리고 있다고 할 수 있지. 물론 실제로는 세금 문제나 아파트 가격의 상승에 따른 시세 차익을 거둘 가능성 때문에 저런 식으로 단순하게 평가할 수는 없지만 기본적으로는 저런 식으로 가치측정을 해.

어떤 식으로 가치를 측정하건 중요한 건 가치를 측정할 수 있어야 한다는 거야. 가치를 측정할 수 있어야 현재 가격이 투자를 결정할 만큼 매력적인 가격인지 아닌지를 알 수 있거든. 근데 암호화폐는 아직 가치측정을 하는 방법이 개발되지 않았어. 비트코인 1개에 100달러가 적정 가격인지 10만 달러가 적정 가격인지 알 방법이 없어. 암호화폐의 가치를 측정하는 방법은 이전의 가격과 현재의 가격을 비교하는 방법뿐이야. 암호화폐의 가격이 심하게 오르내리는 것도 가치를 측정할 방법이 없으므로 쏠림현상이 심해서 벌어지는 일이지.

언젠가는 암호화폐의 가치를 측정하는 방법이 생기면 그때는 암호화폐에 자산의 많은 부분을 투자할 수도 있겠지. 지금은 그래선 안 된다고 생각해. 아직 암호화폐를 사고파는 건 투자라고 말할 수 없어. 왜 오르고 떨어지는지를 설명할 수 있는 사람이 아무도 없잖

아. 그런 자산을 사는 건 투자가 아니라 종교와 비슷한 거란다. 암호화폐에 투자하는 사람들이 '투더문'이나 '가즈아' 같은 주문을 외우는 건 우연이 아니란 얘기지. 암호화폐를 살 수도 있고, 종교처럼 보지 않을 수도 있어. 이건 개인의 선택이야. 하지만 가치를 측정할 수 없는 곳에 투자하는 걸 가리키는 용어는 알고 있지. '투기.' 그래서 투자 수단으로써 암호화폐에 대해서는 더 이상 이야기하지 않을게.

저축, 부동산, 채권 외에도 다양한 투자 수단이 있어. 하지만 이런 투자 수단들은 접근이 어렵기 때문에 일반적으로 하기는 어려워. 그쪽과 관련된 일을 한다든지 아니면 그쪽 전문가와 가까운 사이인 경우가 아니면 그런 곳에 투자하기는 어렵지. 그 밖의 투자 수단들은 해당 분야에 접근이 쉽고 잘 아는 사람이라면 투자하는 것도 괜찮을 거야. 미술품 투자는 요새 대중화된 분야지. 하지만 여전히 장벽이 높아. 이런 투자 수단들은 부차적인 것들이라 길게 언급하지 않을게.

주식투자의 장점

주식투자의 첫 번째 장점이자, 가장 큰 장점은 수익률이야. 어떤 투자가 좋은 투자인가는 상대적인 개념일 수밖에 없는데 '얼마나 높은 위험을 감수했는가', '일정 기간 얼마나 높은 이익을 거뒀는가'로 평가할 수 있단다. 위험 감수를 덜 할수록, 높은 이익을 거둘수록 투자를 잘한 거지. 위험 감수는 투자 수단에 대한 이해도에 따라 천차만별로 달라져. 어떤 사람은 위험하다고 생각하는 투자가 다른 사람에게는 위험이 하나도 없는 안전한 투자 수단일 수도 있거든.

누구나 안전하다고 생각하는 은행 예금도 뱅크런(예금자들이 일제히 예금을 인출하려는 일)이 벌어지거나 은행이 도산해버리면 위험해질 수 있어. 2000년대 후반에 저축은행이 연쇄도산을 하면서 저축은행에 예금을 맡긴 사람 중에 예금보험공사가 보증하는 최대치인 5천만 원을 넘게 예금한 사람들은 원금을 잃기도 했지.

주식투자가 위험하다고 하지만 그 회사에 대해 아주 잘 이해하고 있는 사람에게는 전혀 위험하지 않을 수도 있어. 시골 의사로 유명한 박경철 씨는 2001년 9.11 테러 직후에 "앞으로 10년 이내에 삼성전자를 이보다 싸게 살 기회는 없다"라고 했는데, 20년이 지난 지금까지도 삼성전자를 그때보다 싸게 살 수 있는 기회는 오지 않았어. 투자 자산의 위험도는 그 자산에 대한 투자자의 이해도에 따라 완전히 달라지기 때문에 위험을 얼마나 감수했느냐를 기준으로 투자에 대해 평가할 수는 없단다.

남는 건 일정 기간 얼마나 높은 수익률을 올렸는가로 평가하는 건데, 과거를 돌이켜보면 '잘 고른 주식'만큼 높은 수익률을 거둔 투자 수단은 없어. 여기서 중요한 건 '잘 고른'이라는 단어란다. 인터넷 주식 열풍이 불었을 때 주가가 폭등했던 인터넷과 관련된 회사가 있었지만 그 회사 중 대부분은 지금은 사라졌거나 그때의 주가를 한 번도 회복하지 못한 채로 거래되고 있어. 하지만 그 회사 중 네이버에 투자했다면 어떻게 됐을까? 무상증자와 액면분할 등을 고려한 절대가격을 기준으로 2002년 12월에 1902원에 거래된 네이버는 2021년 7월 26일 최고가인 46만 5천 원을 기록했어. 그때부터 주가가 많이 하락해서 현재는 10만 원대 중후반에 거래되는데 20만 원 정도에 다 팔았다고 가정해도 20년간 네이버의 주가는 100배 넘게 오른 셈이야. 1억 원을 투자했으면 100억 원이 된 거지. 그 어떤 투자자산도 이런 수익률을 보이기는 어렵단다.

수익률은 '투자 수단의 가치가 얼마나 빠르게 성장하느냐'를 따라갈 수밖에 없어. 다른 어떤 투자 수단도 주식투자의 수익률을 따라갈 수 없지. 자본주의 사회에서 가장 돈을 잘 버는 곳은 회사야. 이런 회사 중에서 빠르게 성장하는 회사보다 더 높은 이익을 거둘 수 있는 곳은 없어. '빠르게 성장하는 회사'를 잘 고를 수만 있다면 주식투자는 어떤 투자 수단보다도 높은 수익률을 보여줄 거란다.

둘째로는 주식투자는 적은 돈으로도 시작할 수 있어. 몇백만 원이 넘는 주식도 있지만 몇백 원 하는 이른바 '동전주'에 투자할 수도 있지. 그래서 큰돈이 없는 사람이라도 주식투자를 시작할 수 있단다.

돈이 많은 사람도 주식투자의 장점을 누릴 수 있어. 10억 원이 넘는 아파트나 몇백억 원씩 하는 건물을 사거나 파는 일은 쉽지 않지. 사거나 팔 수 있는 적당한 건물이 있어야 하고, 그걸 사거나 팔 사람이 있어야 해. 또 거래 과정에서 중개인에게 지불해야 하는 수수료나 정부에 내는 세금도 매우 큰 액수야. 그래서 팔고 싶을 때 팔지 못해서 쩔쩔매는 상황이 생길 수도 있어. 주식은 이런 부담에서 상대적으로 자유롭지. 삼성전자 주식이 하루에 거래되는 액수가 1조 원 가까이 돼. 가진 주식이 제법 많아도 어렵지 않게 팔 수 있지. 물론 이런 걸 고민할 정도로 부자라면 이 책을 읽을 거 같지 않으니 넘어갈래.

셋째로 주식투자는 세상에 대한 이해를 넓혀줘. 주식투자를 하려면 알아야 할 지식과 정보가 매우 많아. 그 지식과 정보들은 대부분 세상이 어떻게 돌아가고 있는지를 알 수 있는 것들이야.

회사는 돈을 벌기 위해 만들어진 곳이기 때문에 누군가 돈을 주고 회사의 물건이나 서비스를 사야만 회사가 계속 존재할 수 있어. 어떤 회사가 망하지 않는다는 건 누군가가 회사의 물건이나 서비스를 돈을 주고 산다는 의미가 되지. 돈이 흘러가는 방향과 정반대의 방향으로 물건과 서비스가 흘러간다는 의미이기도 하고. 돈의 흐름을 읽으면 물건과 서비스의 흐름을 읽을 수 있고, 물건과 서비스의 흐름을 읽으면 돈의 흐름을 읽을 수 있단다. 주식투자는 지금보다 앞으로 돈을 더 벌 회사를 찾는 일인데, 그러기 위해서는 돈의 흐름이나 물건과 서비스의 흐름을 알아야 해. 이 흐름을 읽는다는 건 세상이 어떤 방향으로 바뀔 것인지 찾는 것과 같아.

전에는 이마트나 홈플러스 같은 대형 마트에서 생필품을 사던 사람들이 지금은 마켓컬리 같은 곳에서 온라인 쇼핑을 해. 이 흐름을 먼저 눈치챈 투자자는 아마 대형 마트 주식을 팔고 온라인 쇼핑 관련 회사의 주식을 사서 돈을 벌었을 거야. 모든 회사가 그런 건 아니지만 지난 5~10년간 대형 마트를 운영하는 회사의 주가와 온라인 쇼핑몰을 운영하는 회사의 주가를 살펴보면 이런 흐름을 알 수 있지.

주식투자에 성공하기 위해서는 이런 흐름을 읽어야 하고, 그러다 보면 세상이 돌아가는 것에 관심을 가지게 돼. 다른 투자 수단에서 알게 되는 것들은 대부분 일정 분야에 대한 지식이지만 주식투자를

| 이마트 주가

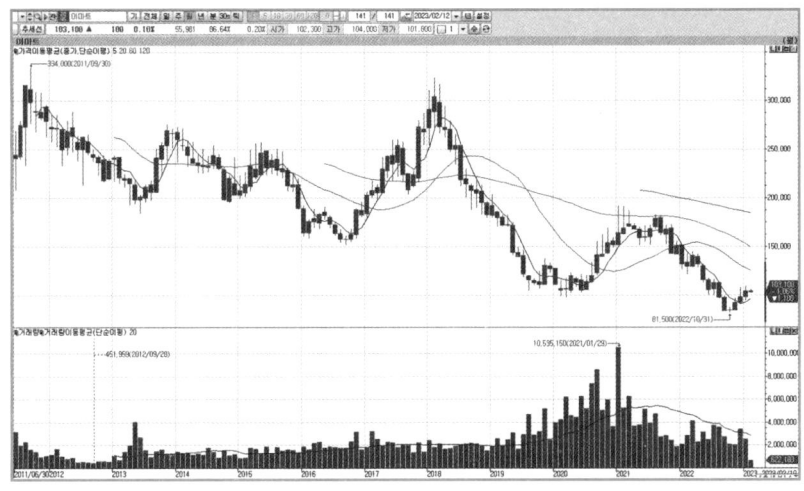

하면 우리가 사는 세상 전반에 대해 알게 된단다. 그만큼 알아야 할 것, 공부해야 할 것이 많다는 단점이 있지만, 모르는 것들을 알게 된다는 즐거움도 있단다. 주식투자를 공부하다 보면 '아, 이렇게 세상이 돌아가는구나', '세상에 이런 것도 있구나' 하고 알게 되는 게 참 많아. 물론 이런 걸 왜 공부해야 하냐고 생각하는 사람도 있을 거야. 그런 사람은 굳이 주식투자를 시작할 필요는 없을 거 같아.

우리가 학교에 가서 공부를 하고, 뉴스와 책을 보는 이유는 우리가 사는 세상에 대해 좀 더 잘 알기 위해서잖아. 주식투자는 이런 공부를 하는 데 큰 도움이 돼. 게다가 돈까지 벌 수 있으니 얼마나 좋아? 주식투자는 우리를 물질적으로 뿐만 아니라 정신적으로도 풍요롭게 만들어줄 수 있어. 지상 최고의 투자자 워런 버핏은 자신은 주식투자가 너무 즐거워서 하는 거라는 얘기를 했어. 버핏은 다 쓸 수도 없을 만큼 많은 재산을 가진 사람이야. 그런 사람이 단지 돈 버는 게 즐거워서 저런 얘길 한 건 아니겠지. 몰랐던 걸 알게 되는 즐거움, 자신이 생각했던 아이디어가 실현되는 즐거움을 주식투자로 얻을 수 있으므로 저런 얘기를 했을 거야.

Must Know

투자에서 가장 중요하게 고려할 것은 수익률이다.
돈의 흐름을 읽으면 물건과 서비스의 흐름을 읽을 수 있고, 물건과 서비스의 흐름을 읽으면 돈의 흐름을 읽을 수 있다.

그럼에도 주식투자를 말리는 사람들이 있는 이유는?

주변에서 주식투자를 하지 말라고 말리는 사람들이 많을 거야. 앞에서 얘기한 것처럼 장점이 많은데, 왜 말릴까? 주식투자가 지닌 가장 큰 단점 때문이란다. 주식을 하지 말라는 사람들은 두 부류지. 하나는 주식투자로 성공하려면 공부할 것도 많고 해야 할 일도 많은데 피곤해지니까 굳이 하지 말라는 사람. 그런데 이런 사람들은 본인이 주식투자를 하고, 괜찮은 이익을 거두고 있을 확률이 100%야. 성공한 운동선수가 자식에게는 운동을 권하고 싶지 않다는 말과 비슷한 얘기지. 힘들고 어려운 길이니 굳이 그 길로 가지 말라는 거야. 하지만 사실 이건 주식투자를 하라는 얘기와 다를 바가 없단다.

다른 부류는 주식투자에 대해 잘 알지도 못하면서 뛰어들었다가 손해를 본 사람. 그 사람들이 보기엔 주식투자는 눈 뜨고 있어도 코 베이는 것처럼 느껴지거든. 액셀과 브레이크도 구별 못 하면서 차를 몰고 도로로 나간 운전자 같은 거지. 아무것도 모르고 주식투자에 뛰어들었다가 '어마, 뜨거라' 하고 도망가서는 다시는 주식시장 쪽은 쳐다보지도 않겠다고 결심한 사람일 거란다. 잘 모르고 뛰어들면 주식투자를 통해 돈을 잃을 수 있잖아. 그것도 아주 많은 돈을 잃을 수도 있어.

주식투자에 대해서 깊이 고민해본 적 없는 사람들이 흔히 하는 얘기가 있지. '없어도 되는 돈으로 투자해라.' 이 말은 정말 잘못된 말이라고 생각해. 내가 열심히 살아서 벌 거나 얻은 돈인데 얼마나 소중하니. 그리고 돈이 있으면 잡을 수 있는 소중한 기회가 얼마나 많은데. 없어도 되는 돈은 없단다. 아무리 적은 돈일지라도 말이다.

아마 저런 말을 하는 사람들은 '주식투자에 쓴 돈을 잃게 된다고 해도 자신의 생활에 지장이 생기지 않을 정도의 돈을 투자해야 한다'라는 의미로 한 말일 거야. 하지만 이 말도 옳다고 생각하지는 않아.

우리가 운동이나 게임을 할 때, 져도 상관없다는 마음으로 하는 게 이길 확률이 높을까, 아니면 반드시 이겨야겠다고 생각하는 게 이길 확률이 높을까? 이겨야겠다고 생각한 쪽이 이길 확률이 높지 않겠니. 임하는 각오가 다르면 그에 대한 준비도 다를 테니 실제로 게임이나 경기에서 하는 퍼포먼스도 달라질 거야. 이기려는 쪽이 더 잘할 가능성이 높은 건 당연하지.

주식투자도 마찬가지야. 이번 투자에서 돈을 잃어도 할 수 없다고 생각하는 사람보다는 반드시 성공하겠다고 하는 사람이 성공할 확률이 높겠지. 주식에 투자하는 액수는 잃어도 내 생활에 크게 지장이 생기지 않을 만한 돈을 쓰는 편이 좋지만, 그게 투자하는 돈을 잃어도 상관없다는 의미가 되어서는 곤란해. 어떻게든 이익을 거두어야겠다는 각오와 그 각오에 걸맞는 준비를 해서 투자해야 한단다.

주식투자는 언제든 돈을 잃을 수 있어. 위험하지. 하지만 충분히 준비한다면 돈을 잃지 않을 수 있단다. 그런 준비가 되어 있지 않은 사람들이 큰돈을 잘 알지도 못하는 곳에 덜컥 투자했다가 돈을 잃고 나서 역시 주식투자는 하는 게 아니라고 이야기하는 거야. 수영을 배운 후 물에 뛰어들거나 운전을 배우고 자동차 운전을 시작하듯, 알맞은 준비를 하고 시작하면 주식투자는 그렇게 위험한 일은 아니란다. 그렇다고 해도 돈을 잃을 위험이 없는 건 아니지만 말이다.

돈은 소중하고, 가진 돈을 잃는 건 고통스러운 일이야. 주식투자를 한다는 건 그런 고통을 감수하고 돈을 불려 나가겠다는 각오를 하는 거지. 만일 여기까지 읽고도 주식투자를 해보겠다는 마음이 든다면 환영해. 여기까지 잘 왔어. 주식투자의 세계에 함께 가보자.

Must Know

없어도 되는 돈이란 없다.
주식투자를 하는 건 어렵고 힘든 길을 걷는 것과 같아서 단단한 각오와 철저한 준비가 필요하다.

3장

주식투자
시작하기

갖춰야 할 세 가지 능력

주식 투자자에게 필요한 자질은 세 가지란다.

첫째, 세상에 관해 관심이 아주 많아야 해. 주식투자는 사업이 잘되는 회사를 찾아서 그 회사의 주식을 사는 일이야. 사업이 잘되려면 사람들이 그 회사의 제품이나 서비스를 많이 사거나 써야 해. 그래서 많은 사람이 관심 있는 것, 유행하는 것, 기술의 흐름 등을 알아야 하지.

전기처럼 사람들이 반드시 쓰는 것을 만드는 한전 같은 회사, 삼성전자처럼 모든 사람이 사용하는 반도체를 만드는 회사, 카카오처럼 우리나라 사람 대부분이 이용하는 메신저 앱을 만든 회사 등 유명하고 사람들이 그 제품을 많이 쓰는 회사일지라도 세상이 어떻게 흘러가는지 알고 투자해야만 주식투자를 통해 돈을 벌 수 있단다.

그래서 사람들이 무얼 필요로 하고, 무얼 사고 먹고 쓰는지에 대해 알아야 해. 세상이 어떻게 돌아가고 있는지 알아야 한다는 의미지. 내연기관 자동차들은 점점 사라지고 전부 전기차로 바뀌는 시대가 오고 있어. 이 미래는 올 수도 있고 오지 않을 수도 있는 불확실한 미래가 아니라 확정된 미래야. 머지않아 내연기관차는 박물관에 가야 볼 수 있게 될 거야. 이런 상황에서 내연기관차나 그와 관련된 물건을 만드는 회사에 투자한다면 아마 크게 성공하기는 어려울 거야.

또한, 유행이 지난 브랜드의 옷이나 화장품을 만드는 회사가 아니라 새롭게 떠오르는 브랜드의 회사를 알려면 그에 관해 관심이 있어야겠지. 사람들이 대형 마트보다 신선 배송을 이용하는 경우가 늘어나면 이마트 같은 회사보다는 신선 식품 배송 회사에 투자하는 편이 좋을 거야.

이런 걸 알고 투자하기 위해서 가장 필요한 건 투자하고자 하는 회사의 업계가 어떻게 돌아가는지 알아야 해. 세상 모든 제품과 서비스, 트렌드에 대해 알면 더 좋겠지만, 그게 어렵다면 자신이 잘 알 수 있는 분야에 대해 관심을 두고 그 분야에 투자하면 된단다.

웹툰을 좋아하는 사람이라면 웹툰과 관련된 회사에, 게임을 좋아하는 사람이라면 게임 회사에, 옷과 화장품을 좋아한다면 옷과 화장품 회사를 알아보고 투자하면 성공할 확률이 더 높을 거야. 중요한 건 자기가 투자하려는 분야에 '관심'이 있어야 한다는 거지. 그래야만 트렌드와 흐름을 읽고 좋은 회사에 투자할 수 있어. 앞에서도 얘기했지만 주식투자를 할 때 중요한 건 주가가 올라갈 만한 회사를 잘 고르는 거야. 그러려면 잘 알아야 해.

둘째, 집요함이 필요해. 주변 사람이 무슨 옷을 입는지, 뭘 먹는지, 뭘 하고 노는지 아는 건 그렇게 어려운 일은 아니야. 친구가 노스페이스 옷을 입는다고 노스페이스를 만드는 영원무역 주식을 사면 투자에 성공할 수 있을까? 성공할 수도 있고 실패할 수도 있겠지. 아무 생각 없이 누가 사라고 추천해서 산 주식보다 성공할 확률이 높을 거야. 하지만 돈은 소중해. 앞에서도 얘기했지만 함부로 투자하기엔 없어도 되는 돈이란 없단다.

밥을 먹으러 가면서 식당을 고를 때도 여기저기 검색해보고 알아보잖아. 투자에 사용하는 돈이 한 끼 식사보다는 값어치가 있지 않니? 그러니 생각보다 훨씬 더 많이 알아봐야 해. 투자를 결정할 때 투자할 회사에 대해서 한두 가지만 알아봐선 안 돼.

투자할 회사와 제품에 대해 집요하게 파고들면서 알아봐야 한단다. 성공한 투자자들은 전부 집요한 사람들이야. 주식투자를 가리켜 '금융 노가다'라고 하는 투자 고수들이 있어. 막노동하듯이 이런 것까지 알아봐야 하나 싶은 것들을 하나하나 집요하게 파고들고 캐고 알아봐서 투자를 결정하기 때문에 이렇게 말하지. '금융 노가다'라고 표현할 정도로 집요하게 연구하고 투자하면 성공할 확률이 훨씬 올라간단다.

한두 번 투자하고 말게 아니라 평생 투자할 거라면 실패할 확률을 줄이고 성공할 확률을 높이는 게 무엇보다 중요해. 한 번 두 번은 우연히 성공할 수 있어도 지속해서 실패하지 않고 성공하는 건 결국 확률 게임이거든. 실패할 확률을 줄이고 성공할 확률을 높여야만 계속 투자 시장에서 살아남을 수 있어. 그래서 수많은 것들을 알아봐야 한다는 거지. 투자자에게 집요함은 아주 중요한 자질이야.

셋째, 실행력이 필요해. '구슬이 서 말이라도 꿰어야 보배'라는 말을 들어봤지? 아무리 좋은 투자 아이디어를 가지고 집요하게 파고들었다 해도 실제로 투자하지 않는다면 아무 의미가 없어. 복권을 사야 복권에 당첨될 수 있는 것처럼 투자도 마찬가지야. 사는 게 좋겠다고 생각하면 사야 하고, 파는 게 좋겠다고 생각하면 팔아야 해. 당연한 얘기를 왜 세 번째 자질에 넣었을까?

투자자들이 쓰는 말 중에 '껄무새'라는 말이 있어. 실제로 행동에 옮기지는 않고, 지나고 나서 '살걸', '팔걸', '그때 투자할걸'. 이렇게 후회만 반복하는 사람들을 가리키는 말이야. 주식시장에는 '껄무새'들이 정말 많아. 이렇게 후회만 하고 실행하지 않는 사람은 절대 성공할 수 없지.

앞에서 말한 세 가지 자질이 나에게 있는지, 이런 자질이 없다면 앞으로 기를 수 있는지에 대해 한번 생각해봐. 이 세 가지가 있거나 앞으로 기를 수 있다면 주식투자를 시작해보자.

Must Know

주식 투자자에게는 세상에 관한 관심, 집요함, 실행력, 이 세 가지 자질이 필요하다.

투자 전에 명심할 점

수영하려면 수영하는 법을 배워야 하고, 자전거를 타려면 자전거를 타는 법을 익혀야 하고, 스키를 타려면 스키를 타는 법을, 자동차를 운전하려면 운전하는 법을 배워야 하듯이, 주식투자를 하려면 주식투자에 대해 배워야 해(아마 주변에 주식하는 사람들은 앱 설치와 주식거래 회사 가입 및 돈 넣는 방법부터 알아봤을 거야). 수영을 배울 때 물을 먹을 수도 있고, 자전거나 스키를 타려다 넘어질 때도 있고, 운전하다가 사고가 날 수도 있지. 이런 과정은 우리가 무언가를 배우는 동안 내야 하는 수업료야.

주식투자도 마찬가지란다. 주식투자를 하다 보면 돈을 잃고 수익률이 마이너스가 될 때도 있지. 돈을 잃고 나서 역시 주식투자를 하는 게 아니라며 포기하면 그 순간이 시합 종료, 아니 투자 인생 종료야. 물 먹기 싫으면 수영을 하지 않으면 되고 넘어지기 싫으면 스키를 타지 않으면 돼. 실패하기 싫으면 아무것도 하지 않으면 돼. 그렇지만 아무것도 하지 않으면 어떤 것도 얻을 수 없단다. 복권에 당첨이 되려 해도 복권을 사야 당첨이 될 기회가 있잖아. 이런 말이 있지. '인생의 가장 큰 위험은 아무것도 하지 않아서 생기는 위험이다.'

주식투자가 쉬운 일은 아니지만 열심히 공부하면 꽤 괜찮은 이익을 거둘 수 있단다. 100% 성공할 수 있다고 말할 수는 없지만 말이다. 아무리 운전을 잘하는 사람일지라도 사고를 당할 수 있잖아. 그래도 운전을 잘하는 사람은 사고가 날 확률이 훨씬 낮겠지. 주식투자도 비슷해. 열심히 공부하고 연구한 투자자는 돈을 잃을 확률보다 벌 수 있는 확률이 훨씬 높아. 시간과 공을 들일수록 수익을 낼 확률은 올라가지.

물론 어떤 사람은 적은 노력으로도 큰 이익을 거둘 수 있고, 어떤 사람은 들이는 노력에 비해 낮은 수익률을 보이기도 해. 이건 어떤 분야든 마찬가지야. 소질이 있는 사람이 더 잘하잖아. 조금만 공부해도 성적이 좋은 친구가 있고, 공부하는 것에 비해 성적이 낮은 친구가 있듯이 말이야. 중요한 건 공부를 더 하면 공부를 덜 했을 때보다 성적이 잘 나올 확률이 높다는 거야. 주식투자도 비슷해. 열심히 하는 투자자들은 대부분 괜찮은 이익을 거둬.

그리고 주식투자에서의 승패는 다른 사람과 비교하는 상대 평가가 아니라 내 계좌가 플러스냐 아니냐로 결정되는 절대 평가라는 거란다. 내가 다른 사람보다 이익을 덜 거뒀어도 내 계좌에는 아무 영향이 없어. 주식투자는 열심히 하는 내가 열심히 하지 않는 나보다 이익을 올릴 확률이 높다는 것을 알고 노력하는 자신과의 싸움이야. 이 싸움에서 이기기 위해선 지식도 중요하지만 그전에 돈과 투자를 대하는 올바른 태도, 마음가짐이 더 중요해. 이어서 더 자세히 얘기할게.

Must Know

아무것도 하지 않는 것이 가장 위험할 수도 있다.
주식투자는 자신과의 싸움이다.

주식시장에서 이기는 비결

　1등이 되는 것보다 1등 자리를 지키는 게 더 어렵다는 말이 있어. 어쩌다 운이 좋으면 복권에 당첨될 수도 있고, 큰 성공을 맛볼 수도 있지. 주식투자도 마찬가지야. 운이 좋아서 그냥 사본 주식이 폭등해서 큰돈을 벌 수도 있지. 하지만 그런 식으로 계속 성공할 수는 없단다. 어떤 일이든 지속해서 그 일에 성공하고 싶은 사람이라면 관련된 기술이나 지식보다 태도와 마음가짐이 더 중요해. 기술이나 지식은 시간이 지나면 쓸모없어지기도 하고 뒤떨어질 수도 있어. 그럴 때 다른 기술이나 지식을 배우고 그 일을 계속할 수 있도록 지켜주는 건 올바른 태도와 마음가짐이란다. 주식투자를 재미 삼아 한두 번 해보고 말 사람이 아니라 평생 주식투자를 하겠다는 투자자라면 우선 올바른 태도와 마음가짐을 익혀야 해.
　주식시장을 결투하는 장소라고 한다면, 이기는 것보다 더 중요한 게 지지 않는 거란다. 평생 줄곧 성공만 했던 투자자도 한 번의 실패로 시장에서 영원히 떠나는 일이 벌어지는 곳이 주식시장이야. 그래서 이기려는 시도보다 더 중요한 게 패배하지 않으려는 노력이고. 얼핏 보면 이기려는 것과 지지 않는 것은 비슷해 보이지만 많이 달라. 이기려는 마음은 조금 위험하더라도 좀 더 높은 수익률을 거둘 수 있는 선택을 하는 거라면, 지지 않는 건 어떤 일이 벌어져도 크게 손해를 보지 않을 수 있는 선택을 하는 걸 말한단다. 센 놈이 오래가는 게 아니라 오래가는 놈이 센 거라는 말처럼 주식시장에서는 오래가는 게 더 중요해. 요즘 말로 '존버(스스로 존중하며 버틴다는 말의 줄임말)' 하는 것이 중요하지.

전설적인 펀드 매니저이자 《월가의 영웅》이라는 책을 쓴 피터 린치는 40대에 은퇴했어. 은퇴해도 좋을 만큼 큰돈을 벌었기 때문이기도 하지만, 자신이 가진 모든 시간과 에너지를 투자에 다 쏟아부었고, 이제는 가족과 함께 시간을 보내고 싶다며 업계를 떠났지.

마젤란 펀드에서 펀드 운용을 하던 시절에 피터 린치는 수없이 많은 구두가 닳아서 없어질 정도로 자기가 투자하는 회사들을 찾아다녔단다. 책상에 앉아서 서류만으로 투자할 회사를 결정한 게 아니라 직접 회사에 가서 회사 사람들에게 물어보고 공장과 사무실을 살펴봤지. 그것도 부족하면 경쟁 회사 사람들에게 그 회사에 관해 물어봤다고 해. 이런 성실한 태도가 피터 린치를 지지 않는 투자자, 성공한 펀드 매니저로 만든 원동력이야. 피터 린치는 2분 이내에 왜 그 회사에 투자했는지 설명할 수 없는 회사는 처음부터 투자할 생각을 하지 말라고 했어. 투자하려는 회사와 제품, 서비스에 대한 이해도가 높으면 높을수록 설명을 쉽게 할 수 있지. 자신이 투자하려는 대상에 대해 쉽게 설명하지 못하는 건 대부분 회사에 대해 잘 이해하지 못했기 때문이야.

어떤 회사에 투자하려는 이유를 2분 이내에 설명하려면 회사와 그 회사가 파는 제품, 그 사업 분야에 대해 아주 잘 이해하고 있어야 해. 자신이 투자하려는 대상과 이유에 대해 잘 이해하고 있는 투자자는 그렇지 않은 투자자보다 실패할 확률이 낮겠지? 그러니 귀찮음과 게으름은 접어두고, 투자하려는 회사에 대해 부지런히 공부하고 연구하고 생각하는 태도를 지녀야 한단다.

또 다른 투자자, 제시 리버모어에 관해서도 얘기해줄게. 상상도 하기 어려운 거액을 모으고 큰 성공을 거둔 투자자였지만, 여러 번의 파산과 재기를 거듭하다 마지막엔 권총으로 삶을 마감했지. 제시 리버모어는 투자자라기보다는 투기꾼에 가까워. 제시 리버모어의 투자 방식은 실패를 염두에 두지 않는 거야. 자산을 여러 군데 배분해서 위험을 관리하는 방식이 아니라 가장 성공할 확률이 높아 보이는 곳만 옮겨 다닌 거야.

성공할 확률이 99%라고 해도 100번에 한 번은 실패할 수도 있잖아. 실패했을 때도 완전히 망해버리지는 않도록 투자해야 하는데 리버모어는 그러지 않았지. 반복적으로 옮겨 다니다 보면 계속 성공하다가도 한 번은 실패하게 되고 그런 경우엔 파산할 수밖에 없지. 제시 리버모어는 타고난 재능 덕분에 여러 번 성공할 수 있었지만, 그런 방식은 위험 부담이 클 수밖에 없어. 그나마 제시 리버모어가 워낙 천재였기 때문에 성공할 수 있었고 파산했다가도 재기할 수 있었지만, 삶의 마지막은 좋지 못했단다.

만일 제시 리버모어가 투기 방식으로 자금을 운용하지 않았다면 어땠을까? 위험천만한 도박 같은 투자가 아니라 실패 확률이 적은 방법을 택했다면 어땠을까? 극적인 영광과 성공을 맛보지 못했을 수는 있지만, 파산을 거듭하다 죽음을 선택하지는 않았을 거야. 워낙 뛰어난 투자자였거든. 어쩌면 훨씬 더 성공했을 수도 있어. 투자에서 가장 중요한 무기는 시간이거든. 시간을 최대한 활용하려면 가능한 긴 시간 동안 투자해야 한단다.

세계 최고의 부자이자 투자자인 워런 버핏이 재산의 95%를 65세 이후에 번 사례는 주식시장에서 오래 살아남는 게 투자에서 얼마나 중요한지를 잘 보여주는 대표적인 사례야. 투자의 본질은 시간을 돈으로 바꾸는 거란다.

주식시장에서 오래가려면 오래갈 수 있는 선택, 금방 나가떨어지지 않을 수 있는 선택을 해야 해. 투자할 회사를 선택하기까지는 지식이나 기술이 중요하지만 어떤 선택을 하느냐를 결정짓는 건 태도와 마음가짐이지. 주식시장은 수많은 사람의 목숨이 왔다 갔다 하는 전쟁터 같아. 방패와 갑옷 없이 칼 한 자루만 들고 전쟁터에 나간 병사도 운이 좋다면 한두 번은 죽거나 다치지 않을 수 있어. 하지만 전장에서 계속 살아남기는 어렵겠지. 투자와 관련된 지식이나 기술이 수익률을 높여줄 칼이라면, 올바른 태도와 마음가짐은 주식시장에서 중간에 탈락하지 않고 오랜 시간 계속 투자할 수 있도록 위험과 위기에서 우리를 지켜줄 방패와 갑옷인 거지.

Must Know

강한 놈이 살아남는 것이 아니라 살아남는 놈이 강한 것이다.
주식투자는 시간을 돈으로 바꾸는 일이다.

주식시장 어떻게 읽을까

주식투자에서 필요한 올바른 태도와 마음가짐은 뭘까? 앞에서 얘기한 자질과는 어떻게 다른 걸까? 우선, 자질은 타고나는 거란다. 자질에는 능력뿐 아니라 취향도 포함되는데, 무엇이 좋고 싫고는 자신의 노력으로 결정하는 문제가 아니라 타고나는 거잖아. 스포츠를 좋아하는 사람이 있고, 음악을 좋아하는 사람도 있지. 글쓰기를 좋아하는 사람이 있고, 말하기를 좋아하는 사람도 있어. 매운 음식을 좋아하는 사람이 있고, 싱거운 음식을 좋아하는 사람도 있지. 이런 건 대부분 타고난 취향으로 결정되는 경우가 많아. 노력으로 해결할 수 있는 문제는 아니야.

세상이 어떻게 돌아가는지, 사람이 뭘 좋아하는지에 관심이 없는 사람이 애써 그런 것에 관심을 두기는 쉽지 않아. 정확히 얘기하면 관심을 둘 필요를 느끼지 못하지. 그런 사람이 주식투자를 잘하기는 어려울 거야. 이런 건 노력으로 극복할 수 있는 문제는 아니야. 아니, 이런 사람은 애초에 '왜 내가 이걸 노력해야 하지?'라고 생각할지도 몰라. 자질은 타고난 능력과 취향 문제라서, 없는 걸 키우거나 있는 걸 사라지게 하기는 좀 어려워. 그런데 태도나 마음가짐은 다르단다. 후천적으로 기르고 바꿀 수 있거든. 이런 태도와 마음가짐은 어떤 게 있는지 같이 알아보자.

단순히 보는 게 아니라 관찰하기

세계에서 제일 유명한 탐정, 셜록 홈스가 천재적인 추리를 할 수 있었던 비결은 그냥 보는 게 아니라 관찰했기 때문이지. 보는 것과 관찰하는 것은 얼핏 생각하면 비슷할 것 같지만 전혀 다른 행동이야. 보는 건 보는 것에서 완결되는 행동이고, 관찰은 보는 것에서 시작하는 행위야. 관찰은 눈에 보이는 모습이나 현상을 보고 '그렇구나' 하고 마는 게 아니라 거기서 그 모습이나 현상의 원인, 의미를 추측하는 걸 말해. 아주 단순하게는 어떤 사람이 자꾸 눈을 찡그리거나 냄새를 맡는 모습을 보고 '눈에 뭐가 들어갔나? 들어갔다면 뭐가 들어갔을까? 이상한 냄새가 나나? 무슨 냄새가 나는 걸까?' 생각해보고 추측하는 거지.

주식투자의 시작이자 가장 중요한 일은 투자 아이디어를 발견하는 것이고, 아이디어 발견은 관찰에서 시작하는 경우가 많아. 그래서 주식 투자자는 모든 일을 그냥 보는 게 아니라 관찰해야 해.

스마트폰은 원래 전부 기다란 '바' 형태였어. 어느 날, 삼성전자에서 처음으로 접히는 스마트폰, 폴더블 폰을 출시했지. 폴더블 형태인 갤럭시 Z플립 스마트폰이 출시된 후 어떤 식사 자리에서 Z플립 폰을 든 젊은 여성을 봤단다. 그녀가 Z플립 폰을 손에 들고 있는데 기존의 스마트폰과는 전혀 다른 느낌을 받았어. 뭐가 달랐냐면 기존의 스마트폰은 여성들의 작은 손에 너무 커 보여서 과한 느낌이었는데 Z플립 폰은 손에 쏙 들어가서 가지고 다니기 편하고, 디자인도 예뻤어.

이때, 'Z플립 폰을 사용해본 여성들은 바 형태의 스마트폰으로 되돌아가기 힘들겠구나'라고 생각했단다. 그리고 '그렇다면 앞으로 폴더블 폰 수요는 계속 늘어날 테니, 폴더블 폰과 관련된 회사에 투자해볼 만하겠구나'까지 생각이 미쳐 이와 관련된 회사를 찾아서 투자했지. '관찰'이 '주식투자'로 이어진 경로를 요약하자면,

① 처음에 폴더블 폰을 쓰는 여성을 봄.
② 그 여성의 손과 모습을 '관찰'함.
③ Z플립 폰이 지닌 잠재력, '여성들의 수요가 계속될 것이다'라고 추측함.

플립 폰을 사용하는 여성을 '그냥 보기'만 했다면, 이 투자 아이디어를 생각해낼 수 없었을 거야. '관찰'을 했기 덕분에 떠올릴 수 있었던 거지. 이러한 투자 아이디어는 특별히 똑똑하지 않아도, 아는 것이 많지 않아도, 누구나 생각할 수 있단다. 필요한 건 매사에 '관찰'하는 태도지. 누구나 하려고만 한다면 할 수 있는 일이야. 어려울 수

도 있겠지만, 평소에 매사 '관찰'하는 태도를 유지한다면 쉬운 일이지. 관찰 대상이 꼭 젊은 여성이 든 Z플립 같을 필요는 없어. 그 무엇이 됐건, 늘 관찰하는 태도가 중요한 거지. 이건 평소에 꾸준히 노력해야 해. 주식투자를 하는 사람에게 꼭 필요한 태도이니까. 누구나 노력하면 할 수 있는 일이기도 하고.

다음을 예측해보기

아이폰이 출시될 무렵, 피처 폰(이제는 사라진 말이 됐네. 한때는 모든 사람이 피처 폰을 쓰던 시절도 있었는데)을 만들던 한 전자 회사는 스마트폰을 만들지 말지 결정하기 위해 컨설팅 회사에 핸드폰의 미래에 관해 컨설팅을 의뢰했어. 의뢰받은 회사에선 스마트폰은 일시적 유행일 뿐, 앞으로도 사람들은 대부분 피처 폰을 쓸 수밖에 없다는 내용의 보고서를 제출했지.

이 보고서를 본 회사는 스마트폰이 아닌 피처 폰에 집중했어. 어떻게 됐을까? 스마트폰이 대세로 굳어진 후에야 그 회사는 스마트폰 사업에 투자를 시작했지. 하지만 이미 버스는 지나가버렸고, 그 회사는 얼마 전에 스마트폰 사업을 아예 접었단다. 만일 이때 현재처럼 모든 사람이 스마트폰을 사용할 거라고 제대로 예측했다면 이 회사는 피처 폰을 만들던 시절처럼 계속 사업이 잘되었을지도 몰라. 하지만 미래를 제대로 예측하지 못했고, 경쟁 스마트폰 회사가 어마어마한 돈을 버는 걸 바라만 보면서 쓸쓸하게 해당 사업을 접을 수밖에 없었지.

당시에 피처 폰이 잘 팔리는 것만 보고, 앞으로도 계속 잘 팔릴 거라 생각해, 이 회사의 주식을 산 투자자가 있다면 그 사람은 어떻게 됐을까? 투자금의 대부분을 잃었을 거야. 주식투자로 돈을 벌려면 내가 산 주식의 가격이 지금보다 올라야 해. 다시 말해서, 현재보다 주가가 올라야만 돈을 벌 수 있다는 거지. 그리고 주가가 오르려면 회사의 상황이 지금보다 앞으로가 더 좋아지든지, 아니면 지금보다 좋아질 거라고 생각하며 주식을 사려는 사람이 늘어나야 해.

저 회사가 스마트폰이 일시적 유행이라며, 잘못 판단했다고 해도 시장에서 같이 틀린 판단을 했다면 일시적으로는 돈을 벌 수도 있을 거야. 하지만 좀 더 시간이 지나고 최종 성적표가 나오기 시작하면 결국 주가는 내려갈 수밖에 없지. 현재 상황이 아무리 좋다고 해도 앞으로 상황이 좋아지지 않으면 주가는 오르지 않아. 농구나 축구를 할 때 초보들은 공이 있는 곳으로 달려가지만 잘하는 사람들은 공이 갈 곳으로 달려가잖아. 주식투자도 비슷하단다. 현재 상황이 좋은지 나쁜지로 주식을 살지 말지를 결정할 게 아니라 앞으로 상황이 좋아질지 말지를 생각해보고 투자를 결정해야 해. 이런 걸 '미래가치를 예측한다'라고 하는데, 주식에 투자한다는 건 그 회사의 현재가 아닌 미래를 보고 투자하는 일이란다.

우리는 미래에 대해 알 수 없고 우리가 하는 예측은 틀릴 수도 있고 맞을 수도 있어. 예측이 틀리면 돈을 잃을 거고, 맞으면 돈을 벌 거야. 하지만 예측해보지 않고 투자하는 것보다 예측해보고 가능성이 높은 쪽에 투자한다면 투자에 성공할 확률은 그만큼 올라가지. 고기도 먹어본 사람이 잘 먹는다고, 끊임없이 예측해보는 사람의 예측이 별로 해보지 않은 사람의 예측보다 정확할 확률이 더 높아. 주식투자는 미래에 투자하는 일이기 때문에 주식투자를 하는 사람은 항상 앞으로 어떤 일이 벌어질지에 대해서 생각하는 태도를 가져야 해.

반대도 생각해보기

'모두가 YES라고 할 때, NO라고 할 수 있는 당신'이라는 광고 문안이 유행한 적이 있어. 여기서 중요한 건 'NO라고 하는 것'이 아니라 'NO라고 할 수 있어야 한다'는 거야. 아무 때나 덮어놓고 반대하기는 쉬워. 의견에 반대만 하면 되니까. 근데 모두가 'YES'라고 할 때, 나만 'NO'라고 하는 일은 정말 어려운 일이야. 다 같이 틀리면 부담이 적어. 다들 틀렸으니까 내가 특별히 이상한 사람이 되지는 않으니까. 하지만 다들 맞았는데 나만 틀리면 내가 이상한 사람이 된 것 같지.

또한, 사람들 대부분이 맞는다고 하는 건 맞는 경우가 훨씬 많아. 아주 가끔 틀리지. 확률적으로 생각하면 사람들이 다들 맞는다고 하면 그쪽이 맞을 확률이 높아. 그래서 잘 모르는 경우엔 그쪽을 선택하는 편이 낫지. 그러니까 사람들 대부분이 대세를 거스르지 않고 다들 'YES'라고 할 때는 'NO'라고 하지 않는 거야. 세 사람이 호랑이가 나왔다고 하면 없던 호랑이도 생긴다는 삼인성호三人成虎라는 고사성어는 모두가 'YES'라고 할 때 'NO'라고 한다는 게 얼마나 어려운지를 뜻해. 물론 사람들이 다 틀리고 나만 맞는다면 엄청난 일이 되겠지. 경마나 주식투자를 할 땐, 더 그래. 사람들이 거의 돈을 걸지 않은 말이 1등을 하거나 시장에 있는 모두가 틀리고 나만 맞을 때 수익률은 엄청날 수밖에 없어. 마이클 베리라는 투자자가 대표적인 예야.

2008년 금융위기가 벌어지기 직전에 마이클 베리는 시장이 붕괴할 수밖에 없다고 생각하고 시장이 붕괴하는 쪽에 베팅했어. 다들 시장이 무너질 리가 없다고 낙관할 때였지. 하루 이틀이 지나고 1주일, 한 달이 지나도 시장은 쉽게 무너지지 않았어. 마이클 베리는 시장이 무너진다는 쪽에 전 재산을 걸었기 때문에 시장이 무너지지 않으면 쪽박을 찰 수밖에 없는 신세였지. 초조했을 거야. 자신의 생각과는 달리 시장이 무너지지 않는 동안 베리는 시장을 지켜보지 않고 드럼을 치면서 시간을 보냈지. 그러다 리먼 브라더스를 시작으로 시장이 붕괴하고 금융위기가 찾아왔을 때 마이클 베리는 천문학적인 돈을 벌게 되었단다. 모두가 'YES'라고 할 때 'NO'라고 했던 전략이 성공한 거지.

마이클 베리의 성공은 다른 사람들과 다르게 생각할 수 있는 유연한 사고 덕분이야. 우리는 모두 인간이기 때문에 틀릴 수 있잖아. 그렇지만 모든 사람이 한꺼번에 틀리는 일은 잘 일어나지 않아. 모두가 'YES'라고 할 때 그 답은 맞는 경우가 대부분이지. 그래서 우리는 여러 사람이 맞는 답이라고 하면 맞다고 생각하고 넘어가. 마치 백조는 흰 새이기 때문에 백조라고 하는 거라, 검은 백조가 있다고 생각하는 사람은 거의 없는 것처럼. '백조=희다=옳다.' 모든 사람이 '백조는 희다'라는 말에 'YES'라고 하겠지. 그런데 검은 백조가 한 마리라도 나타나면 '백조는 희다'는 말은 틀린 답이 돼.

2008년에 이런 일이 벌어졌어. 은행은 망하지 않는다는 상식을 깨고 은행들이 우르르 망해버린 거야. 이때 'NO'라고 말한 사람들은 정말 큰돈을 벌 수 있었어. 모두가 'YES'라고 말할 때 'NO'라고 말한 덕분이지. 여기서 'NO라고 말했다'는 사실보다 더 중요한 건 'NO라고 할 수 있었다'는 거야. 모두가 'YES'라고 할 때 'NO'라고 하려면,

① 'NO'라고 말할 수 있는 용기
② 'NO'라는 대답이 맞는다는 구체적인 근거

이 두 가지가 필요해. 다른 사람이 다 틀리고 내가 맞았다고 확신하려면 그만큼 강한 근거가 있어야 해. 덮어놓고 다른 사람 말이 틀렸다고 하는 'NO'가 아니라 이번에는 'NO'가 답일 수밖에 없다는 확신과 용기가 필요하지. 그래서 'NO라고 말하는 것'이 중요한 게 아니라 'NO라고 말할 수 있다'는 게 중요한 거란다.

이렇게 할 수 있으려면 평소에 당연하게 생각하는 일들이 혹시 틀린 것은 아닐까 끊임없이 생각하는 자세가 필요해. 이런 태도를 회의주의라고 하지. 잘 돌아가고 있는 일에 대해서 뭐가 잘못된 건 없는지 틀린 건 아닌지 생각해보는 거지. 대부분의 경우는 맞겠지만 한 번이라도 이런 기회를 잡는다면 마이클 베리처럼 인생을 바꿀 수 있는 투자 기회를 얻을 수 있을 거야.

쾌감에 취하지 않기

주식투자를 하다 보면 행운이 찾아올 때가 있단다. 내가 생각도 못한 이유로 가진 주식이 마구 급등하는 거야. 연일 급등하거나 갑자기 상한가를 기록해. 이런 일을 그냥 한때의 행운이나 우연으로 여기고 자신의 투자원칙이나 방법을 유지해야 하는데, 어떤 사람은 쾌감에 취하지.

우리 뇌는 어떨 땐 도파민이라는 물질을 만들어내. 도파민은 우리에게 무언가를 하려는 의욕을 만들어주고, 무언가를 해냈을 때 성취감이나 도취감을 느끼게 해주는 물질이지. 도파민이 없는 사람은 무언가 할 의욕이 사라지고 무기력해져. 도파민은 우리가 사는 데 꼭 필요한 물질이지. 문제는 우리가 도파민에 중독될 때가 있다는 거야. 도파민은 우리에게 의욕을 불러일으키고 성취감을 느끼게 해주지만, 특정한 행위를 할 때 도파민이 분비되는 일에 익숙해지면 다른 일에 의욕을 잃고 특정 행동만 하게 해. 도박 중독이나 SNS 중독이 대표적인 도파민 중독이지.

우리 뇌에 존재하는 행동-보상 시스템은 어떤 행동을 했을 때 도파민으로 보상을 받도록 만들어졌어. 어떤 행동을 했을 때 뇌에서 도파민을 분비하면 우리는 계속 도파민을 얻기 위해 그 행동을 해. 또, 우리는 나중에 크게 보상받는 것보다 적더라도 당장 받을 수 있는 보상을 좋아하도록 만들어졌어. 일류 운동선수들이 계속 뛰어난 플레이를 펼칠 수 있는 것도 도파민 중독과 무관하지 않아. 뛰어난 플레이를 하고 나서 얻는 만족감이 그 선수에게 그런 플레이를 계속하기 위해 지속해서 연습할 수 있는 동기를 부여하는 거지.

주식투자는 기본적으로 지루한 일이야. 행동에 따른 보상을 얻는 데 시간이 많이 필요해. 때로는 1~2년이 넘는 긴 시간이 걸려. 그런데 가끔 주식이 상한가를 기록한다든지, 며칠 동안 연속으로 주식이 오르면 우리 뇌에서는 도파민을 빠르게 만들어내. 그 쾌감에 중독되면 투자가 아니라 '트레이딩'을 하게 된단다.

투자는 가치의 상승을 통해 가격이 상승해 차익이 발생할 때를 노리고 주식을 사는 행위이고, 트레이딩은 가격의 변동을 이용해 차익을 거두려는 행위를 말해. 트레이딩이 나쁜 일이라고 할 수는 없지만, 개인 투자자가 트레이딩을 통해 이익을 얻기는 굉장히 어려워. 트레이딩을 통해 돈을 벌 수 있는 사람은 재능을 가진 소수의 사람밖에 없어. 섣부르게 트레이딩을 하면 한두 번은 돈을 벌 수 있을지 몰라도, 나중엔 망가진 계좌, 다시 말해 총액이 줄어든 계좌를 들고 쓸쓸히 주식시장을 떠나게 돼.

하지만 트레이딩은 행동-보상 시스템에 따라 우리한테 짜릿한 쾌감을 선사한단다. 그래서 한두 번 트레이딩에 성공한 후 그쪽에 빠지는 투자자가 많아. 그렇게 계속 성공할 수 있으면 그것도 나쁘지 않지. 트레이딩은 참가자 모두가 돈을 버는 투자와는 달리 돈을 버는 사람이 있으면 돈을 잃는 사람이 생기는 제로섬인 경우가 많아서 누군가가 돈을 벌면 누군가는 돈을 잃을 수밖에 없단다. 펀드 매니저 같은 프로 선수들이 뛰고 있는 그 시장에서 아마추어인 개인 투자자가 계속 이긴다는 건 너무 어려운 일이지.

개인 투자자만의 강점을 적극 활용하기

개인 투자자들은 개인 투자자들이 가진 강점과 단점이 있어. 단점에 휘둘리기보다는 강점을 적극적으로 활용하는 편이 성공할 확률을 높여줄 거야. 나의 강점은 뭘까?

개인 투자자의 강점은 **빠른** 정보나 전문적인 지식이 아니야. 개인 투자자의 강점은

① 레버리지를 쓰지 않았을 때, 정해진 시간 내에 수익을 올릴 필요가 없다는 점. 다시 말해, 시간 여유가 있다는 점이야. 펀드 매니저 같은 전문 투자자는 일정 기간 내의 수익률로 평가받기 때문에 시간적 압박이 있지.

② 대부분 월급처럼 지속적인 현금흐름이 따로 있어서 투자 자금이 계속 생길 수 있다는 점이야. 주가가 내려가더라도 월급 같은 고정 수입에서 나오는 현금흐름으로 매입 단가를 낮출 수 있고 투자 수입이 아닌 돈으로 생활하기 때문에 투자 수익이 나오지 않아도 생활에 문제가 잘 생기지 않지. 현금이 들어올 때마다 계속 살 수 있으니 가격이 떨어졌을 때 월급으로 계속 주식을 사면 평균 매입 단가는 낮아지게 되지.

③ 기관 투자자가 지닌 여러 가지 비합리적일 수도 있는 제약(특정

종목을 일정 비율 이상 가질 수 없다든지, 특정 종목은 일정 비율 이상 편입해야 한다든지, 늘 일정 비율 이상 주식을 가지고 있어야 한다든지 등)이 없다는 점도 강점이야. 펀드 매니저 같은 기관 투자자는 따라야만 하는 규칙이 있어. 대부분 운용의 안정성을 위한 규칙이지만 오히려 방해 될 때도 있지. 시가 총액 5천억 원 이하의 회사에는 투자할 수 없다는 규칙이 있으면 5천억 원보다 한참 싸게 거래되는 회사를 5천억 원이 넘어서야 투자할 수 있지. 싸게 살 수도 있는 걸 오히려 비싸게 사게 되는 셈이야. 개인 투자자는 이런 제약이 없어서 훨씬 자유롭게 투자할 수 있단다.

④ 운용 자금이 많지 않아서 주식시장에 들어가고 나오는 게 자유로워. 고래는 홍수가 나야 탈출할 수 있다는 말이 있어. 운용하는 돈의 규모가 커지면 사고파는 행위가 주가에 영향을 미치기 때문에 사면 주가가 올라가고 팔면 주가가 내려가서 사고파는 게 어려워져. 개인 투자자는 이런 일에서 자유롭지.

⑤ 누구한테 평가받지 않아도 된다는 점도 강점이야. 기관 투자자는 잘 알려지지 않지만 유망하다고 생각하는 회사를 샀다가 손해를 보면 윗사람들에게 '쓸데없는 데다 투자했다'라고 질책당할 수 있어. 그러다 보니 알려진 회사, 유명한 회사에만 투자하게 되지. 삼성전자를 샀다가 주가가 내려가면 삼성전자나 주식시장 탓, 경기 탓이 되지만, 이름을 처음 들어보는 ○○바이오나 ○○코리아 같은 주식을 샀

다가 손해 보면 자기 잘못이 되거든. 개인 투자자는 가족이나 지인에게 구박당하는 경우를 제외하면 별로 이런 걱정을 할 필요가 없지.

개인 투자자들의 장점은 시계열이 짧은, 다시 말해 하루나 일주일 정도 짧은 기간에 사고팔아서 수익을 실현할 생각으로 하는 트레이딩이 아니라 긴 호흡으로 가져가는 투자에 적합해. 트레이딩 시장에서 개인 투자자는 정보가 빠르고 주식 거래에 시간을 많이 쓸 수 있는 펀드 매니저를 이기기는 어렵단다.

하지만 언제 오를지 모르는 주식을 바라보며 기다리는 투자보다는 계속 사고팔면서 수익을 올릴 수 있는 트레이딩이 훨씬 재밌을 수밖에 없고, 그런 쾌감에 중독되기 쉬워. 주식 거래를 시작한 사람이 다른 일을 제대로 하지 못하고 계속 스마트폰의 MTS만 쳐다보게 되는 건 도파민에 중독되기 시작했다는 신호지. 이러면 주식투자에서 성공하기 어려워. 주식 호가창을 들여다보지 않을 수 있는 단호함이 꼭 필요해.

주식투자는 짜릿하고 흥분되는 일이 아니라 지루하고 귀찮은 일이야. 이런 것까지 알아야 하나 싶은 것들을 알아야 하고, 대체 언제 결과가 나오는 건지 알 수 없는 기다림을 계속 해야 해. 도파민에 중독되면 이런 기다림을 계속하기 어려워. 그러면 대부분 주식투자에 실패하지. 그러니 쾌감에 취하지 않으려는 노력이 필요해.

손실에 익숙해지기

주식투자는 돈을 벌기 위해 하는 건데 손실에 익숙해지면 안 되는 거 아닌가 싶지? 맞아. 주식투자의 미덕은 돈을 버는 데 있고, 돈을 잃어선 안 돼. 그런데 돈을 잃지 않기 위해서, 돈을 벌기 위해서 손실에 익숙해져야 해. 주식투자에 성공하려면 기본적으로 인간의 본성을 거슬러야 하는 경우가 많아. 인간이 가진 본능과 성향이 주식투자에는 커다란 방해물이거든.

우리 뇌는 이익보다 손해에 민감해. 이익과 손해가 같은 크기라면 이익이 생겼을 때 느끼는 기쁨보다 손해가 생겼을 때 느끼는 고통이 훨씬 크지. 재산 1억 원이 늘어났을 때 느끼는 기쁨보다 1억 원이 줄어들었을 때 훨씬 크게 고통을 느낀다는 의미야. 10억 원을 벌었다가 1억 원을 손해봐서 9억 원이 됐을 때 느끼는 고통이, 8억 원으로 1억 원을 벌어서 9억 원이 됐을 때 느끼는 기쁨보다 훨씬 크게 느껴지지.

이건 의지로 해결할 수 있는 문제가 아니야. 인간이 그런 방식으로 느끼도록 만들어졌거든. 인간의 이런 성향을 손실 회피 경향이라고 불러. 우리가 어떤 선택을 할 때 이익을 얻는 쪽보다 손실을 피하는 쪽의 선택을 하는 경우가 많다는 의미지.

손실 회피 경향은 우리 모두에게 있단다. 이익을 봤을 때 기쁨보다 손실을 봤을 때 고통이 크기 때문에 이익과 손해를 볼 확률이 같고, 이익을 얻었을 때 기댓값이 손실을 봤을 때 기댓값보다 더 큰 상황이라도 손실의 고통을 피하고자 손실을 피할 수 있는 쪽을 택하는 경우가 많아.

재미난 건 손실 회피 경향이 발현될 때 우리는 진짜로 손실을 회피하는 쪽을 택하는 게 아니라 자신이 손해 보지 않았다고 느낄 수 있는 쪽을 택한다는 거야. 타조 증후군이라는 말이 있어. 타조가 천적에게 쫓길 때 머리를 땅에 묻고 자신이 쫓기지 않는다고 생각하는 것처럼, 손해를 피할 수 있는 쪽을 택하는 것이 아니라 손해를 피한다고 느끼는 쪽을 택한다는 거지(실제로는 땅에 머리를 박는 타조의 행동은 천적을 피하기 위한 게 아니라 체온을 조절하기 위한 거라고 해). 이런 행동은 위험을 회피하게 만드는 게 아니라 오히려 더 큰 위험에 노출되게 만드는 경우가 많아.

주가가 내려가도 주식을 팔기 전까지는 손실이 확정되지 않았기 때문에 손해 보지 않았다고 생각할 수 있고 고통을 덜 느낄 수 있어. 그래서 주가가 내려간 주식을 갖고 손해 보지 않았다고 믿으며 손실에 의한 고통을 피해. 실제로는 어떨까? 주가가 내려가면 이미 손해는 발생한 거야.

그럼 다시 한번 현재 상황을 처음부터 점검해봐야 해. 주식을 처음 살 때 투자 아이디어가 훼손되었는지. 이런 경우라면 그 즉시 주식을 팔아야겠지. 내가 샀던 주가에 얽매이지 말고 현재 주가가 정말 싸서 앞으로 올라갈 수 있는지 아니면 매수했을 때랑 상황이 바뀌어서 주가가 더는 올라갈 확률이 없는지. 앞으로 올라갈 수 있다고 생각하면, 주식을 계속 보유하든지 아니면 가격이 싸진 만큼 추가로 매수를 해야 해. 반면 희망이 없다고 생각하면 손실을 봤다는 걸 인정하고 매도해야 한단다.

투자자 대부분은 이걸 잘 못해. 주가가 샀을 때보다 내려가면 손실을 확정 짓지 않기 위해 언젠가 내가 산 가격으로 주가가 돌아오리라 믿으며 컴퓨터나 모바일에서 증권 거래 프로그램, HTS나 MTS를 지우고 땅에 머리를 파묻은 타조처럼 자신이 손실을 보지 않았다고 믿고 싶어 하지. 이런 행동을 비자발적 장기투자라고 불러.

주가가 내려갔다고 가진 주식을 팔라는 얘기가 아니야. 주가가 내려가면 현재 상황을 냉정하게 점검하고 계속 보유해도 좋은지 아니면 매도하는 게 나을지 결정해야 한다는 거야. 경우에 따라선 주가가 내려가서 그만큼 싸졌으니 더 사야겠다는 판단을 할 수도 있지. 이런 판단을 정확하게 하기 위해선 손실에 익숙해져야 해.

손실은 고통스러운 일이야. 인간은 고통을 싫어하기 때문에 손실을 보는 상황을 외면하고 회피하는 경향이 있어. 주식투자에 성공하려면 손실을 외면하지 않고, 직시하고자 노력해야 하는데 그러려면 손실에 익숙해져야 해.

배고프다는 걸 안다고 배가 안 고파지는 건 아니지만, 배가 고파본 사람은 배고플 때 뭘 해야 하는지, 어떻게 하면 덜 고통스럽게 버틸 수 있는지 알아. 이처럼 손실을 겪어본 사람은 손실을 봤을 때 어떻게 해야 하는지 알게 되지.

일부러 손실을 보라는 말은 아냐. 주식시장에는 사이클이 존재하고 좋을 때가 있으면 나쁠 때가 있는데 이런 사이클을 경험하다 보면 손실을 볼 수밖에 없는 때가 있고, 그런 때를 경험해보는 게 중요해. 그런 경험을 통해 손실을 봤을 때 내 마음이 어떤 걸 느끼는지,

시장이 어떻게 움직이는지를 살펴보고 배워야 한단다. 손실에 익숙해진다는 건 계속 손실을 보라는 뜻이 아니라 이런 의미야.

악력 기르기

운동을 하는 것도 아닌데 악력이 무슨 말인가 싶을 거야. 주식을 계속 보유할 힘을 악력이라고 불러. 여기서 악력은 비유적인 표현이 아니야. 악력은 무언가를 쥐는 힘이잖아. 주식을 계속 쥐고 있으려면 쥐고 있을 수 있을 만큼 힘이 세야 해. 덤벨에 쓰인 숫자가 올라갈수록 무거운 덤벨이라 들고 있기가 힘들어지는 것처럼, 주가가 올라갈수록 주식이 무거워지지. 계속 들고 있기가 힘들어져. 주가가 다시 내려갈까 봐, 이익을 실현하고 싶어서, 주가가 더 오르지 않을 거 같아서 등 수많은 이유로 우리는 더 오를지도 모르는 주식을 팔아버리지. 팔고 나서 한참을 더 올라가는 주가를 보면서 계속 들고 있을 걸 그랬다며 원통해하곤 해.

보통 개인 투자자는 자기는 악력만은 충분하다고 말해. 주식을 팔지 않고 계속 들고 있을 수 있다고 해. 꼭 쥐고 놓지 않을 수 있다고 해. 이런 얘기를 하는 투자자는 대부분 악력이 별로 없는 투자자야. 사실 악력이 뭔지도 모르는 투자자이지. 개인 투자자 대부분이 자신의 악력을 과신하는 건 악력이 뭔지 모르기 때문이야. 덤벨의 숫자가 낮아질수록 가벼워지는 것처럼 주가가 내려가면 주식이 가벼워져. 들고 있기가 쉬워지지. 떨어진 주식을 계속 들고 있는 건 악력과는 아무 관계도 없어. 바로 직전에 얘기한 대로 타조처럼 머리를 땅에 집어넣고 현실을 외면하는 손실 회피에 불과해. 악력은 뭘까? 주식을 계속 보유할 수 있는 악력은 어디서 나올까? 악력은 어떻게 기를 수 있을까?

예를 들어볼게. 월급을 3백만 원쯤 받는 투자자 강감찬 씨는 회식에서 받은 우승 상금 10만 원으로 주가가 5천 원인 이성전자 주식을 20주 샀어. 강감찬 씨는 이성전자가 신기술을 개발했고, 그 기술 때문에 이성전자 주식이 2만 원까지 오를 거라는 얘길 들었거든. 그런데 예상과 달리 이성전자 주가는 계속 내려가서 반토막이 났어. 주가가 2천 5백 원이 돼서 원금 10만 원은 5만 원이 됐지. 강감찬 씨는 기분이 나빴지만, 원금을 회복할 때까지 기다리기로 했지.

1년쯤 지나 이성전자 주가는 다시 5천 원이 됐어. 강감찬 씨는 원금을 회복했으니 팔까 고민하다가 이성전자의 신기술이 여전히 유망하다는 얘길 듣고 계속 갖고 있기로 했어. 그리고 이성전자 주식을 가지고 있다는 사실마저 잊어버렸지. 어느 날 뉴스에서 이성전자가 개발한 신기술 덕에 주가가 폭등했다는 뉴스를 보고 확인해보니, 처음에 들었던 대로 주가가 2만 원까지 오른 거야. 무려 400%의 이익을 거둔 거지. 강감찬 씨는 기뻐하며 주식을 팔아 30만 원을 벌었어.

이 얘기를 조금 바꿔서 해볼게. 다른 모든 건 같은 데 강감찬 씨가 산 주식이 10만 원어치가 아니라 10억 원이었던 거야. 강감찬 씨는 전 재산을 '몰빵'을 하는 것도 부족해 대출받아서 10억 원어치 주식을 샀어. 주가가 반토막이 났을 때, 5억 원을 손해를 본 거지. 강감찬 씨는 어쩔 수 없다며 '존버'를 외쳤지만 하루하루 초조하고 불행

할 수밖에 없을 거야. 눈물의 날들이 지나고 주가가 5천 원까지 올라와서 원금 10억 원이 회복됐어. 이때 강감찬 씨는 주식을 팔까 아니면 계속 가지고 있을까?

투자자 대부분은 이런 상황에서 버틸 수 있을까? 아마 못 버틸 거야. 원금을 회복했을 때 버틴 투자자 소수도 10%나 15%쯤 주가가 오르면 견디지 못하고 아마 팔 거야. 그리고 잘 버틴 덕에 돈을 벌었다며 가슴을 쓸어내리겠지. 주가가 50% 오를 때까지 버틸 수 있는 투자자는 천 명에 한 명도 되지 않을걸. 100%라면? 200%라면, 이때까지 버틴 투자자는 과연 얼마나 될까? 이런 상황에서 주식을 팔지 않고 꽉 붙잡고 있는 힘이 악력이야. 원금이 10만 원일 때는 가벼우므로 쉽게 잡고 있을 수 있지만 원금이 커지면 커질수록 무거워지기 때문에 쥐고 있을 때 센 악력이 필요해.

주가가 내려가면 우리는 공포에 휩싸여. 주가가 내려갈 때마다 원금만 회복하면 이 주식을 다 던져버리고 다시는 주식시장을 쳐다보지도 않으리라 결심하지. 원금이 회복되고 나서 주가가 오를 때마다 주식을 들고 있을 수 있는 힘(악력)은 계속 약해져. 주식이 점점 무거워지거든. 분명히 처음에 주식을 살 때는 2만 원까지 오를 수 있을 거라 생각하고 주식을 사지만 주식이 반토막 나는 동안 주식을 들고 있으면서 악력이 떨어질 대로 떨어져서 원금을 회복하면 주식을 던져버리고 말아.

주식을 가지고 있는 건 바벨이나 덤벨을 드는 것과 마찬가지야. 주가가 오를 때마다 주식은 바벨이나 덤벨의 무게가 올라가듯 무게워져. 충분한 악력을 갖고 있지 않으면 버티지 못하고 주식을 팔게 되지. 이런 상황에서도 주식을 꽉 붙잡고 놓지 않을 힘은 어디서 나올까?

우리가 어떨 때 주식을 사고파는지를 생각해보면 답을 얻을 수 있단다. 주식을 왜 살까? 주식이 오를 거라고 믿기 때문에 사겠지. 왜 팔까? 주식이 더 오르지 않을 거라고 혹은 떨어질 거라고 믿기 때문이지. 바꿔 말하면 주식을 계속 들고 있게 해주는 악력은 믿음에서 나와. 오를 거라는 믿음이 강하면 강할수록 악력이 세져. 그럼, 믿음은 어떻게 만들 수 있을까? 믿음은 지식이 만들어줘. 투자 아이디어와 대상에 대해 얼마나 잘 이해하고 있느냐에 따라 악력이 달라지지.

주가가 올라서 수익률이 30%가 되고, 50%가 되고 100%, 200%가 되면 누구나 '이만큼 주가가 올랐으면 떨어질 때가 된 게 아닐까?' 하는 의문과 '지금 팔지 않았다가 주가가 다시 내려가면 어떻게 하지?'라는 두려움이 생길 거야. 특히 빠르게 오르내리는 변동성 심한 주식을 들고 있으면 그런 생각이 강하게 들지.

예를 들어보자. 김유신 씨는 1억 원쯤 하는 고급 차를 1천만 원에 살 기회가 있다는 친구의 말을 듣고 차를 샀어. 하지만 김유신 씨는 이 차 가격이 얼마 정도 하는지 모르는 상황이야. 차 가격이 3천만 원까지 올랐다가 1천만 원까지 다시 떨어졌다가 2천만 원이 됐어. 이런 상황에서 김유신 씨는 차를 계속 가지고 있을 수 있을까?

김유신 씨는 이 차가 원래 얼마쯤 하는지 알았다면 팔지 않을 거야. 누군가가 팔라고 하면 미쳤냐고 했겠지. 하지만 김유신 씨는 이

차 가격이 원래 얼마 정도 하는지 모르기 때문에 얼마에 팔면 좋을지 몰라. 가격이 빠르게 오르고 내리면서 김유신 씨의 악력은 떨어졌고 2천만 원에 팔았어. 천만 원을 벌었으니 좋은 거 아니냐고 생각할 수도 있지. 이번만 투자하고 말 거라면 그래도 괜찮아. 하지만 이런 식으로 계속 성공할 수 있을까? 아마, 힘들 거야.

주식투자에서 악력을 기른다는 건 주식을 꼭 쥐고 팔지 않는다는 의미가 아니야. 내가 산 주식을 잘 이해해서 이 주식이 어느 정도 가치가 있는 주식인지를 '잘' 알고 있다는 걸 의미해. 그 차가 1억 원짜리라는 걸 김유신 씨가 알았어도 2천만 원에 팔았을까?

주식투자를 하는 사람은 평소에 악력 훈련을 해야 해. 악력은 어느 한순간 기르고 싶다고 갑자기 기를 수 있는 게 아니야. 무거운 바벨을 드는 운동을 한 번도 해본 적이 없는 사람이 갑자기 100kg이 넘는 바벨을 들 수 있을까? 불가능한 일일 거야. 평소에 꾸준히 운동한 사람, 자신이 들 수 있는 무게를 늘려온 사람만이 무거운 바벨을 들 수 있겠지.

주식투자를 하면서 운이 좋으면 10배 20배씩 오를 주식을 골라서 사는 때도 있어. 하지만 평소에 악력을 기르지 않은 투자자는 절대 10배 20배 수익률을 거둘 수 없어. 그래서 평소에 부지런히 악력을 길러야 해. 다시 말하지만 악력은 믿음에서 나오고 믿음은 지식과 이해에서 나온단다.

주식투자를 하다 보면 '이런 것까지 알아야 하나?' 하는 생각이 들 때가 있어. 코로나19가 유행하던 초반에 진단 키트가 잘 팔릴 거라고 생각한 어떤 투자자는 이 키트를 만드는 회사 공장 앞에 가서 회사에서 나오는 트럭의 숫자를 세고 투자를 시작했다고 해.

그 회사의 물건이 얼마나 잘 팔리는지 일반 투자자는 정확히 알기 어려워. 그래서 그 사람은 그 회사의 진단 키트가 트럭 한 대에 몇 개 정도 들어가는지 세어본 후 나오는 트럭의 숫자로 진단 키트의 숫자를 계산해서 진단 키트가 얼마나 잘 팔리는지 예상해본 거지.

A = 트럭의 크기 ÷ 진단 키트 상자의 크기
　= 트럭에 들어갈 수 있는 상자의 개수
B = 한 박스에 들어가는 진단 키트의 개수
C = A × B = 트럭 한 대에 들어가는 진단 키트의 개수
D = C × 일주일 동안 나온 트럭의 숫자
E = D × 4 = 회사의 한 달 매출

E를 구하면 대강 회사의 매출 그리고 그에 따른 영업이익이 얼마나 되는지 알 수 있을 거야. 이런 식으로 투자하면 누군가는 그렇게까지 해야 하냐고 생각하겠지만 '이렇게까지 해서' 얻은 지식은 악력을 확실히 키워줄 거야.

이런 식으로 평소에 쌓은 지식이 근거가 되고, 그 근거가 믿음이 되어서 투자의 성공을 뒷받침하는 악력이 돼. 그래서 평소에 악력을 키우기 위한 노력을 해야 해.

위는 한 외국 회사의 주식인데, 2018년 말에 25달러였던 주식이 반토막 나서 5개월 만에 11달러까지 내려갔어. 그러다가 다시 반등해서 25달러를 넘어 30달러까지 올랐지. 이 주식을 10억 원어치 들고 있던 사람은 원금이 4억 원이 됐다가 다시 25달러가 돼서 원금을 회복했을 때 혹은 30달러까지 가서 12억 원이 됐을 때 팔지 않고 쥐고 있을 수 있었을까?

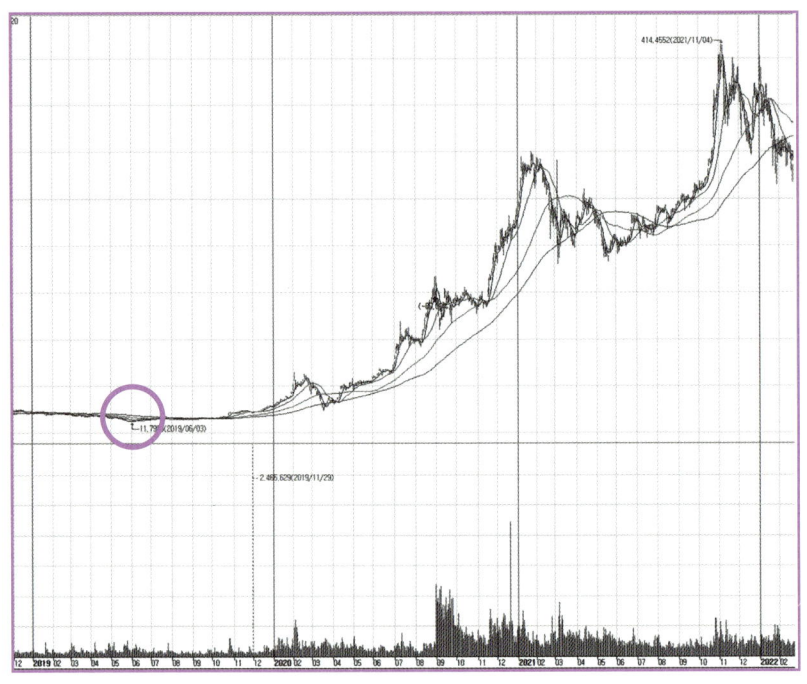

　이 주식은 사실 현재 지구에서 가장 인기 있는 회사이자 주식이라고 할 수 있는 테슬라의 2019년 주가 움직임이야. 동그라미 친 부분이 앞에서 말한 급락했다가 급등한 부분인데, 지금 보니 눈에 띄지도 않을 정도로 작은 움직임에 불과하지. 그때 당시에는 수많은 투자자가 공포에 떨었어. 이렇게 급등했다가 급락한 주식이 다시 조금 올랐을 때 버틸 수 있는 투자자는 많지 않아. 여러 번 강조하지만 이럴 때 주식을 꽉 쥐고 있을 수 있게 해주는 힘은 지식에 근거한 믿음에서 나오는 악력이란다.

　'테슬람'이란 말이 있어. 테슬라와 창업자 일론 머스크에 대해 좋교적인 신앙에 가까울 정도로 강한 믿음을 가지고 있는 사람들을 가리키는 말이야. 하지만 그 사람 중에 2019년 이전부터 꾸준히 일론 머스크에 대한 믿음을 가지고 테슬라의 주식을 보유한 사람은 얼마나 될까? 또 그전에 테슬라 주식을 사서 현재까지 들고 있는 사람은 얼마나 될까?

사고 나서 잊어버리고 지내다 얼마 전에 발견한 사람이 아니라 꾸준히 테슬라와 일론 머스크의 행보를 지켜보면서 테슬라 주식을 보유한 사람이라면 진짜 악력을 가지고 있다고 말할 수 있지. 테슬라가, 일론 머스크가 세계를 어떻게, 얼마나 큰 규모로 바꿔놓을지 예측했다면 테슬라 주식을 계속 보유했을 테니까. 그런 사람은 거의 없겠지만 테슬라 사례는 지식과 이해에 기반한 악력이 얼마나 중요한지를 보여주는 좋은 사례야.

겸허히 받아들이기

세상의 지식은 세 종류로 나뉜단다.

① 내가 안다는 걸 아는 지식
② 내가 모른다는 걸 아는 지식
③ 내가 모른다는 걸 모르는 지식

우리는 바다에 물고기가 산다는 걸 알고 있어. 이건 우리가 안다는 걸 아는 지식이야. 우리는 10억 년 전 깊은 바다에 어떤 물고기가 살았는지 몰라. 이건 모른다는 걸 아는 지식이지. 모르는 걸 모른다는 지식은 다시 말해, 모른다는 걸 모르기 때문에 뭘 모른다고 말할 수도 없어. 예를 들면 조선시대 사람은 레이저나 방사능에 대해 자신이 모른다는 것조차 몰랐었지. 그런 지식의 존재조차 모르니까.

세 종류의 지식 중 어떤 게 가장 많고, 어떤 게 가장 적을까?

당연히 ① 〈 ② 〈 ③ 순서겠지. ② 지식은 ① 지식보다 비교할 수 없이 많을 테고, ③ 지식은 ①, ② 지식을 다 합쳐도 비교하는 게 무의미할 정도로 많을 수밖에 없단다. 어떤 과학자는 우리가 아는 건 우리가 모른다는 것밖에 없다고 말했어.

우리는 주식이 왜 오르고 내리는지 정확히 몰라. 사업 전망이 좋아서, 이익이 늘어서, 재룟값이 내려가서, 제품가격이 올라서 주가가 오르고, 사업 전망이 나빠서, 이익이 줄어서, 재룟값이 올라서, 제품 가격이 내려가서 주가가 내려간다고 하지만 절대적인 건 아니란다. 주식투자는 수학이 아니야. 수학 공식이 맞아떨어지듯 딱딱 맞아떨어진다면 주식투자가 훨씬 쉽고 편해지겠지만 현실은 그렇지 않지.

회사의 사업과 주가는 우리가 안다는 걸 아는 정보, 우리가 모른다는 걸 아는 정보, 우리가 모른다는 것조차 모르는 정보에 의해 움직이고 요동쳐. 그리고 우리는 주가가 오르고 내리는 모든 경우를 정확히 알 수 없어. 이런 이유로 오를 거다, 저런 이유로 내려갈 거다, 짐작할 뿐이야.

생각도 못한 좋은 일이 생겨 주가가 급등하고 일어날 확률이 없다고 생각한 일이 벌어져서 주가가 폭락해 아예 상장폐지가 되어 주식이 휴지가 되어버리기도 해. 아니다. 예전에는 주식을 종이로 보유하는 사람도 있었는데 이젠 아무도 종이로 주식을 가지고 있지 않으니 휴지도 안 되겠다. 그냥 허공으로 사라져버리겠구나.

박근혜 대통령 시절에 정부가 우리나라에 사드 미사일 배치를 결정한 후 주식시장, 특히 중국에 수출을 많이 하는 회사들(화장품 회사 아모레퍼시픽, 엔터테인먼트 회사 SM, YG 등)의 주가는 폭격을 맞은 듯 우수수 떨어졌지. 이런 일이 벌어지고 그 일로 인해 중국 공산당에서 한한령(한국과의 교역을 제한하는 명령)을 발동해 중국 수출 비중이 높은 회사들의 주가가 폭락할 거라고 예측할 수 있는 투자자가 얼마나 있었을까? 사드 배치 후 벌어질 일을 예측할 수 있는 투자자는 있어도 사드 배치가 될지 안 될지는 예측할 수 없는 영역이지.

투자자 대부분은 사드를 모른다는 걸 모르고, 사드에 대해 지식이 있는 투자자는 사드 배치 여부는 모르지. '사드나 사드 배치 여부에 대해 모른다는 걸 모르는' 알 수 없는 정보지만 투자 결과에 큰 영향을 미칠 수 있는 정보야. 사드 배치로 인해 큰 손해를 본 투자자가 있었겠지. 그 투자자들이 무얼 잘못했기 때문에 손해를 본 걸까?

샘표식품이란 회사가 있어. 우리가 먹는 간장을 만들어 파는 회사야. 예전에 이 회사 주가가 별다른 뉴스나 서프라이즈 실적 발표 없이 급등했던 적이 있어. 알고 보니 이 회사의 외국인 지분율이 급등한 걸 보고 다른 투자자들이 따라 사면서 주가가 오른 거지. 지금도 그런 경향이 있지만 예전에는 외국인들이 어떤 종목을 샀다고 하면 투자자들이 그 주식을 따라 사면서 주가가 급하게 오르는 경우가 왕왕 있었어. 샘표식품은 외국인 지분이 늘어난 걸 확인한 국내 투자자들이 따라 사면서 주가가 올랐지. 재미있는 사실은 외국인들이 샘표식품의 주식을 산 일이 없다는 사실이야. 어떻게 된 걸까?

샘표식품의 대주주가 우리나라와 미국 이중국적을 유지하다 미국 국적을 취득하기로 하면서 외국인 신분이 됐고, 그 사람이 가지고 있던 샘표식품 지분이 전부 외국인의 지분으로 인식되면서 외국인 지분율이 늘어난 거야. 이 사실이 알려진 후 샘표식품의 주가는 내려가 예전의 주가로 돌아갔지. 이 주식을 갖고 있다가 급등할 때 팔아서 이익을 거둔 투자자는 무언가를 잘 판단해서 이익을 본 걸까?

사드 때문에 손해를 본 투자자도 샘표식품 덕에 이익을 본 투자자도 본인의 판단이 투자 결과에 미친 영향은 별로 없어. 예측할 수 없는 사건 혹은 우연이 영향을 미쳤지. 매번 이렇다고 말할 수는 없지만 주식투자를 하면서 이런 일은 생각보다 많이 벌어진단다.

2008년에 벌어진 금융위기도 그래. 이 사건을 예측한 사람은 거의 없었어. 2008년 금융위기처럼 극적인 사건을 가리켜 경제학자 나심 탈레브는 '백조가 전부 하얗다고 생각했는데 검은 백조가 나타났을 때 모든 통념이 다 뒤집히는 극적인 변화가 생긴다'라고 해서 '블랙스완'이라 불렀어.

검은 백조의 존재는 우리가 모른다는 것조차 모르는 정보야. 이런 정보가 주가를 땅바닥에 내팽개쳐버릴 수도 있어. 우리는 어떻게 해야 할까? 어떻게 하면 좋을까?

방법은 하나밖에 없어. 우리가 모른다는 것조차 모르는 정보가 세상에 넘쳐난다는 걸 인정하고 겸허하게 받아들여야 해. 손님이 짜다면 짜다는 말이 있어. 음식점에 온 손님이 음식을 먹고 나서 짜다는데 주인이 아무리 이건 짠 게 아니라고 얘기해봐야 아무 소용이 없지. 우선 이 음식이 짜다는 걸 인정하고 계속 음식을 짜게 만들지, 아니면 소금을 덜 넣어서 싱겁게 만들지를 결정하는 게 현명한 자세지. 주식투자도 마찬가지야. 우선 시장에서 벌어지는 일은 벌어지는 일대로 인정하고 다음 행동을 결정해야 해.

주가가 내려가든 오르든 주식 투자자가 할 수 있는 일은 딱 세 가지밖에 없어. 팔거나, 사거나, 계속 가지고 있거나. 이 세 가지밖에 못한다는 걸 알고 시장에서 벌어지는 일을 겸허하게 받아들여야 해. 생각지 못하게 주가가 갑자기 올랐을 때 팔아서 이익을 확보할 수도 있고, 더 사서 미래 수익을 늘리려는 시도를 할 수도 있지. 주가가 생각지 못하게 내려갔을 때 손절매(주가가 내려간 주식을 파는 것)해서 더 큰 손실을 줄일 수도 있고, 물타기(주가가 내려갔을 때 더 사는 것)를 해서 주가 회복기에 더 빨리 회복하는 걸 노릴 수도 있어. 어느 쪽을 선택하느냐는 그때그때 결정해야 해. 그럴 때 올바른 결정을 내리기 위해 가장 필요한 건 겸허한 마음가짐이란다. 탐욕에 사로잡히면 눈이 흐려지고 올바른 판단을 내리기 어려워.

주식투자로 돈을 버는 건 운이고, 돈을 잃는 건 실력이라는 걸 알아야 해. 과도하게 자신감을 가질 필요도 없고, 불필요하게 자기 비하를 할 필요도 없어. 겸허한 자세로 자기 자신이 해야 하는 일을 차근차근 꾸준히 하면 투자에 성공할 확률이 높아진단다.

벌 때 많이 벌고, 잃을 때 조금 잃기

'효율적 시장가설'이라고 해서 주식시장에 벌어지는 모든 일과 정보는 가격에 즉시 반영된다는 이론이 있단다. 이건 얼핏 들으면 그럴싸한 말 같지만 이건 현실적으로 불가능한 일이란다. 효율적 시장가설은 정보가 전파되는 데 시간이 걸리고 사람마다 정보 접근성이 다르다는 사실을 무시하고 있지. 어떤 사건과 관련된 일을 하는 사람은 그 정보를 빨리 접할 테고 기자같이 정보를 다루는 사람들도 그 뉴스를 빨리 알게 돼. 어떤 투자자는 자기가 투자하고도 뉴스를 찾아보지 않을 수 있고. 사람들이 전부 '동시에' 정보를 접한다면 저 이론이 맞을 수 있지만 불가능한 가정이잖아. 사건과 정보를 빨리 접하는 사람도 있고 느리게 접하는 사람도 있는데 어떻게 '즉시', '전부' 반영될 수 있겠어. 영원히 그 사건과 정보를 모르는 사람도 있을 수 있잖아. 더 중요한 건 효율적 시장가설이 사실이라면 주식투자로 돈을 버는 건 우연에 의한 일이기 때문에 지속해서 돈을 번 사람은 없어야 하는데, 투자로 오랜 기간 많은 돈을 번 사람들이 있잖아.

아마 주식투자로 돈을 날려 먹은 경제학자가 정신 승리를 하기 위해 눈물을 흘리며 만든 이론이 아닐까? 이건 농담이고, 효율적 시장가설은 그 나름대로 훌륭한 이론이야. 하지만 시장의 어떤 특징을 설명하는 이론일 뿐 투자자들에게는 큰 도움이 안 되는 이론이라고 생각해.

효율적 시장가설은 주식시장에서 벌어지는 모든 일이 확률성을 지닌다는 사실을 무시한 이론이야. 확률성이란 어떤 일이 벌어지기 전까지는 벌어질 수도 있고 벌어지지 않을 수도 있다는 의미야. 벌어지고 나면 그 일이 벌어진 게 필연적인 것처럼 보일 수도 있지만, 그 사건이 벌어지기 전까지는 100% 벌어지는 일도, 절대 벌어지지 않을 일도 없고 그렇게 말할 수도 없어. 다만 벌어질 확률이 높은지 낮은지에 따라 판단할 수 있을 뿐이지.

그렇기 때문에 주식투자를 하면서 내리는 모든 판단은 확률을 고려해야 해. 무조건 오를 주식, 절대 내려가지 않는 주식은 없다는 거야. 주식투자를 하면서 반드시 듣게 되는 격언인 '달걀을 한 바구니에 담지 말라'라는 말은 확률성을 고려하라는 말이란다.

한 종목에 전부 투자하면 그 주식이 올랐을 경우 많은 돈을 벌 수 있지. 주식투자를 한 번만 하고 그만둘 거라면 이런 식으로 투자해도 될 거야. 하지만 주식투자는 반복 시행이야. 반복 시행이라는 말은 주사위를 여러 번 던지거나 가위바위보를 여러 번 하는 것처럼 같은 일을 계속하는 걸 말해.

주사위를 한 번 던지면 숫자가 하나만 나올 테고, 몇 번 혹은 몇 십 번 던지면 어떤 숫자가 특별히 더 많이 나올 수도 있어. 하지만 천 번, 만 번씩 던지다 보면 나오는 숫자들은 6분의 1이라는 확률에 수렴하게 돼. 1~6까지 고루 나오게 된다는 말이지. 주사위 던지기를 반복 시행하다 보면 어떤 숫자가 나올 확률이 6분의 1에 수렴하게 되는데 주식투자도 비슷한 속성이 있어.

어떤 회사든 잘될 확률도 있고, 망할 확률도 있어. 투자자가 사고 팔고 보유하는 모든 판단이 맞을 수는 없어. 맞을 때도 있고 틀릴 때도 있지. 자신의 판단이 맞을 확률을 올리는 것도 중요한 일이지만 더 중요한 건 내 판단이 맞았을 때 많이 벌고, 틀렸을 때 조금 잃는 거야.

세 명이 고스톱을 치면 세 사람의 승률은 31~39% 사이야. 아무리 고스톱을 잘 치는 사람이라도 40% 넘는 확률로 이기기 어렵고, 아무리 못 치는 사람이라도 30% 넘는 확률로 지는 경우는 거의 없어. 하지만 고수와 하수 사이에 돈을 따거나 잃는 액수의 차이는 엄청날 수 있어. 왜 그럴까? 고수는 많이 이기기도 하지만 그보다는 딸 때 많이 따고 잃을 때 조금 잃어. 하수는 딸 때 조금 따고 잃을 때 많이 잃지. 이런 차이는 리스크를 어떻게 관리하느냐와 기회를 얼마나 잘 활용하느냐 여부 때문에 생기는 일이야.

주식투자를 할 때도 비슷해. 워런 버핏이나 피터 린치도 모든 투자에 성공할 수는 없어. 돈을 많이 번 투자자와 조금 번 투자자, 돈을 조금 잃은 투자자와 많이 잃은 투자자의 차이는 승률보다는 이길 때 얼마나 크게 이기느냐 질 때 얼마나 적게 지느냐에 따라 달라진단다. 그렇다면 이길 때 크게 이기고 질 때 적게 지려면 어떻게 해야 할까?

① 팔아야 할 상황과 버텨야 할 상황을 구분하자

화단을 가꿀 때 화초에는 물을 주고 잡초는 뽑아서 화초가 잘 자라도록 하는 건 기초상식이야. 이 사실을 모르는 사람은 없어. 이 당연하고 상식적인 일이 주식투자를 할 때는 지켜지지 않아. 투자자 대부분은 잡초에 물을 주고 화초를 뽑지.

조금 수익이 난 주식은 기다렸다는 듯이 팔고, 손실이 난 주식은 미련을 버리지 못하고 계속 들고 있어. 고스톱을 칠 때 3점만 나면 얼른 '스톱'을 하는 사람과 비슷하지. 쓰리고를 하면 두 배로 벌 수 있는데 얼른 '스톱'을 외쳐. 수익이 난 주식을 보유하고 손실이 난 주식을 팔아야 하는 데 반대로 행동하지. 팔아야 할 상황과 버텨야 할 상황을 구분해야 하는데 그러지 못하는 거야.

개인 투자자 대부분은 이게 어렵다고 얘기해. 실제로도 어렵지만 그걸 구별하기 위해 노력해야 하지. 화초와 잡초를 구별하지 못하면서 화단을 가꿀 수 없어. 어떤 게 화초이고, 잡초인지 구별하기 위한 눈을 기르는 노력이 필요해.

② 판단이 잘못되었을 땐 재빠르게 행동하자

매번 바른 판단을 하는 사람은 없지. 하지만 판단이 잘못되었을 때 얼른 그 판단을 수정하는 사람이 있고, 끝까지 고집을 부리는 사람이 있어. 성공한 투자자는 유연한 사고를 할 수 있는 사람이야. 유연한 사고는 자신이 틀렸다고 생각되면 언제라도 자기 행동을 수정할 수 있는 사고방식을 말해.

어떤 주식을 살 때는 반드시 투자 아이디어가 있기 마련이야. 날씨가 더울 거 같아서 에어컨과 청량음료가 잘 팔릴 거라고 생각하는 게 투자 아이디어지. 이와 관련된 회사에 투자할 수 있고, 반도체와 관련된 신기술을 개발한 회사에 투자할 수도 있어. 하다못해 지인이 어떤 회사가 작전 세력들이 주식을 사 모으고 있다고 얘기해서 투자하기로 하는 것도 투자 아이디어이지.

투자 아이디어가 맞아떨어지면 주가가 올라 돈을 벌겠지만, 틀렸다면 주가는 내려갈 거야. 투자 아이디어가 틀려서 주가가 내려갈 때 우리는 판단해야 해. 투자 아이디어가 아직 실현되지 않았을 뿐이고 기다리면 실현될 거로 생각하면 참고 기다릴 수 있어. 주가가 내려간 게 기회라 생각해서 더 살 수도 있지.

문제는 투자 아이디어가 틀렸다는 게 확실시됐고, 주가가 내려갔을 때야. 예를 들면 경영권 분쟁이 생겨서 주가가 오를 거로 생각했는데 주가가 내려간 상태에서 경영권 분쟁이 해결되었다든지, 지난번에 인기 있었던 게임의 후속작이 발표됐는데 생각과 달리 흥행에 실패해서 주가가 내려갔을 때는 잡초를 뽑는다는 생각으로 주저 없이 팔아야 해.

투자자 대부분은 손해를 봤다는 생각 때문에 투자 아이디어가 실패했음에도 언젠가는 원금을 회복할 수 있으리라는 희망을 품고 계속 주식을 들고 있어. 투자 아이디어가 손상되었다는 말은 이 회사의 주가가 더 내려갈 가능성이 높다는 얘기야. 이럴 때는 즉시 주식을 팔아서 손실을 줄여야 해. 십만 원짜리 주식이 만 원이 되어 10분의 1 토막 나면 더 이상 떨어지지 않을 거 같겠지만 거기서 천 원까지 떨어지면 다시 10분의 1이 되는 거야. 투자 아이디어가 망가지는 즉시 주식을 파는 게 손실을 줄이는 가장 좋은 방법이야.

'그런 것까지' 알기

주식투자는 즐거운 일이야. 내가 생각했던 투자 아이디어가 맞아떨어져서 생각한 대로 투자한 회사의 주가가 오르면 기분이 굉장히 좋지. 게다가 돈까지 벌 수 있어. 하지만 즐겁다는 말이 간단하고 편하다는 말은 아니야. 그렇게 되기까지 많은 고민과 생각과 연구와 조사가 필요해.

많은 사람이 주식투자를 그저 사고파는 버튼만 누르면 되는 일이라고 생각해. 사실 맞지. 잘 사고 잘 팔기만 하면 되니까. 근데 잘 사고팔기 위해서 해야 하는 일, 알아야 하는 것들이 수없이 많아.

주식투자에 성공하려면 남들보다 한발 앞서서 생각하고 반발 앞서서 행동해야 해. 남들이 다 아는 지식과 정보만 알고 다른 투자자들이 다들 하는 일을 해서는 성공하기 어려워. 남들이 아직 보지 못한 걸 보고, 미처 생각하지 못한 아이디어를 생각해서 그걸 실행으로 옮기는 투자자들만 지속해 성공할 수 있어.

어느 분야든지 그 분야에서 성공하려면 남들이 보지 못한 걸 보고 생각하지 못한 걸 생각할 수 있어야 한단다. 남과 똑같이 해서는 남 이상 될 수 없다는 말을 들어봤니? 이 말은 다른 분야에 쓸 때는 꼭 맞는 말이라고 생각하지는 않지만 주식투자에는 잘 들어맞는 말이야.

사람마다 잘 아는 분야가 있고, 잘 모르는 분야도 있어. 그 사람들 대부분이 그 분야에 대해 잘 아는 건 거기에 시간과 노력을 많이 들였기 때문이지. 반도체에 대해 잘 아는 사람은 반도체에, 게임을 잘 아는 사람은 게임에, 자동차를 잘 아는 사람은 자동차에 자기 시간과 노력을 많이 들였기에 그 분야에 대해 잘 알게 된 거야.

어떤 분야에 대해 전문성을 지니려면 그 분야에 시간과 노력을 많이 들이는 게 중요해. 주식투자도 마찬가지야. 그런데 주식투자의 전문성에는 두 가지 분야가 있어. 한 분야는 주식투자 자체에 대한 이해야. 주식이 뭔지, 어떤 주식을 사야 하는지, 어떤 주식은 사면 안 되는지 등등 주식투자에 필요한 지식을 갖춰야 해. 이 지식은 주식투자를 할 때 언제나 사용할 수 있는 범용 지식이지.

다른 한 분야는 투자대상이 되는 회사와 그 회사의 사업 분야에 대한 지식이야. 같은 회사원이라고 해도 대기업 다니는 회사원과 중소기업 다니는 회사원의 일하는 방식이 다르고, 물건을 만들어 파는 제조업 회사에 다니는 회사원과 용역을 제공하는 서비스업 회사에 다니는 회사원이 일하는 방식과 필요한 지식은 전혀 달라. 이 지식은 굉장히 제한적으로만 필요한 지식이고, 그 분야에서 종사하지 않는 사람한테는 별로 쓸모가 없는 지식이야. 하지만 어떤 회사에 주식투자를 할 때는 알아야만 하는 특수 지식이지. 이렇게 두 단계로 전문성이 나뉘다 보니 알아야 할 것이 매우 많아.

그나마 범용 지식의 경우에는 한번 익혀두면 어떤 주식에 투자하더라도 써먹을 수 있어서 익히는 데 부담이 적어. 그런데 사업 분야 혹은 특정 회사에 대한 지식은 회사와 섹터(종목)마다 달라서 알아야 할 것이 너무 많고, 반도체나 전자제품, 첨단 바이오처럼 빠르게 변화하는 분야에 속한 회사의 경우엔 계속 지식을 업데이트 해야 해.

어떤 회사에 주식투자를 하려면 최소한 그 회사에 3~5년 이상 다닌 사람이 회사와 비즈니스 모델에 대해서 알고 이해하고 있는 정도는, 이해하고 있어야 된다고 생각해. 그 회사가 뭘 팔아서 돈을 버는 회사인지 사업의 전망은 어떤지, 경쟁사는 어떤 회사가 있는지, 현재 문제점은 뭔지 정도는 이해하고 투자를 해야 해.

물론 주식투자를 하는 사람 대부분이 그렇게 하지 않고, 그렇기 때문에 사람 대부분이 주식투자에 실패하고 돈을 잃지. 바꿔 말하면 그렇게 하면 주식투자에 성공할 확률이 높아지니까 성공하고 싶다면 그렇게 해야 해.

새로운 회사에 투자할 때마다 그 회사에 3~5년 이상 다닌 사람이 이해하는 만큼 알려면 꽤나 많은 시간과 정성이 필요해. 게다가 시간이 지남에 따라 계속 지식 업데이트를 해야 하고. 굉장히 귀찮고 피곤한 일이야.

주식투자가 직업인 펀드 매니저나 애널리스트, 전업 투자자가 아니라면 주식투자는 직업처럼 꼭 해야 하는 일이 아니야. 주식투자를 하라고 강요하는 사람도 없어. 주식투자는 자기가 하고 싶어서, 좋아서 혹은 필요해서 하는 일이야.

해야 하는 일이 아니다 보니 사람들 대부분이 주식투자를 할 때 소일거리 정도로 생각해. 주식투자를 하면서 열심히 공부하고 연구하고 조사하는 사람을 보면 '그런 것까지 알아야 되냐'라고 묻는 사람이 많아.

내가 아는 투자자 중에는 어떤 화장품 회사에 투자하기 위해 그 회사에서 파는 모든 제품을 직접 써보거나 주변 사람들에게 사서 쓰게 하고 후기를 받은 사람도 있어. 그뿐이 아니야. 백화점의 화장품 매장과 올리브영 같은 로드숍에 가서 그 회사 물건이 어디에 전시되어 있는지, 얼마나 많은 손님들이 물건을 사는지를 조사하고, 온라인 몰에서 순위와 리뷰를 다 살펴봤지. 이전 내용에서 코로나19 진단 키트 회사 투자 사례로 얘기한 투자자는 공장 앞에 가서 나오는 트럭 대수를 세기도 했지.

처음엔 그 얘기를 듣고 뭘 그렇게까지 하냐고 생각했지만 얼마 지나 생각을 완전히 바꿨어. 주식투자를 할 때는 '뭐 그런 것까지 알아야 하냐'라는 걸 알려고 노력해야 해. 반복해서 말하지만, 주식투자는 남들보다 한발 앞서 보고 반발 앞서 가야 성공할 수 있어. 남들이 다 아는 걸 아는 투자자와 남들이 그런 것까지 알아야 하냐고 생각하는 것들을 아는 투자자 중 어느 쪽 수익률이 높을까? 당연히 후자가 성공할 확률이 높지.

'그런 것까지 안다는 것', '그렇게까지 한다는 것'은 피곤하고 귀찮은 일일 수밖에 없어. 그럴 생각이 없는 사람이라면 '그렇게까지' 할 필요는 없겠지. 하지만 주식투자를 통해 높은 수익률을 올리고 싶은 사람, 주식투자에 성공해서 의미있는 수익을 거둬 인생을 바꾸고 싶은 투자자라면 '그렇게까지' 해야만 해.

돈을 벌어본 사람이라면 누구나 알겠지만 돈을 번다는 건 귀찮고 피곤하고 힘든 일이야. 주식투자도 마찬가지지. 주식투자로 돈을 버는 게 겉으로 보면 쉽고 편한 길 같지만, 실제로는 귀찮고 피곤하고 힘들어. 어쩌면 일을 해서 버는 것보다 주식투자로 돈을 버는 게 훨씬 힘들고 피곤한 일이라고 생각해. 일은 열심히 하면 반드시 성과가 있고 돈을 벌 수 있지만, 투자는 아무리 노력해도 돈을 벌기는커녕 잃는 일도 자주 생기는 일이거든.

귀찮고 힘든 일이니 하지 말자는 의미가 아니야. 귀찮고 피곤하고 힘든 일이지만 그만큼 성취감도 있어. 그러니 주식투자가 귀찮고 피곤한 일이라는 걸 받아들이고 귀찮고 피곤한 일을 기꺼이 하겠다는 마음을 가져야 해. '뭐 이런 것까지 하나'가 성공적인 주식투자를 위한 또 다른 투자라고 생각한다면 귀찮고 피곤한 일이 즐거움으로 바뀔 수 있을 거야.

귀찮고 피곤한 일이라고 너무 겁을 준 것 같으니 그나마 희망적인 얘기도 하나 할게. 회사가 바뀔 때마다 새롭게 알아야 하는 지식이 워낙 많다 보니 새로 등장하는 방대한 양에 질릴 수도 있어. 하지만 너무 절망할 필요는 없어. 주식투자를 하면서 지식을 쌓는 건 주식투자와 마찬가지로 복리 효과가 작용해. 벽돌을 쌓듯이 하나하나 쌓아가다 보면 점점 지식과 정보를 익히는 속도가 빨라지고 쉬워져.

한 분야나 회사에 대한 지식과 이해가 있으면 다른 분야를 이해하는 데도 도움이 된단다. 반도체에 대한 지식이 있는 사람이 그렇지 않은 사람보다 스마트폰이나 TV를 쉽고 빠르게 이해할 수 있지. 화학 제품 대부분은 석유로 만들기 때문에 정유 회사에 대해 잘 아는 사람은 플라스틱 같은 화학 제품을 만드는 회사에 투자할 때 강점이 있을 수밖에 없어.

산을 오를 때도 꼭대기를 보면 언제 저기까지 올라가겠냐 싶은 생각이 들 거야. 하지만 한 걸음씩 올라가다 보면 언젠가 정상에 다다르지. 이처럼 주식투자에 필요한 지식도 이걸 언제 다 알겠나 싶은 생각이 들겠지만 계속하다 보면 어느새 정상 근처에 올라가 있는 자신을 발견할 수 있을 거란다.

비율로 생각하는 습관 들이기

4% 이자를 주는 적금과 5% 이자를 주는 적금의 이자율은 얼마나 차이가 날까? 1%는 당연히 오답이야. 1%가 정답이라면 굳이 이런 질문을 하지 않았겠지. 정답은 25%란다.

예금액	이자율	이자
1억 원	4%	400만 원
	5%	500만 원

1억 원을 예금했을 때 이자율이 4%이면 1년에 이자로 400만 원을 받지만, 5%라면 500만 원을 받지.

$$400 \times n\% = 500만 원$$

여기서 n은 1.25니까 4% 이자일 때보다 5% 이자일 때는 25%를 더 받게 되는 거지. 얼핏 보면 4%와 5%의 차이는 1%니까 이자를 1% 더 받는다고 생각하기 쉽지만 실제로는 25%를 더 받는 셈이란다.

최근 한 기사에 따르면, 강남의 100억 원대 자산가들은 금리 인상기에 맞춰 한동안 3개월·6개월 만기 정기예금 비중을 늘렸다가 최근 다시 1년 만기 정기예금 비중을 높이기 시작했다고 해. 투자 위험을 최대한 피하면서 단 0.1%라도 높은 수익률을 올리기 위해서지. 자산 규모가 수십억 원에 달하면 작은 우대금리를 놓친 탓에 연간 수천만 원의 손해를 볼 수 있어. 투자·대출액 규모가 큰 탓에 소수점 단위 금리 차에도 연간 수백만에서 수천만 원의 손익이 엇갈리기 때문이지.

0.1%가 별거 아닌 것처럼 느껴질 수 있지만, 몇 %의 0.1%인지에

따라 이자율이 전혀 달라질 수 있단다. 100%에서 0.1%를 더 주는 거라면 0.1%에 불과하겠지만, 2%에서 0.1%라면 5%에 해당하기 때문에 꽤 큰 차이야.

주가를 따질 때도 마찬가지야. 많은 투자자가 5천 원이나 1만 원짜리 주식은 싸니까 살 만하고 50만 원, 100만 원짜리 주식은 비싸서 투자할 수 없다고 생각하는 경향이 있어. 5천 원짜리 주식이 7천 5백 원이 되는거나 50만 원짜리 주식이 75만 원이 되는 건 마찬가지야. 얼마짜리 주식이냐가 중요한 게 아니고 몇 %나 오를 수 있느냐 올랐느냐가 중요한 건데, 비율대로 생각하는 게 아니라 겉으로 보이는 숫자만 생각해.

이렇게 생각하다 보면 주가가 많이 내려간 주식이라고 해서 안심하고 샀다가 낭패를 보는 일이 생긴단다. 10만 원짜리 주식이 1만 원이 되면 90%나 떨어졌으니 더 이상 내려가지 않을 거라 생각하고 주식을 사는 투자자들이 있어. 하지만 1만 원짜리 주식이 1천 원이 되면 90%가 내려가는 거고, 1천 원짜리 주식이 1백 원이 되어도 90%가 떨어지는 거야. 떨어지는 절대 액수가 중요한 게 아니라 비율이 중요한 건데 이렇게 생각하지 않고 잃은 금액만 보는 거지.

이러면 주식투자에 실패할 가능성이 커지지. 주식투자를 할 때는 어떤 숫자를 보더라도 겉으로 표시된 숫자가 아니라 그 숫자를 비율대로 생각하는 습관을 들여야 한단다.

주식장이 좋지 않을 때 외면하지 않기

주식투자가 생업이 아닌 투자자 대부분은 주식투자는 일종의 취미 생활이야. 하지만 주식투자가 골프나 야구 같은 운동이나 영화 감상, 음악 감상처럼 문화 생활인 다른 취미에 비해 가장 좋은 점은 돈을 벌 수 있다는 거고 가장 나쁜 점은 돈을 잃을 수 있다는 거지.

이게 왜 중요하냐면 다른 취미 생활은 거기서 꼭 좋은 결과가 나와야만 즐겁고 보람이 있는 건 아니야. 결과에 상관없이 재미를 느낄 수 있지. 운동 경기를 하면서 잘하고 이기면 더 재밌겠지만 잘 못하거나 진다고 해서 재미가 없는 건 아니잖아. 낚시할 때 물고기를 못 잡았다고 해도 그 나름의 재미와 보람이 있지.

하지만 주식투자는 돈을 잃는 순간 아무 재미도 없어. 화만 나지. 괜찮다고 말하지만 그건 자기 위로 같은 거야. 돈을 잃으려고 주식투자를 하는 사람은 없거든. 속쓰림의 정도는 다를지라도 돈을 잃으면 아프거든. 취미는 그걸 하는 거 자체가 목적이지만, 주식투자는 주식에 투자하는 행위를 즐기는 게 아니라 투자를 통해 돈 버는 걸 즐기는 거라는 차이가 있거든.

주식투자를 아무리 잘하는 초고수라도 투자하다 보면 돈을 잃는 일은 반드시 생긴단다. 1998년 IMF 외환위기, 2000년의 IT 버블, 2008년 미국 금융위기, 2020년 코로나19처럼 주식시장 전체가 붕괴하는 상황에서는 당연히 누구나 돈을 잃고, 커다란 위기가 아니라도 개별 종목 주가가 20~30% 정도 내려가는 일은 흔해.

주가가 오를 땐 주식투자가 그렇게 신나고 재미있을 수가 없는데,

주가가 내려가면 쳐다보기도 싫어진단다. 주가 상승기에는 주변 사람들은 내가 얼마를 벌었네, 뭐를 샀는데 2배를 갈 거네, 떠들어대면서 주식에 관해 얘기하고 TV나 라디오, 신문, 유튜브 등 온갖 매체에서 이게 좋다, 저게 더 좋다면서 열을 올리지만, 주가가 내려가기 시작하면 하나둘씩 입을 다물지. 폭락장이 찾아오면 찬물을 끼얹은 듯 조용해져. 급기야는 주식을 사야 한다는 사람이 있으면 비웃음을 당하는데, 이런 일은 상승장 때도 똑같이 벌어진단다.

계량 경제학의 창시자 중 한 사람인 어빙 피셔는 경제 분석에 처음으로 수학적 분석을 도입해서 근대 경제학의 토대를 닦았고, 화폐 이론에도 업적을 남긴데다가 뉴딜 정책의 입안에도 관여한 대단한 경제학자야. 역사상 가장 유명한 경제학자이기도 해. 그런데 그가 유명한 경제학자가 된 이유는 슬프게도 경제학에 남긴 업적 때문이 아니야. 피셔는 경제학자로서 압도적인 커리어에도 불구하고 전혀 다른 이유로 굉장히 유명해졌지.

피셔가 '주식시장은 더 이상 내려가지 않을 영원한 고원에 올랐다'라고 말한 지 얼마 되지 않아서 1929년 블랙 먼데이가 찾아왔고, 전 세계 주식시장은 대폭락을 경험했단다. 이때 폭락이 얼마나 지독한 폭락이었냐면 미국 주식시장이 폭락 이전의 지수를 회복하는데 무려 20년이 걸릴 정도였지. 수많은 사람이 파산하고 자살했어. 피셔는 경제학에 남긴 수많은 공헌에도 불구하고 오로지 저 한마디 때문에 지금까지 수많은 사람의 비웃음을 사고 있지.

물극필반物極必反이라는 말이 있어. 어떤 성질이 극에 달하면 반드시 반대로 움직이게 된다는 뜻이지. 진자가 한쪽 끝으로 가면 반대쪽으로 움직이기 시작하듯이, 만나면 헤어지고 헤어지면 만나게 돼. 주식시장도 오를 때가 있으면 떨어질 때가 있고, 떨어질 때가 있으면 오를 때가 찾아오지.

한쪽 극단에서 반대쪽으로 움직이기 시작할 때를 잘 포착하면 그때가 큰 기회가 될 수 있어. 그런데 사람 대부분은 주식시장이 오를 때는 상승에 취하고, 내려갈 때는 절망에 빠져버려. 그래서 반대로 움직이기 시작했다는 신호가 쏟아져 나와도 눈치채지 못하지.

특히 하락장이 오면 주식 프로그램 HTS를 켜지도 않고 주식시장과 관련된 기사도 보지 않기 일쑤야. '미래는 이미 와 있다. 우리가 그것을 눈치채지 못하고 있을 뿐이다'라는 말처럼 시그널은 충분해. 우리가 그걸 눈치채지 못할 뿐이지. 상승이나 하락에 취하면 더욱 그럴 수밖에 없단다. 그래도 외면하면 안 돼. 특히 비웃음은 중요한 시그널이야. 1999년 IT 버블이 오고, 주식시장이 미친 듯이 오를 때 '마침내 너무 비싸다', '지금 위험하다'라고 말한 사람은 비웃음을 샀단다.

2008년에 미국발 금융위기가 찾아오고 시장이 폭락할 때 KIKO라는 외환 상품에 가입한 중소기업들은 기업의 존폐를 논해야 할 정도로 위기가 찾아왔어. 환율이 안정되고 위기가 더 이상 위기가 아니게 됐지만 사람들은 여전히 겁먹은 상태였고, 그때 하락을 외면하지 않고 KIKO 위기를 극복한 심텍, 우주일렉트로 같은 회사 주식에 투자한 투자자들은 수익을 크게 올릴 수 있었지.

2020년 코로나19 폭락 때도 마찬가지야. 코로나19로 인해 증시가 쑥대밭이 됐고, 투자자들은 절망에 빠졌어. 세계 각국 정부, 특히 미국 정부가 무제한 양적 완화를 선언했고, 이후 주식시장은 V자 반등에 성공했지. 자기 계좌가 반토막이 났다고 외면하지 않고, 무제한 양적 완화가 주식시장 반등의 계기가 될 거로 생각한 투자자들은 그 후의 상승장에서 엄청난 이익을 거뒀단다.

전환점은 언젠가 찾아오고 흐름이 바뀐다는 신호는 여기저기서 나와. 상승이나 하락이라는 결과에만 취해 있으면 그 신호를 눈치채지 못해. 그래서 상승장이든 하락장이든 늘 주의 깊게 주변을 살펴보는 게 중요하단다. 무제한 양적 완화 같은 거창한 선언만 신호가 아니야. 일상에서 보는 사소한 일들이 신호일 수 있어.

갑자기 주변 사람들이 주택 청약에 당첨되는 일이 늘어나는 건 우연일 수도 있지만, 주택 청약 경쟁률이 떨어졌다는 의미일 수도 있단다. 경쟁률이 떨어졌다는 건 부동산 시장이 침체하고 있다는 신호일 수 있지.

특히 비웃음이 보이면 시장이 전환하고 있다는 중요한 신호야. TV나 유튜브 등 각종 매체에서 주가가 마구 올라갈 때 하락을 말하는 사람을 비웃거나, 주가가 내려갈 때 살 때라고 말하는 사람에게 제정신이 아니라고 말하는 사람을 보게 된다면, 흐름이 바뀌고 있다는 신호일 수 있지. 피셔도 정확히 그 경우야. 재미난 건 비웃음의 강도가 세면 셀수록 전환의 강도와 길이도 센 경우가 많다는 거란다.

2010년대 중반부터 몇 년간 우리나라 부동산 가격이 미친 듯이 오를 때 대부분의 집값은 계속 올랐어. 서울 아파트는 오늘 사는 게 제일 싸다고 사람들이 말했지. 그런데 2021년쯤부터 하락장에 대비해야 했어. 지금 아파트를 사는 건 위험하고 말하는 사람들이 하나둘씩 나왔지. 부동산 전문가도 보통 사람들도 이런 말을 하는 사람을 비웃었지. 2022년이 되고 금리가 오르기 시작하자 시장은 언제 그랬냐는 듯 하락장으로 전환했고, 부동산 가격은 무섭게 내려가기 시작했어. 불과 1년 전에 부동산 가격이 오를 거라고 말하던 부동산 전문가들은 자신들이 했던 말을 완전히 까먹은 것처럼 모른 척하고, 자산과 대출을 영혼까지 끌어모아 집을 산 투자자들은 눈물을 흘렸지. 중요한 건 상승의 기쁨이나 하락의 고통을 핑계 삼아 현재 상황이나 벌어지는 일을 외면하지 않고, 계속 지켜보는 일이란다.

외면하지 않는 게 중요한 이유는 하나 더 있어. 위기는 기회라는 말처럼 내가 외면하고 있을 때 진짜 큰 기회가 나올 수 있거든. 앞에서 얘기한 KIKO가 좋은 예지. 평상심을 유지하면서 주가가 오르고 내려가는 것에 흔들리지 않고, 외면하지 않고, 꾸준히 지켜보면 꼭 좋은 기회가 찾아와. 물론 이게 쉽다는 건 아니야. 굉장히 어려운 일이지. 어렵더라도 해나간다면 그 보상을 받을 수 있단다.

주식 공부, 책으로 하기

주식을 대하는 올바른 태도와 마음가짐을 기른 후에 해야 할 일은 뭘까? 책을 봐야 해. 이미 책을 보고 있는데 무슨 소리냐 싶겠지. 그런데 책을 정말 많이 봐야 한단다. 아무리 강조해도 지나치지 않지. 주식투자와 관련된 책뿐만 아니라 어떤 책을 봐도 도움 될 수 있으니 가능한 많은 책을 봐야 해. 처음에는 유튜브 같은 걸 봐도 좋지만 결국 책이 투자 실력을 늘리는 제일 좋은 방법이란다.

우리는 하루 24시간밖에 없잖아. 이 중에 8시간은 자는 데 써야 하고, 밥 먹고 화장실 가는 데 써야 하는 시간도 있고, 학생이면 공부해야 하는 시간이 있을 테고, 회사원이면 일해야 하는 시간이 있을 거야. 이런 시간을 전부 다 빼고 나서 남는 시간에 주식투자를 위한 공부를 하면 좋아.

한정된 시간을 가장 효율적으로 쓰려면 유튜브 같은 영상매체보다는 활자가 훨씬 낫거든. 1시간짜리 유튜브에 담긴 내용을 활자로 요약해놓으면 5분 만에 다 읽을 수 있어. 주식투자를 하면서 공부할 게 매우 많은데 이걸 유튜브로 공부하다 보면 시간이 모자랄 수밖에 없지.

물론 유튜브 같은 영상이 가진 강점이 있지. 이해하기가 훨씬 쉬울 거야. 그래서 어렵고 잘 이해가 되지 않는 내용은 영상을 검색해서 보는 것도 좋은 방법이야. 하지만 기본적으로 주식투자에 관한 공부는 책으로 하는 걸 추천해.

사실 이건 이미 실천하고 있지. 지금 이 책을 읽고 있잖아? 하지만 이 책 이후로도 다른 책을 더 찾아 읽기를 바라. 중요한 건 활자를 많이 접하는 사람, 활자를 좋아하는 사람이 주식투자를 잘한다는 점이야. 워런 버핏도 하루의 대부분을 활자 읽는 데 쓴다잖아. 운동과 관련된 속담 중에 'Shut up and squat(닥치고 스쾃)'이란 말이 있는데, 주식투자는 'Shut up and read(닥치는 대로 읽어라)'라고 말해주고 싶구나.

Must Know

닥치는 대로 공부하라!
주식투자에선 올바른 태도와 마음가짐이 중요하다.
올바른 태도와 마음가짐은 훈련과 노력을 통해 기를 수 있다.

자신의 투자 스타일 찾기

주식투자를 할 때 제일 먼저 알아야 할 것은 자신의 투자 스타일이야. 소크라스테스도 얘기했잖아. '너 자신을 알라.' 뭘 하든지 간에 우선 알아야 할 것은 그걸 할 자신에 대해서 알아야 해.

농구로 예를 들어 설명해볼게. 키가 작고 달리기가 빠른 사람이면 바깥에서 볼을 돌리고 외곽슛을 쏘는 가드 포지션이 적당해. 그런데 이 사람이 골대 근처에서 리바운드를 잡고 골대로 돌파하는 공격수들을 막는 센터 포지션을 맡으면 잘할 수 있을까?

농구를 몰라서 이해가 잘 안된다고? 미안해. 다른 예를 들어볼게. 성격이 아주 급한 김급해 씨라는 사람이 있다고 치자. 얼마나 성격이 급하냐면 부산을 가는데 KTX를 타러 서울역 가는 지하철을 타자마자 옆 사람한테 다음 역이 부산역이냐고 물어. 어느 날 김급해 씨가 취미를 찾기로 했어. 뭐가 좋을까 생각하다가 생선요리 먹는 걸 좋아해서 낚시를 하기로 결심했지. 김급해 씨는 생선도, 요리하는 시간도 기다릴 수 없다며 활어회만 먹는 사람이었어. 김급해 씨는 처음 낚시를 가서는 낚싯대를 넣자마자 물고기가 대체 언제 잡히는 거냐며 불평을 시작했어. 초심자의 행운 덕인지 물고기가 금방 잡혔어. 낚싯대를 올렸는데 물고기가 올라오는 걸 본 김급해 씨는 당황했어. '왜 회가 아니라 물고기가 통째로 올라오는 거지?'

김급해 씨 같은 사람한테 낚시 같은 취미가 맞을까? 당연히 아니겠지. 사람마다 잘할 수 있는 일과 그렇지 않은 일이 있고, 성격에 맞는 일이 있고 아닌 게 있어. 잘할 수 있는 일이 성격에 잘 맞아서 할 수 있으면 좋겠지만, 그렇지 않을 수도 있지. 주식투자도 여러 가지 스타일이 있는데 자기가 잘할 수 있고 성격에 맞는 투자방식을 찾아야 해. 이것이 주식투자를 하면서 제일 먼저 해야 할 일이란다.

주식투자를 스타일로 나눠보면 투자대상을 고르는 방식에 따라 '가치주 투자'와 '성장주 투자' 그리고 '모멘텀 투자'로 나눌 수 있고, 보유 종목 수에 따라 '분산 투자'와 '집중 투자'로 나눌 수 있단다.

먼저 가치투자는 기업의 가치를 보고 투자를 하는 거야. 내가 사려는 기업이 가진 가치와 가격의 차이를 분석해서 가격보다 가치가 크다고 생각하면 투자하는 거지. 이때 기업의 가치는 두 가지 관점에서 파악할 수 있단다.

① 현재 기업이 지닌 자산의 가치를 보고 투자하는 거야. 기업이 가진 땅이나 건물, 다른 회사의 주식 같은 걸 보고 그 가치가 현재

시가총액(주식의 총 수×주가)보다 훨씬 비싸다고 생각되는 주식을 사는 거지. 지금은 많이 사용하지는 않지만, 예전에 이런 방식으로 투자할 때 사용했던 지표는 PBR Price Book Value Ratio이라는 지표야.

PBR 같은 용어들은 언젠가는 알아야 하지만 급하게 외울 필요는 없어. 주식투자를 하다 보면 이런 용어를 반복해서 접하게 되고 그럼 익숙해질 거야. PBR은 다음과 같이 계산하지.

$$시가총액 \div 자산 = PBR$$

회사가 가진 총자산을 주가의 총합으로 나누는 거지. 그럼 이 회사가 가진 자산 대비 주가가 얼마나 비싼지 혹은 싼지에 대해 알 수 있잖아. PBR이 1보다 작으면 이 회사가 가진 자산보다 주가가 싸다는 얘기가 되고, 1보다 크면 회사가 가진 자산보다 주가가 비싸다는 의미야.

하지만 이건 자산을 보고 투자하기 위해 참고하는 하나의 지표일 뿐 절대적인 지표는 아니란다. PBR이라는 지표가 보여주지 못하는 여러 가지 한계가 있기 때문에 그래. 예를 들어 옷을 파는 회사의 PBR이 1도 아니고 0.1이라고 해보자. 근데 회사 자산의 대부분이 팔지 못한 옷이라고 하면 이 자산은 얼마나 가치가 있을까? 유행이 지난 스타일의 청바지는 원래 가격보다 한참 싸게 팔아야 할 테니 가치가 확 떨어질 수밖에 없겠지. 이 청바지는 팔기도 어렵지만 보관하는 데도 비용이 들어갈 테니 이걸 과연 자산으로 볼 수 있긴

한 걸까? 이런 경우에 PBR이 낮다고 해서 투자했다간 큰 낭패를 볼 수 있지.

게임회사에서 유저가 거의 없는 비인기 게임을 자산으로 잡아놨다고 해보자. 그 게임을 개발하는 데 얼마나 돈이 들어갔느냐에 따라 자산가치를 부여했다면 그 게임에 그만한 가치가 있을까?

그래서 자산을 보고 투자할 땐 이 자산이 장부에 표시된 만큼 가치가 있는지, 더 비싸거나 싼 건 아닌지, 비싸거나 싸다면 얼마나 비싸거나 싼지 잘 생각해봐야 해. 회사가 가진 자산이 어떤 자산이냐에 따라 가치가 전혀 달라질 수 있거든.

일반적으로 볼 때 최소한 장부에 표시된 가격 이상으로 팔 수 있는 가장 확실한 자산은 회사가 가진 땅이야. 땅은 사라지지도 않을 테고 시간이 지나도 사용가치가 떨어지지도 않아. 또 일반적으로 땅은 회사가 그 땅을 살 때의 가격으로 장부에 평가해놓기 때문에 실제 땅의 가격보다 훨씬 싸게 표기된 경우도 많단다. 자산의 대부분을 땅으로 가지고 있는 회사라면 눈에 보이는 PBR보다 PBR이 훨씬 낮을 가능성이 높겠지.

어떤 회사가 가진 다른 회사의 주식도 이런 경우가 있어. 장부에는 그 주식을 살 때 가격으로 표기해놓는데, 그 회사의 주가가 그 후에 엄청나게 올라갔으면 장부에 표기된 것보다 훨씬 큰 자산을 가진 셈이 되는 거지. 일신방직이라는 회사의 경우가 이랬어. 이 회사가 가진 삼성물산 등 여러 회사의 주식이 일신방직의 시가총액보다 훨씬 비쌌거든. 누군가 일신방직의 주식을 몽땅 사들인 다음에 가진 주식만 팔아도 자기가 투자한 돈보다 더 많은 돈을 가질 수 있었지. 일신방직이라는 회사는 그대로 남아 있는 채로 말이야.

삼성공조라는 회사는 회사가 가진 순현금(회사가 진 빚을 다 갚았다고 가정할 때 회사의 계좌에 남아 있는 돈)보다 시가총액이 싼 상태가 오랫동안 지속됐어. 그런데도 주가는 도통 오르지 않아 삼성공조에 투자한 투자자들을 애타게 한 적이 있지. 이런 회사 주식을 사면 간단히 돈을 벌 수 있는 거 아니냐고? 주식투자가 그렇게 간단하면 좋을 텐데 그렇지는 않아. 이런 회사들은 대체로 주가가 정체되어 잘 움직이지 않는 경우가 많고, 주식 거래량이 적어 주식을 사들이기도 어려워. 거래량이 적기 때문에 누군가 회사가 가진 주식이나 돈으로 이익을 보기 위해 회사의 주식을 사들이면 금방 주가가 오르고, 팔려고 하면 주가가 내려가 사고팔기가 쉽지 않아.

이래서 주식투자는 과학보다는 예술에 가깝다고 하는 거야. 정량적인 평가만으로는 주식투자에 절대 성공할 수 없어. 기계적으로 무언가를 평가하는 게 아니라 이쯤과 저쯤의 어딘가에서 균형과 가치를 찾는 행위지. 그래서 재미있기도 한 거고.

주식시장에는 수많은 투자자가 있고, 주식투자는 아직 다른 투자자들이 발견하지 못한 가치를 찾는 행위야. 이 경우는 회사가 가진 자산에서 숨겨진 가치를 찾는 투자방식이지.

② 또 다른 방식의 가치투자는 그 회사가 버는 돈에 비해서 싸게 사고팔리는 회사에 투자하는 거야. 옷이나 신발처럼 주식투자에도

유행이 있어. 어떤 사업을 하는 회사의 주식은 다른 사업을 하는 회사의 주식에 비해 훨씬 비싸게 팔리기도 하고, 싸게 팔리기도 해. 똑같이 1백만 원을 버는 회사라도 그 회사의 가격(시가총액)은 그 회사가 어떤 사업을 하느냐에 따라 크게 달라지지.

일반적으로 새로운 사업, 첨단 사업, 시장에서 많은 관심을 받는 사업을 하는 회사는 높은 평가를 받고, 소외된 사업이나 예전부터 계속하던 사업, 시장에서 관심이 없는 사업을 하는 회사는 낮은 평가를 받아.

얼마 전까지 2차전지나 메타버스 같은 사업은 첨단 유행 사업이라고 고평가받았어. 2차전지나 메타버스 관련 사업을 한다고 발표만 해도 주가가 껑충 뛰었지. 2000년대 초반에는 인터넷 관련 사업을 하는 회사들의 주가가 엄청나게 고평가받았지. 그때를 IT 버블 시기라고 불러. 어떤 회사든지 인터넷 관련 사업을 한다고 발표만 해도 주가가 뛰던 때야. 지금은 철강회사나 은행 같은 곳이 저평가받고 있지.

왜 저평가되는 회사와 고평가되는 회사가 있을까? 단지 유행 때문이라고 말할 수만은 없단다. 유행에 영향을 미치는 요인이 있어. 성장에 대한 평가가 그 요인이야. 성장이란 기업의 매출이나 이익이 얼마나 빠르게 늘어나는가를 말해. 일반적으로 성장하는 시장에서 사업하는 회사들은 이익이 빠르게 성장해. 그래서 주식시장에서는 성장하는 섹터에서 사업하는 회사의 가치를 더 높게 쳐주지. 1990년대 후반에는 인터넷 회사가, 2000년대 중반에는 엔터테인먼트 회사가, 2010년대 초반에는 차화정이라고 해서 자동차, 화학, 정유업을 하는 회사가, 2010년대 후반에는 5G 사업을 하는 회사의 주가를 높게 쳐줬고, 지금은 전기자동차 관련 회사의 주가를 높게 쳐주고 있지.

주가를 높게 쳐준다는 건 주식용어로 '고밸류에이션을 용인한다'라고 말해. 간단히 얘기해서 프리미엄을 높게 쳐주는 거지. 웃돈을 준다고 말할 수도 있어. 회사의 주가(혹은 시가총액)는 다음과 같이 산정한단다.

주가 = 순익 × 멀티플(이익배수)

어떤 사업을 하는 회사냐에 따라 멀티플을 다르게 주는 거지. 여기서 멀티플이란 회사의 가격을 회사가 버는 돈의 몇 배를 쳐줄지를 말하는 거야. 예를 들어 1년에 100억 원을 버는 회사가 1000억 원에 거래된다고 하면 멀티플 10배인 거고, 2000억 원에 거래된다면 멀티플 20배가 되는 거지. 운동화를 만드는 회사는 매출이 늘어날 때마다 비용이 계속 늘어나잖아. 하지만 게임회사의 경우 매출이 늘어나는 데 비례해서 비용이 늘어나지는 않아. 그럼 운동화 회사에 주는 멀티플과 게임회사에 주는 멀티플은 다르겠지.

어느 회사에 멀티플을 더 줄까? 당연히 게임회사에 멀티플을 더 많이 주겠지. 똑같이 히트상품을 만들더라도 게임회사의 이익이 더 크게 성장할 수 있잖아. 멀티플은 이익성장 가능성에 대한 시장의 평가가 반영돼. 시장에서 성장 가능성을 높게 평가하는 회사일수록 높은 멀티플을 적용받을 수 있지.

워런 버핏은 주가와 이익 관계를 산책하러 나간 개와 개 주인의 관계에 비유했어. 개가 주인보다 빨리 갈 때도 있고, 늦게 갈 때도 있지만, 결국 주인과 함께 집에 돌아오게 되는 것처럼 주가가 이익에 비해 빨리 올라갈 때도 있고, 이익이 늘어나는데도 주가가 올라가지 않을 때도 있지만 결국 주가는 회사의 이익에 발맞추게 되어 있다는 거지.

주식투자는 주가를 맞추는 행동이고, 주가를 맞추기 위해서는 이익이 성장할지, 성장한다면 얼마나 빠르게 성장할지를 예측해야 해. 빠르게 달려가는 주인과 함께 가는 개는 빨리 달려가겠지? 그러니까 빠르게 성장하는 시장에서 사업하는 회사나 그렇지 않은 시장에서라도 빠르게 성장하는 회사는 이익이 빠르게 성장할 거로 보고 높은 멀티플을 적용해주는 거야. 이런 회사에 투자하는 투자자를 '성장주 투자자'라고 불러.

성장하는 섹터의 성장하는 회사는 성장세가 꺾이면 무서울 정도로 주가가 내려가. 이익이 줄어드는 게 아니라 이익이 증가하는 폭, 매출이 증가하는 폭이 줄어드는 것만으로 주가가 무섭게 내려가곤 해. 왜냐하면 그동안 높게 적용해주던 멀티플을 줄여서 적용하거든.

주가는 [이익×멀티플]이라고 했잖아. 이익이 늘어나더라도 멀티플이 줄어들면 주가는 확확 내려갈 수밖에 없지. 이것 때문에 성장주 투자가 가치주 투자에 비해서 어렵다는 얘길 하는 사람들도 있단다.

하지만 높은 멀티플을 적용받는 인기 주식만 이익이 늘어나고 주가가 올라가는 게 아니야. 사람들에게 관심을 덜 받는 섹터에 있는 회사들도 이익이 늘어날 수 있어. 현재 소외되어 있지만 시장에서 관심만 가지면 언제든지 주가가 올라갈 수 있는 주식들이 있지. 이런 회사 주식은 한번 주가가 오르기 시작하면 로켓을 쏘아 올린 것처럼 올라가기도 해. 이런 회사들이 아무도 모르게 감춰져 있는 회사들만 있는 것도 아냐. 누구나 다 아는 회사라도 주가는 오르지 못한 채로 매출과 이익이 착실하게 성장하다가 어느 순간 주가가 '빵' 하고 올라가는 경우가 대부분이지.

네이버 같은 경우 2013년부터 2020년까지 7년간 주가가 10만 원에서 20만 원 사이를 계속 왔다 갔다 했어. 그러다 코로나19가 터지고 언택트 주식으로 주목받고 나서 1년 만에 46만 원까지 올라갔지. 네이버는 우리나라 사람이면 누구나 아는 회사이고, 이 회사가 어떤 사업을 하는지, 얼마나 돈을 잘 버는지 누구나 알고 있고, 회사의 매출과 이익은 지속해 늘어났지만 주가는 제자리걸음을 했던 거지. 7년간의 지루한 기다림을 잘 견딘 투자자라면 그 후 1년 만에 기다림을 다 보상받을 수 있었을 거야.

③ 세 번째는 모멘텀을 가지고 투자하는 방식이야. 예를 들면, 정부에서 해상 풍력에 투자하기로 했다는 발표를 했을 때, 모멘텀 투자자는 해상 풍력과 관련된 주식을 살펴보고 눈에 들어오는 회사에 투자하는 거지.

이런 투자방식은 숨겨진 자산을 찾는 자산형 가치투자나 회사의 매출이나 이익이 늘어나는 매출 이익형 가치투자 혹은 성장하는 섹터의 성장하는 회사에 투자하는 성장주 투자와는 완전히 다른 투자 방식이란다.

오로지 기업에 쏠리는 사람들의 관심을 받고 주가가 올라갈 때 주식을 빨리 사서 주가가 오르고 나면 파는 방식이지. 이런 방식으로 투자하는 사람은 사실 투자자라기보다는 '트레이더'라고 부르는 게 정확할 거 같아. 투자란 자신이 보유한 자산의 가치가 증대함에 따라 가격이 오르는 차익을 버는 걸 목표로 하는 사람이지만, 트레이더는 가치와는 아무 상관 없이 주가의 오르내림(변동성)을 이용해 돈을 버는 사람을 말하거든.

이런 방식이 나쁘다고 말하는 사람도 있지만 그 의견엔 동의하지 않아. 투자에서 나쁜 행동은 하나뿐이야. 돈을 잃는 것. 돈을 벌 수 있다면 불법이나 비윤리적인 방식이 아닌 한 투자에서 수익은 절대 선이야.

이런 방식의 투자, 트레이딩은 장단점이 확실해. 가치투자는 낚시처럼 물고기가 미끼를 물 때까지, 시장이 내가 산 주식에 관심을 두고 거기에 숨어 있는 가치를 발견해줄 때까지 기다려야 해. 시간이 필요하지. 하지만 트레이딩은 물고기가 있는 곳에 가서 그물을 던지는 거야. 물고기가 있는 곳에 가서 그물을 던지기 때문에 기다리는 시간이 필요 없지.

하지만 내가 생각하고 예측한 대로 시장이 움직여주지 않으면 낭패를 볼 수가 있어. 트레이딩을 몇 번 잘못 하면 순식간에 계좌가 한여름에 아이스크림 녹듯이 녹아버릴 수 있어. 더 나쁜 건 50% 손실을 만회하기 위해서는 100%의 수익이 필요하다는 점이야.

100만 원을 투자해서 50% 손실이 나면 50만 원이 되잖아. 50만 원으로 다시 100만 원을 만들려면 100%의 수익이 필요해. 트레이딩은 가격의 변동성을 이용하는 방식이기 때문에 생각하는 방향과 속도로 변동하지 않으면 손해를 볼 가능성이 높아. 실력이 아주 좋은 사람이 아니면 트레이딩으로 돈을 벌기는 쉽지 않아. 오히려 몇 번 손해 보고 나서 시장에서 쫓겨나기 십상이지.

모멘텀을 이용해 트레이딩할 때는 가치투자를 할 때와 정반대로 움직여야 해. 가치투자는 주가가 쌀 때 사서 비쌀 때 파는 방식이지만, 트레이딩 투자는 오르는 주식을 사고 떨어지면 팔아야 하지. 싸게 사서 비싸게 파는 방식이 아니라 비싸게 사서 더 비싸게 파는 방식이란다.

트레이딩은 가치투자보다 훨씬 어려운 투자방법이야. 시장과 주식에 빠르게 대응해야 하고, 남들보다 정보를 빨리 얻어야 하며, 무엇보다 인간의 본성을 거슬러 투자해야 해. 우리는 어떤 물건을 살 때 비싸게 사는 것보다 싸게 사는 걸 좋아하지. 근데 모멘텀 트레이딩 투자자는 싸게 사는 것보다 비싸게 사는 걸 좋아해야 해. 주가가 오를 때 사야 하고 떨어질 때 팔아야 하지. 쌀 때는 쳐다보지도 않던 물건을 가격이 오르니 사는 건 실생활에선 너무 멍청한 일이겠지만, 모멘텀 트레이딩 투자를 할 때는 이 멍청한 짓을 해야만 돈을 벌 수 있어.

더 중요하고 어려운 건 손절매야. 주식을 샀다가 주가가 자기가 정한 일정 가격보다 내려가면 그 즉시 주식을 팔아야 해. 말로는 간단하지만 실제로는 이렇게 할 수 있는 투자자들이 많지 않아. 가치 투자자들도 손절매해야 할 때가 있지만, 모멘텀 트레이딩 투자자는 손절매가 일상이 되어야 해.

앞에서도 말했지만 우리 뇌는 이익보다 손실에 훨씬 민감해. 그래서 이익을 봤을 때의 기쁨보다 손실을 봤을 때 고통을 훨씬 강하게 느껴. 손절매는 손실을 확정하는 행동이야. 주식을 샀는데 주가가 반토막이 나더라도 팔지 않았을 때는 다시 주가가 오르리란 생각으로 덜 괴롭지만, 주식을 파는 순간 손실이 확정되기 때문에 괴로울 수밖에 없지. 그래서 투자자들은 보통 손절매하지 않고 손실을 떠안은 채로 버티는 경우가 많아. 그러고는 팔지 않았으니 손실을 본 건 아니라고 위로하지.

이런 행동을 '비자발적 가치투자'라고 불러. 주변 사람에게 '무슨 좋은 뉴스가 있다더라'라는 말만 듣고 주식을 샀다가 생각과 다르게 주가가 오르지 않아 비자발적 가치 투자자가 되는 사람들이 매우 많아. 모멘텀 트레이딩 투자를 하는 사람은 절대 이래서는 안 돼. 생각과 다르게 주가가 오르지 않고 오히려 내려가거나 기대한 소식이 나오지 않으면 손실을 봤더라도 과감하게 정리할 수 있는 사람만이 모멘텀 트레이딩 투자를 할 수 있어. 자기가 손절매할 수 없는 종류의 사람이라면 모멘텀 트레이딩 투자를 해선 안 돼. 손절매는 모멘텀 트레이딩 투자의 가장 중요한 도구야.

자신에게 맞는 투자방식을 찾는 게 투자를 시작할 때 제일 먼저 해야 할 일이야. 투자하는 스타일에 따라 투자하는 방식, 기업을 찾는 방식, 돈을 나누고 포트폴리오를 구성하는 방식, 사고파는 타이밍 등 모든 게 완전히 달라지기 때문이지. 내가 숨겨진 자산가치를 찾아 투자하는 자산형 가치투자 스타일인지, 아니면 남들은 모르고 있는 기업의 이익성장을 발견해 투자하는 매출 이익형 가치 투자자 스타일인지, 그도 아니면 성장섹터의 성장주에 투자하는 걸 선호하는 성장주 투자자인지, 가치를 발견하고 기다리는 투자보다는 적극적인 트레이딩을 통해 자산을 불리는 걸 좋아하는 트레이더인지 고민해보고 어떤 스타일의 투자자가 될지를 결정해야 해.

물론 투자 스타일이 칼로 금을 그은 것처럼 완전히 구별될 수 있는 건 아냐. 가치투자를 하는 사람도 모멘텀 트레이딩 투자 스타일과 비슷하게 투자할 때도 있고, 또 그 반대의 상황도 벌어질 수 있지. 시간이 지나거나 투자 금액이 늘어나면서 투자 스타일이 바뀔 수도 있어. 그럼 또 그때 맞춰서 투자 스타일을 바꾸면 되지.

자기에게 맞는 투자 스타일을 찾아야 오래갈 수 있단다. 강한 놈이 오래가는 게 아니라 오래가는 놈이 강한 거라는 말처럼 투자에서 가장 중요한 건 생존이야. 죽지 않고 살아남아 계속 갈 수만 있으면 시장은 꼭 수익을 줄 거야. 운동할 때 몸에 잘 맞는 옷을 입고 좋은 운동화를 신는 이유는 자신의 실력을 최대한 발휘하기 위해서잖아. 투자자도 자신에게 잘 맞는 스타일로 투자해야 최상의 수익률을 올릴 수 있어.

어떤 투자 스타일이 시장에서 죽지 않고 살아남는 방식으로 나한테 가장 적합한 스타일인지에 대해 고민하는 게 투자를 시작할 때 제일 먼저 해야 할 일이란다. 투자할 회사를 고르는 건 그다음 일이지.

Must Know

어떤 투자 스타일이 나에게 잘 맞을지를 가장 먼저 찾자.
우리는 이익보다 손실에 훨씬 민감하다.

투자할 회사 찾는 법

투자할 회사는 어떻게 찾아야 할까? 앞에서도 얘기했고 계속할 이야기지만, 주식투자는 지금 잘되고 있는 회사가 아니라 앞으로 장사가 더 잘될 수 있는 회사를 찾는 일이란다. 혹은 '사람들이' 앞으로 장사가 잘될 거라고 생각하는 회사를 찾는 일이지. 이 두 가지는 얼핏 보면, 비슷한 것 같지만 실제로는 전혀 다르단다. 스포츠로 치자면 전자는 우승할 거로 생각하는 팀이나 선수를 찾는 일이고, 후자는 '사람들이' 우승할 거라고 생각하는 팀이나 선수를 찾는 거야.

전자에 해당하는 회사를 찾는 투자자는 다른 투자자들이 어떻게 생각하는지 신경 쓸 필요 없이 앞으로 돈을 잘 벌 회사를 찾으면 돼. 하지만 후자에 투자하려는 사람은 실제 그 회사가 잘되느냐와 관계없이 사람들이 앞으로 돈을 잘 벌 거라고 생각하는 회사를 찾아야 해. 전자의 회사에 투자한 사람은 사람들이 그 회사가 돈을 잘 버는 회사라는 걸 알 때까지 기다려야 하는데, 당장 내일모레가 될 수도 있지만, 몇 년이 걸릴 수도 있단다.

후자의 회사에 투자하려는 사람은 사람들의 심리를 정확히 읽어야 해. 돈 잘 벌 회사가 아닌 사람들이 돈을 잘 벌 거로 생각하는 회사를 찾는 거니까. 전자는 가치투자가 될 테고, 후자는 모멘텀 투자라고 할 수 있단다. 어느 쪽이 더 쉬운지는 사람에 따라 다르겠지만 후자가 절대로 전자보다 쉽다고는 말할 수 없지. 전자가 됐건 후자가 됐건 투자할 회사를 찾는 데 핵심은 '매출과 이익이 성장할 회사'를 찾는 일이야.

지금 아무리 장사가 잘되고 있다고 해도 앞으로 매출과 이익이 줄어들 회사라면 주식시장 투자자들은 그 회사의 주식을 사기는커녕 쳐다보지도 않아. 주식투자에서 골라야 하는 회사는 '오늘보다 내일이 더 좋을 회사'야. 이런 회사는 어떻게 찾아야 할까?

관찰을 통해서 찾아야 해. 자신이나 주변 사람이 직접 보거나 사서 쓰는 것, TV나 인터넷, 책을 통해 보고 듣게 되는 것들을 관찰하는 데서 투자가 시작돼. 그리고 주식투자는 아이디어를 찾는 데서 시작하지. 투자 아이디어를 찾는 방법은 다양하고, 세상을 바꿀 수 있는 엄청난 것들에 대한 투자 아이디어도 있지만 사소한 것도 많단다.

예를 들어, 포켓몬 빵을 출시했는데 이 빵의 인기가 엄청 많아. 주변 사람 중에 이 빵을 사는 사람들이 많다는 걸 알게 됐어. 이때 이런 투자 아이디어를 떠올렸다면 어땠을까? '포켓몬 빵이 잘 팔리면

SPC삼립의 매출과 이익이 늘어날 테니 SPC삼립의 주가가 올라갈 수 있겠는데?'

주변에 전부 포켓몬과 빵을 싫어하는 사람들만 가득할 수도 있어. 게다가 포켓몬이 '너~~~~~~~무' 싫고 밀가루가 건강에 좋지 않아 빵을 전혀 안 먹는다면 포켓몬 빵이 잘 팔리는지 아닌지 알 수 없을 거야. 또, 포켓몬 빵을 투자 아이디어 삼아서 투자했더라도 노동자 사망으로 인한 SPC 계열에 대한 불매 운동 같은 일이 벌어지면 즉시 손절매하고 탈출해야 할 수도 있어. 사는 것도 투자 아이디어지만 파는 것도 투자 아이디어일 수 있지.

다른 예를 들어볼게. 예전에는 스마트폰에 들어가는 카메라가 전면 카메라 1개, 후면 카메라 1개가 다였잖아. 지금은 어때? 후면 카메라를 1개만 쓰는 스마트폰을 찾기가 어려울 정도지? 처음에 후면 카메라가 2개인 카메라가 나왔을 때, 3개인 카메라가 나왔을 때 이런 투자 아이디어를 떠올렸다면 어땠을까? '삼성전자 갤럭시나 애플 아이폰에 카메라를 납품하는 회사는 1개만 들어가던 카메라가 2개, 3개, 4개로 늘어나면서 어떻게 바뀔까?'

당연히 이 회사의 매출이나 이익은 늘어날 수밖에 없겠지. 1개씩 팔던 물건이 2개, 3개씩 팔리면 매출이나 이익도 2배, 3배로 성장할 수 있을 거 아냐? 실제로 스마트폰에 들어가는 카메라가 늘어나던 시기에 애플이나 삼성에 카메라를 납품하던 엠씨넥스나 파트론 같은 회사의 매출과 순익은 급성장했단다.

누구나 스마트폰에 들어가는 카메라 개수가 늘어나는 걸 알았지만, 이걸 투자 아이디어로 연결한 사람은 소수라서 이때 투자한 사람들은 돈을 벌었을 거야. 사람 대부분은 자기 스마트폰에 카메라 개수가 늘어나면서 좋아진 사진 화질에 감탄하는 데 그쳤겠지만.

이게 관찰한 사람과 아닌 사람의 차이야. 주변의 사물과 사건을 유심히 지켜보는 사람들은 그냥 보는 데서 그치는 게 아니라 거기서 의미를 찾아내지. 관찰은 단순히 바라보는 게 아니라 그 사물과 사건이 어떤 의미를 지녔는지를 찾아내는 행위야. 역시 투자는 관찰에서 시작해.

포켓몬 빵이 많이 팔린다든지 스마트폰의 카메라 개수가 늘어나는 데서 투자 아이디어를 찾아내는 건 아무나 할 수 없는 어려운 일이 아니야. 훈련하고 노력하면 누구나 할 수 있는 일이야. 하지만 그 훈련과 노력은 아무나 하는 일은 아니지. 그렇게 훈련하고 노력하는 게 중요한 거야.

포켓몬 빵이나 스마트폰 카메라 개수처럼 사소한 것에 대한 관찰에서 투자가 시작하기도 하지만 누구나 알고 있는 중요하고도 큰 이야기에서도 투자 아이디어를 발견할 수 있단다. RE100이라는 말을 아니? 'Renewable Energy 100%'라는 말이야. 어떤 회사에서 제품을 생산하는 데 사용하는 전기를 100% 재생 에너지로 발전한 전기만 사용하겠다는 의미지.

애플과 구글 같은 글로벌 기업들의 RE100 선언 후, 애플과 구글에 제품을 판매하려는 회사는 신재생 에너지만 사용해서 제품을 생산해야 해. SK하이닉스같이 반도체를 만드는 회사, LG이노텍처럼 스마트폰 모듈을 생산하는 회사는 앞으로 제품을 만들 때 전부 신재생 에너지로 만든 전기만 써야 한다는 의미지.

신재생 에너지는 풍력이나 태양광처럼 전기를 만드는 데 탄소를 만들어내지 않는 에너지원을 말해. 탄소를 만들지 않는 에너지원을 왜 사용하냐면, 기후위기 때문이지. 우리나라에선 아직 기후위기에 대해 그렇게 심각하게 생각하고 있지 않지만, 서구권 국가 특히 유럽에서는 기후위기를 인류에 대한 직접적인 위협이라고 받아들이고 있어. 실제로도 지구온난화로 대표되는 기후위기는 굉장히 심각한 상황이야. 당장 개선하지 않으면 머지않은 미래에 인류의 생존이 위협받을 정도지.

기후위기가 발생한 가장 직접적인 위협은 탄소, 그중에서도 이산화탄소 때문이야. 다들 아는 것처럼 산업혁명 이후에 인류의 기술이 발전하면서 사용하는 에너지양이 급격히 늘어났고, 이 에너지를 만들어내는 데 이산화탄소가 대량으로 발생, 늘어난 이산화탄소가 지구의 온도를 높이는 바람에 지구 환경은 극적으로 악화되고 있어.

미국의 어떤 대통령은 겨울에 이렇게 추운데 무슨 온난화 현상이냐는 얘기를 했는데, 날씨와 기후를 구별 못하는 무식함 때문에 이런 발언을 한 것이지. 극지방의 온도가 올라가면서 남극의 거대한 빙산들이 녹아내려 해수면이 올라가는 현상은 지금도 진행되고 있어. 따뜻한 겨울이나 추운 여름이 계속되는 건 우연이 아니야. 이대로 기후위기가 진행되면 인류가 살아갈 땅이 없어질 수도 있다는 절박함에서 글로벌 기업들이 RE100을 시작했지.

글로벌 기업들이 RE100을 선언하면서 수출 위주인 우리나라 기업도 당장 발등에 불이 떨어진 상태야. 신재생 에너지만을 사용해 제품을 생산하지 않으면 최악의 경우 수출을 할 수 없거든. 우리나라뿐만 아니라 전 세계가 신재생 에너지 발전량을 급격히 늘려야만 하는 상황이지. 몇 년 전부터 내연기관차 대신에 전기차 산업이 급속도로 발전하게 된 이유도 기후위기 때문이란다.

원자력 발전을 신재생 에너지로 볼 것인가 아닌가에 대해서는 논쟁의 여지가 있으니 제쳐두고, 여기서는 확실히 신재생 에너지로 인정되는 태양력과 풍력 그리고 수소에 관해서만 이야기하기로 할게.

신재생 에너지원을 사용해 발전한 전기량을 급격히 늘려야 하는 상황이라 태양력과 풍력 발전 산업은 급속도로 성장할 게 확실해. 누구나 쉽게 짐작할 수 있는 사실이지. 그러면 여기서 투자 아이디어를 발견하기 위한 관찰을 시작하는 거야.

신재생 에너지 산업이 발전하면 관련된 회사들이 성장하겠지. 태양광과 해상풍력 그리고 그를 이용한 수소에너지 관련 회사들이 해당할 거야. 신재생 에너지처럼 거대 담론과 관련된 회사들에 투자해서 돈을 버는 건 생각보다 쉬울 수도 있어. 해당 분야가 성장할 거라는 확신만 있으면 해당 분야의 1위 기업을 사서 성장을 기다리기만 하면 되거든. 기다림의 시간이 조금 길 수도 있지만, 성장하기만 하면 주가는 확실하게 오를 거야. 좀 더 빠르게 성장할 수 있는 회사를 찾으면 수익률이 좀 더 높아지겠지만 그렇지 않더라도 해당 분야의 1위 기업을 사서 성장을 기다리면 되니까 인내심만 있으면 확실하게 성공할 수 있는 투자가 되겠지.

우리나라 회사 중에도 태양광, 해상풍력, 수소와 관련한 세계적인 회사들이 있단다. 태양광 발전에 사용하는 폴리실리콘이라는 재료를 만드는 OCI와 태양광 발전 모듈을 만드는 한화큐셀의 모회사인 한화솔루션이나 현대에너지솔루션 같은 회사가 있고, 해상풍력 타워 세계 1위인 씨에스윈드나 해상풍력 하부구조물을 만드는 삼강엠엔티 같은 회사가 있지. 수소 산업과 관련해서는 저장 용기 소재를 만드는 효성첨단소재나 수소전지를 만드는 두산퓨얼셀 같은 기업이 있어. 신재생 에너지 산업은 성장이 확실하기 때문에 해당 기업의 주식을 주가가 많이 내려갔을 때 사서 기다리면 높은 확률로 이익을 거둘 수 있어. 이것 또한 사람들 대부분이 알고 있는 사실이야.

투자와 관련된 아이디어는 무수히 많고 이걸 전부 다 발견할 필요도 없어. 좋은 아이디어 하나만 있으면 그걸로 충분한 이익을 얻을 수 있지. 아이디어는 관찰을 통해 얻을 수 있고. 하지만 정말 좋은 투자 아이디어는 자주 떠오르지 않아. 정말 좋은 아이디어를 얻기 위해선 많이, 그리고 열심히 관찰해야 한단다.

Must Know

좋은 투자 아이디어를 가지는 것만으로도 투자는 이미 절반쯤 성공한 셈이다.

좋은 투자 아이디어란 오늘보다 내일 더 좋아질 회사를 찾을 수 있는 아이디어이다.

투자 아이디어 검증하기

투자 아이디어가 떠올랐다면 그다음엔 그 아이디어가 맞는지 검증해야 해. 아이디어의 검증은 두 단계를 거치지. 첫 번째, 떠올린 아이디어가 맞는지 검증해야 해. 1999년 IT 버블 때 새롬기술이라는 회사의 주가가 엄청나게 오른 적이 있어. 새롬기술은 인터넷망을 이용해서 전화 통화를 할 수 있게 해주는 기술을 가진 회사였어.

당시만 해도 전화 요금을 내지 않고 통화를 할 수 있다는 건 획기적인 일이었고, 이걸 투자 아이디어로 수많은 투자자가 새롬기술에 투자했지. 새롬기술의 주가는 100배 넘게 치솟았고 시가총액이 전체 10위 안에 들어가기도 했어(이때 팔았으면 좋았을 텐데). 후에 그 기술은 그렇게 가치가 있는 게 아니란 사실이 밝혀졌고 주가는 사라졌다는 표현이 어울릴 정도로 내려갔지.

인터넷을 통해 전화한다는 투자 아이디어로 투자했다가 실패한 투자자는 투자 아이디어 검증을 잘못했다고 할 수 있겠지. 아이디어를 검증한 다음엔 투자 아이디어에 맞는 적당한 회사를 찾아서 그 회사가 투자할 만한 회사인지를 확인해봐야 해.

투자 아이디어는 처음부터 잘못된 아이디어를 떠올렸을 수도 있고, 기술의 발전이나 환경의 변화, 강력한 경쟁자의 등장 등 외부적인 이유로 인해 그 아이디어가 더 이상 유효하지 않아서 결과적으로 틀린 아이디어가 될 수도 있어. 그래서 아이디어의 검증이 중요하단다.

LED 조명 같은 경우가 좋은 예가 될 수 있겠지. LED 조명이 등장할 무렵에 모든 조명은 LED 조명으로 대체될 수밖에 없으니 LED 산업은 성장할 테고 LED 조명과 관련된 회사들이 수혜를 볼 거라는 투자 아이디어가 있었어. 실제로 형광등이나 백열등은 급속도로 LED 조명으로 대체되고 있어.

하지만 LED 조명과 관련된 회사의 주가가 산업의 성장과 함께 올랐는가 하면 그건 아니야. 산업이 성장함에 따라 경쟁 기업들이 급속도로 늘어나면서 기대했던 만큼 회사의 이익이 성장하지 못했거든. LED 조명 관련 제품을 만들던 회사 중엔 수익성이 떨어져 사라진 회사들도 많아. LED 산업은 성장했지만 거기 속한 기업들은 성장하기는커녕 오히려 퇴보했지.

LED 산업이 성장할 거라는 투자 아이디어는 맞았지만 경쟁이 심해질 거라는 상황을 예측하지 못해서 실패한 아이디어가 되고 만 거야. 이런 경우는 산업 환경에 대한 검증을 제대로 못 한 탓에 실패했다고 할 수 있지.

아이디어는 맞았더라도 아이디어 크기가 작아 생각만큼 효과가 없을 수도 있어. 예를 들어 최근 LG전자에서 새로 판매하기 시작한 스타일러는 기존에 없던 시장을 만들어낸 혁신적인 제품이고 소비자들에게 큰 호응을 끌어내는 데 성공했어. 스타일러가 인기 있고 많이 팔리는 걸 보고 LG전자 주식을 산 투자자가 있다고 해보자. 그 투자자는 돈을 벌 수 있을까?

돈을 벌 수도 있겠지. 하지만 그 투자자가 돈을 벌었다고 해도 아마 '스타일러가 많이 팔려서 주가가 오를 것이다'라는 아이디어 덕분에 주가가 오른 게 아닐 가능성이 높아. 주가가 올랐다면 아마도 다른 이유 때문일 거야. LG전자는 아주 큰 회사고, LG전자에서 파는 제품은 종류가 아주 많아. TV, 냉장고, 세탁기, 에어컨 등 거의 모든 가전을 만들어 팔지. 스타일러는 없던 시장을 만들어낸 제품이지만 총매출에서 큰 비중을 차지하진 않아. 스타일러가 많이 팔리면 매출과 순익에 이바지하겠지. 그렇다고 LG전자의 주가가 오를 수 있을까? 아닐 거야. 스타일러는 LG전자 전체 매출이나 이익에 미치는 영향이 크지 않거든.

어떤 제품이 인기가 있는 걸 보고 투자 아이디어로 삼는 건 좋은 투자방법이지만 그 제품이 얼마나 많이 팔릴 수 있고 회사의 매출과 이익에 얼마나 영향을 미치는지에 대해 검증해보지 않으면 그 아이디어는 틀린 아이디어가 될 수 있단다. 애초에 아이디어 자체가 틀린 경우도 있을 거야. 투자 아이디어에서 중요한 건 논리야. 안 그러면 투자 아이디어가 맞는지 틀리는지 검증해볼 수 없거든. 그래서 논리 없이 느낌만 있는 아이디어는 틀린 투자 아이디어가 되는 경우가 대부분이야.

엄청나게 히트한 상품이 나오면 나중에 그와 비슷한 상품이 나오는 경우 시장에선 '제2의 ○○'라고 불러. 대부분 '제2의 ○○'는 실패해. '허니버터칩'이 엄청나게 히트하고, 그 후에 나온 많은 과자가 '제2의 허니버터칩'이라 불렸지만, 그중에 허니버터칩만큼 히트한 제품은 없어.

하나의 히트 상품을 내기도 어려운데 연달아 히트 상품을 내기는 더 어려운 일이겠지. 하지만 어떤 히트 상품을 낸 회사가 그다음 상품을 출시할 때 시장에서는 주목하고 기대하는 경우가 많아. 그런데 이런 기대감을 아이디어 삼아 투자하면 대부분의 경우 실패해.

허니버터칩 같은 제품뿐만 아니라, 기획사나 게임 회사에도 해당되는 얘기야. 엄청난 히트를 친 기획사에서 후속 아이돌을 발표(방탄소년단 다음에 데뷔한 투모로우바이투게더)하거나 게임회사에서 후속작을 출시(배틀그라운드의 후속작인 배틀그라운드 : 뉴스테이트)하면 투자자들은 기대를 많이 해서 주가가 올라가는 경우가 많지만, 기대만큼 히트하는 경우가 별로 없기 때문에 투자에 성공하기는 쉽지 않아. 히트 상품을 만든 회사의 후속작이 전작만큼 인기를 끌 거라는 투자 아이디어가 틀려서 실패한 투자가 되는 거지.

다른 경우로 투자 아이디어를 잘못 떠올리기도 하지. 내 투자 아이디어가 아니라 주변 사람이 하는 얘기만 듣고 투자하면 그 아이디어가 틀렸는지 아닌지 검증하기 어려워서 실패하는 경우가 많아. 어떤 회사가 인수 합병을 진행한다든지, 어떤 회사가 성공만 하면 대박인 기술을 개발했다든지, 아니면 외국과 엄청난 규모의 계약이나 수주를 했다든지 등의 아이디어 말이야. 예를 들어 어떤 회사가 애플이나 테슬라에 납품한다는 뉴스가 나오면 주가가 급등하는 경우가 많은데, 이런 소문을 듣고 투자해서 성공하기는 쉽지 않아.

이런 투자를 정보 매매라고 부르는데, 이것 또한 투자 아이디어로 매매하는 거야. 하지만 실패할 확률이 높아. 그 아이디어가 자신이 발견한 사실이 아니라 누구한테 들은 정보를 아이디어 삼아 주식을 사고팔기 때문이지. 이런 방식의 투자가 지닌 문제점은 수도 없이 많단다. 우선 이 정보가 맞는지 틀렸는지를 검증할 방법이 없어. 정보가 사실이 아닌 걸로 밝혀지는 경우도 많아. 정보가 틀렸다면 주가는 오를 수 없지. 오히려 주가가 내려가 손해를 볼 가능성이 더 높아.

만일 정확한 정보라고 해도 정보가 나온 이후 기대한 대로 주가가 움직이는가는 다른 문제야. '소문에 사서 뉴스에 팔라'라는 말이 있어. 나보다 먼저 정보를 접한 사람들이 미리 주식을 잔뜩 사놓고 뉴스가 나와서 주가가 오르면 가진 주식을 다 팔아버려. 그래서 뉴스가 나오고 주가가 급락하지. 이렇게 되면 정보가 정확했어도 돈은 잃게 돼.

돈을 벌었다고 해도 문제점은 또 있어. 워런 버핏이 주식투자 원칙에 대해 이런 말을 했단다.

첫째, 절대 돈을 잃지 마라.
둘째, 첫 번째 원칙을 반드시 지켜라.

주식투자는 돈을 벌기 위해 하지만 그러기 위한 전제 조건은 돈을 잃지 않아야 해. 정보 매매를 아이디어 삼아 주식투자를 하면 한두 번 이익을 얻을 수도 있지. 하지만 계속 그런 방식으로 성공할 수 있을까? 아마 안 될 거야. 주식투자는 100미터 달리기가 아니라 마라톤이란다. 당장 이익을 거두는 것도 중요하지만, 더 중요한 건 지속해서 이익을 거둘 수 있는지야. 한두 번 성공했다고 해도 그 후에 지속해서 손실을 보면 아무 의미가 없어.

돈을 벌기 위해선 투자 아이디어가 중요하지만 돈을 잃지 않기 위해선 아이디어 검증이 중요해. 검증된 아이디어는 틀린 확률이 확 줄어들거든. 정보를 아이디어 삼아 투자하면 검증이 불가능해서 정보를 아이디어 삼아 하는 투자하는 방식으로 주식투자하면 장기적으로 실패할 수밖에 없단다.

Must Know

검증하지 않은 아이디어로 투자하는 건 살얼음 위에서 스케이트를 타는 것과 같다.
운이 좋다면 무사히 탈 수 있겠지만, 물에 빠져 죽게 될 수도 있다.

실전! 아이디어 검증

실제 사례를 들어 아이디어 검증을 해볼게. 외국 여행을 갔다가 마트 진열대에 우리나라 라면이 가득한 걸 보고 우리나라 라면 회사 중 하나에 투자하기로 했다고 치자. 그럼 우선 실제로 우리나라 라면 수출이 늘고 있는지, 늘어나고 있다면 얼마나 늘어나고 있는지를 살펴봐야겠지. 실제로 라면 수출이 늘어나고 있는 걸 확인했다면 라면 회사 중 어떤 회사에 투자할지를 고민해봐야 해.

우리나라 라면회사는 신라면과 짜파게티를 만드는 농심, 진라면을 만드는 오뚜기, 불닭볶음면을 만드는 삼양식품이 대표적이지. 이 회사 중 어느 회사에 투자하면 좋을까? 투자 아이디어는 라면 수출이 잘되니 라면 회사에 투자하자는 거잖아. 두 가지 포인트가 있겠지.

첫 번째, 라면 회사 중 수출 비중이 높은 회사
두 번째, 수출(매출)이 급격히 늘어나고 있는 회사

실제로 세 회사의 매출을 살펴보자.

농심						(단위 : 백만 원)
사업 부문	매출 유형	품목		제58기	제57기	제56기
식품 제조	제품	라면	내수	1,943,934	1,975,055	1,688,733
			수출	141,972	111,761 (6.8%)	105,264
			합계	2,085,906	2,086,816	1,793,997

| 오뚜기 | | | | (단위 : 백만 원) |

구분	제51(당)기		제50(전)기	
	3개월	누적	3개월	누적
국내	622,697,571	2,465,406,771	573,264,833	2,354,945,942
해외	69,603,149	273,630,088	54,882,828 (10%)	240,934,970
합계	692,300,720	2,739,036,859	628,147,661	2,595,880,912

| 삼양식품 | | | | (단위 : 백만 원) |

품목		제61기	제60기	제59기
면스낵	수출	385,743	360,591	268,720
	내수	240,344	254,178 (38.3%)	244,199
	합계	626,087	614,769	512,919

　셋 중 어느 회사에 투자해야 할까? 라면 수출이 잘되고 있다는 아이디어로 투자하기로 했잖아. 그럼 우선 수출이 늘고 있는지를 봐야겠지. 농심과 오뚜기는 수출이 늘어났지만, 삼양은 수출이 줄었으니 농심이나 오뚜기에 투자해야 할 것 같지만, 나라면 삼양식품에 투자할 거 같아. 매출 중 수출 비중을 살펴보자. 작년 매출 대비 수출의 비중이 농심은 6.8%, 오뚜기는 10%, 삼양식품은 38.3%야. 수출 비중이 가장 높은 건 삼양식품이니 라면 수출이 늘어나면 가장 큰 수혜를 보겠지. 하지만 재작년에 비해 작년에 수출이 좀 줄어든 게 마음에 걸리겠지. 그러니 수출이 왜 줄었는지 살펴봐야 해.

　또 살펴봐야 하는 게 있어. 앞서 말한 LG전자의 스타일러의 경우처럼 해당 제품, 이 경우 면제품이 그 회사에 얼마나 비중을 차지하는지도 중요해. 한번 살펴볼까?

| 농심

품목	용도	주요 상표	매출액	비율(%)
라면	주식 및 간식용	신라면, 안성탕면 외	2,085,906원	78.3%

| 오뚜기

(단위 : 백만 원)

구분	당기	비율
건조식품류	343,639,971	12.5%
양념소스류	396,096,665	14.4%
유지류	442,771,834	16.1%
면제품류	699,053,437	25.5%
농수산 가공품류	381,410,328	13.9%
기타	476,064,624	17.3%
합계	2,739,036,859	99.7%

| 삼양식품

(단위 : 백만 원)

품목	용도	매출액	비율(%)
면스낵	주식 및 간식	626,087	97.52%

농심은 면제품 매출 비중이 78%, 오뚜기는 25.5%, 삼양식품은 97.52%야. 농심이나 삼양식품에 비해 오뚜기는 면제품 비중이 작으니 라면 때문에 투자를 결정했다면 오뚜기보다는 농심이나 삼양식품에 투자해야겠지. 그리고 농심보다 삼양식품의 라면 매출 비중이

더 높으니 삼양식품에 투자해야겠다는 판단이 설 거야.

그렇긴 한데 농심은 라면으로 한정 지은 매출이지만 삼양식품은 면스낵이라고 되어 있는 걸 보면, 라면 외에도 짱구나 뽀빠이 같은 과자류 매출이 포함된 듯해. 그러니 과자의 비중이 얼마나 되는지도 살펴봐야 해.

지금 하는 이야기가 앞에서 언급한 회사의 주식을 사라는 의미가 아닌 건 알지? 혹시나 걱정돼서 말이야. 이해를 돕기 위한 예시일 뿐이란다.

또 하나 점검해봐야 할 게 거래량이야. 주가와 이익의 관계는 산책하러 나간 개와 주인의 관계와 비슷하다고 했지? 개는 주인보다 앞서 갈 때도 있지만, 뒤처질 때도 있잖아. 그래도 결국 집에 돌아올 때는 개와 주인은 함께 돌아오지. 이익은 늘어나는데 주가는 오르지 않을 때도 있고, 이익은 줄어들고 있는데 주가가 오를 때도 있지만, 결국 주가와 이익은 함께 가. 내 투자 아이디어가 맞다면 끝내 주가는 오르지만, 오르는 데 걸리는 시간은 짧을수록 좋겠지.

회사 상황은 좋아지고 있는데 주가는 오르지 않는 주식을 '소외주'라고 불러. 소외된 주식에 투자하면 언젠가 이익을 볼 수도 있지만 기다리는 기간이 너무 길어지면 그 주식에 계속 투자하기도 힘들고, 투자 기간 대비 이익률도 줄어들 수밖에 없단다. 그러니 이왕이면 투자자들의 관심이 늘어나는 회사를 찾는 게 더욱 좋지.

다른 투자자들이 얼마나 이 회사에 관심이 있는지 아는 방법은 주식 거래량을 점검하는 거야. 거래량이 늘어나는 주식은 대개 투자자들의 관심이 늘고 있다고 볼 수 있고, 거래량이 줄어드는 주식은 투자자들의 관심이 줄어들고 있다고 봐도 무방하지.

모든 투자자가 같은 아이디어로 투자를 하는 건 아니라서 내 투자 아이디어에 얼마나 관심이 있는지를 알 수 없지만, 최소한 내 투자 아이디어가 해당되는 회사에 다른 투자자들이 얼마나 관심이 있는지는 알 수 있으니 거래량도 확인해보는 게 좋단다. 또, 네이버 같은 곳에서 검색어 트렌드를 점검해보는 것도 좋은 방법이야. 검색량이 늘어난다는 건 관심이 늘고 있다는 얘기잖아. 때에 따라 다르지만 이 정도 사실을 확인하면 아이디어 검증은 대강 끝났다고 할 수 있단다.

아이디어 검증이 끝나면, 이제 주식을 사도 되는 걸까? '물론이야. 주식을 사서 오를 때까지 기다리기만 하면 돈을 벌 수 있어!'라고 말하면 좋겠지만, 주식투자라는 게 이렇게 간단하지 않아. 이게 뭐가 간단하냐고 생각할 수도 있겠지만 앞에 얘기한 검증하는 데 걸리는 시간을 생각해봐. 기껏해야 30분 정도? 길어도 1시간 이상 걸리지는 않을 거야. 2023년 기준 우리나라 시간당 최저임금이 1만 원이 안 된다는 사실과 이 투자를 통해 얼마나 벌 수 있는지를 생각해보면 이만저만 남는 장사잖아.

하지만 세상에 돈 벌기가 쉬울 리 없지. 아직 할 일이 많이 남았단다. 사실 남아 있다기보다는 이제 시작이라고 하는 게 맞겠지. 지금까지 한 건 아주 기초적인 조사야. 영화로 치면 제목이 나오기 전까지 짧은 도입부가 나온 거라고 해야 할까? 아이디어가 제일 중요한 건 맞지만 아이디어만으로 투자하는 건 시동 거는 법을 익혔다며 바로 운전하겠다는 거나 마찬가지니까, 주의 또 주의!

지금까진 주식투자가 뭔지, 왜 해야 하는지 이야기했다면, 지금부턴 주식투자를 할 때 알아야 하는 것들에 관해서 이야기할게.

Must Know

아이디어 검증은 두 단계로 이루어진다.
첫째는 아이디어 자체의 옳고 그름을 검증하는 것이고, 그다음에는 투자하려는 회사가 그 아이디어에 부합하는 회사인지를 검증하는 일이다.

4장

주식투자 3대 관리

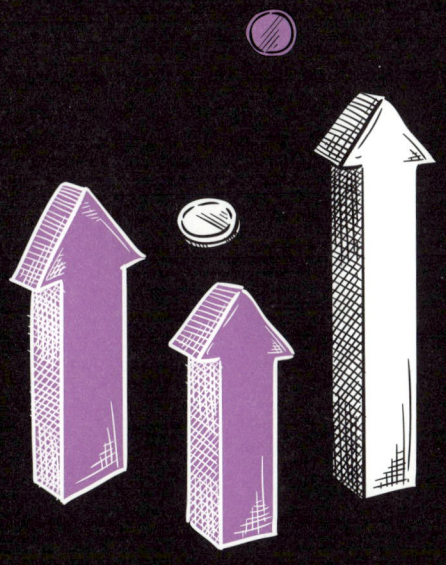

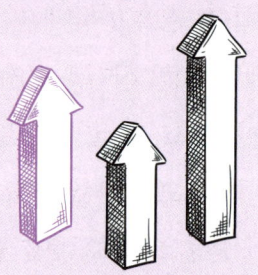

종목관리

주식투자는 쉽지만 어렵단다. 쉽지만 어렵다니, 이게 무슨 말인가 싶을 거야. 주식투자를 할 때 우리가 할 수 있는 일은 두 가지뿐이란다. 주식을 사거나 팔 수 있을 뿐이지. 하나가 더 있다면 가만히 있는 거야. 사놓고 가만히 있거나 사지 않고 가만히 있는 거지.

오를 거 같으면 사면 되고, 떨어질 거 같으면 팔면 돼. 단순하지. 단순하다는 게 쉽다는 말은 아니야. 많은 사람이 이 두 가지를 혼동하기 때문에 주식투자를 쉽게 생각해서 준비 없이 시작했다가 돈을 잃고 시장을 떠난단다.

주식투자는 동전 던지기 같은 거야. 동전을 던지면 앞면이 나오거나 뒷면이 나오거나 옆으로 서는 세 가지 경우가 있잖아. 주식도 그래. 오르거나 떨어지거나 그대로거나. 세 가지 경우밖에 없어. 동전이 옆으로 서는 경우가 거의 없는 것처럼 주식투자를 할 때도 주가가 산 가격 그대로인 경우는 거의 없으니 그 경우는 빼놓고 생각해도 돼.

동전 던지기가 앞면이냐 뒷면이냐를 맞추는 것처럼 주식투자는 오르느냐 떨어지느냐를 맞추는 게임이야. 동전 던지기에서 이길 확률은 50%지. 둘 중 하나를 찍어서 맞추면 되니까. 주식투자도 아무런 준비나 공부 없이 시작하면 확률은 50%겠지. 이런 식의 투자는 투자가 아니라 도박이란다. 도박이 아닌 투자를 하고 싶은 사람이라면, 수영이나 운전이나 자전거를 타는 것처럼 필요한 지식을 쌓고 연습하면 돼.

무슨 지식을 쌓고 어떤 연습을 하면 좋을까? 주식투자라고 하면 사람들은 일반적으로 어떤 회사 주식을 사느냐 파느냐에만 집중하는 경향이 있어. 물론 어떤 회사 주식을 사야 하는지 고르는 일은 중요해. 하지만 이게 제일 중요한 일이라고 단언하기는 어렵단다.

사실 주식투자를 공부할 때 가장 마지막에 공부해도 되는 게 '어떤 회사 주식을 고를까?'일 수도 있지. 어떤 회사 주식을 살지 결정하는 걸 '종목관리'라고 부르는데 주식투자를 하는 사람 대부분이 종목관리에만 집중하고 다른 관리는 있는지조차 모르는 경우가 많아. 그런데 종목관리만큼 중요하고 때에 따라서는 종목관리 이상으로 중요한 게 있는데 보통 개인 투자자들은 그런 게 있는지조차 모르지.

종목관리 말고 다른 관리는 무엇이 있을까? 심리관리와 자본관리가 있단다. 종목관리, 심리관리, 자본관리, 이 세 가지를 합쳐 '주식투자의 3대 관리'라고 불러. 종목관리는 알기 쉽지. 보통 사람들이 주식투자를 한다고 하면 종목 관리만 하는 경우가 대부분이고. 종목을 잘 고르면 한두 번은 돈을 벌 수도 있지만 장기간 지속해서 이익을 거두려면 심리관리와 자본관리를 반드시 알아야 해. 심리관리와 자본관리도 개념은 간단해.

심리관리

심리관리는 자기 심리를 관리하는 거야. 이게 그렇게 중요한 일인가? 따로 얘기해야 하는 일인가? 그냥 자기 마음을 잘 다스리면 되는 거 아닌가 싶을 수도 있을 거야. 그런데 절대 그렇지 않아.

우리는 이성적 존재이기 이전에 감정적인 존재야. 얼핏 생각하면 우리가 이성적인 판단으로 움직인다고 생각하기 쉽지만, 그보다는 감정과 충동으로 움직이는 경우가 대부분이지. 사람 대부분은 해야 하는 일보다 하고 싶은 일을 먼저 하잖아. 해야 하는 일은 하지 않으면 안 되는 시점까지 미루는 경향이 있지. 주식투자를 할 때도 우리를 움직이는 건 탐욕과 공포야. 그래서 주가가 너무 올라서 팔아야 할 때 탐욕에 사로잡혀 주식을 사기도 하고, 주가가 폭락해서 주식을 마구 사들여도 될 만큼 주가가 쌀 때 공포에 휩싸여 매도 버튼을 누르기도 해. 우리의 판단은 이성적일 수 있지만 우리의 행동은 감정에 지배받기 때문에 이런 행동을 하지. 감정에 사로잡혀 결정을 내릴 때 우리는 왕왕 그 순간에 제일 하면 안 되는 최악의 선택을 하곤 해.

시간이 지나서 돌아보면 몸에 기름을 뿌리고 불로 뛰어드는 행동처럼 그때 대체 왜 그런 선택을 했는지 전혀 이해가 되지 않는 어이없는 일을 벌이는 경우가 있어. 사람들이 비이성적인 행동을 하는 건 일일이 나열하기 어려울 정도로 많아. 전쟁은 사람들이 하는 대표적인 어리석은 행동이지. 자신은 어리석은 행동을 하지 않는다고 생각할 수도 있어. 하지만 자기 자신이 그렇지 않다고 생각하는 사람일수록 해서는 안 되는 선택을 하는 경우가 많단다.

사람은 누구나 실수해. 실수하지 않는 사람은 없지. 주식투자를 할 때도 수없이 많이 실수하지. 실수하는 건 피할 수 없지만 훈련하기에 따라서 실수하는 경우를 줄일 수 있어. 인간이 실수하는 건 대부분 기쁨, 공포, 환희, 슬픔, 분노 같은 감정 때문이야. 실수를 줄이기 위해선 우선 내가 언제든 감정에 사로잡혀 잘못된 선택을 할 수 있음을 인정해야 한단다. 심리관리의 시작은 이것이야.

심리관리는 우리가 주식투자를 하면서 공포나 탐욕에 사로잡혀 잘못된 판단과 행동을 하지 않도록 자신의 심리 상태를 관리하는 거야. 심리관리를 하려면 제일 먼저 내가 매번 이성적인 판단을 할 수 없으며, 극단적인 상황이 될수록 잘못된 판단을 할 확률이 비약적으로 높아진다는 사실을 인정해야 해.

평소에 밥을 먹거나 잠을 자거나 화장실을 가거나 친구를 만나 얘기할 때, 잘못된 판단을 하거나 공포 또는 탐욕에 사로잡혀 이상한 선택을 하는 사람은 거의 없어. 우리가 잘못된 판단이나 선택을 하는 건 일상적이지 않은 일이나 급박한 일이 벌어졌을 때가 대부분이지. 왜 급박한 상황이 되면 우리는 잘못된 판단을 할까?

행동경제학자 대니얼 카너먼은 시스템 1과 시스템 2라는 말로 이 현상을 설명했지. 인간이 결정을 내리는 메커니즘은 한 가지가 아니라 두 가지가 있는데, 하나는 별도로 에너지를 사용하지 않고 즉각적, 자동으로 판단하고 결정하는 메커니즘이지. 이걸 '시스템 1'이라고 해. 예를 들면, 우리가 누군가의 표정을 봤을 때 그 사람이 화가 났는지 기분이 좋은지 슬픈지를 바로 알 수 있잖아. 이건 시스템 1이 개입한 의사결정이야.

하지만 157+213 같은 수식을 보고 답을 구할 때나 컴퓨터 프로그램 코딩을 할 때 또는 글을 쓸 때는, 그가 어떤 기분인지 표정을 보고 아는 것처럼 바로 알 수 있는 게 아니라 생각하는 과정을 거쳐야 하잖아. 이런 과정에 우리가 사용하는 시스템을 '시스템 2'라고 해.

시스템 1을 통해 판단하고 결정하는 과정과 시스템 2를 통해 판단하고 결정하는 과정은 분명히 달라. 하지만 시스템 2를 이용하는 일도 반복적인 훈련을 통해 시스템 1이 개입해 실행하도록 만들 수도 있어. 운동이나 악기 연습이 시스템 2가 개입하는 과정을 시스템 1이 개입하도록 만드는 대표적인 예지. 스키를 타거나 수영을 처음 시작하면 팔과 다리는 어떻게 움직일지, 자세는 어떻게 해야 할지 같은 걸 생각하면서 하잖아. 하지만 반복 훈련을 통해 그 동작을 하는 데 익숙해지면 수행하는 과정을 고민하거나 생각하지 않아도 자연스럽게 할 수 있지. 이런 게 시스템 2로 처리하던 과정이 시스템 1로 처리하는 과정으로 넘어간 거라고 할 수 있단다.

인간이 문제를 처리하는 과정이 왜 두 개로 나뉘었는지 정확히 알 수는 없지만, 아마 진화 과정에서 이런 식으로 뇌가 문제를 처리하는 것이 효율적이고 생존에 유리했기 때문이라고 짐작돼. 어떤 문제는 생각하는 과정을 거치면 이미 늦어서 우선 실행부터 해야 할 때가 있어. 불이 났다거나 짐승이 습격했을 때 불이 얼마나 크게 났는지 저 짐승이 얼마나 위험한 동물인지 판단하기보다는 우선 도망부터 치는 게 살아남는 데 유리하잖아. 이럴 때는 시스템 1이 효율적이겠지. 반면 그림을 그리거나 요리할 때, 농사를 짓거나 낚시할 때는 빠르게 행동하는 것보다 천천히 행동하더라도 효과적인 선택이 어떤 건지를 고민해서 실행하는 편이 더 좋겠지. 이럴 때는 시스템 2를 사용하는 게 더 나을 거야.

또 우리의 뇌는 어떤 일을 처리할 때 가능한 에너지를 덜 소모해서 일을 처리하는 쪽으로 진화했어. 시스템 2는 시스템 1보다 많은 에너지를 사용해. 그래서 우리 뇌는 시스템2를 사용하는 것보다 시스템 1을 사용하는 편을 더 선호하지. 그래서 시스템 1로 처리할 수 있는 일은 굳이 시스템 2를 사용하지 않고 처리하도록 만들어졌지. 처음에는 처리 과정이 복잡해서 시스템 2를 사용했던 일도 자꾸 하다 보면 능숙해지면 시스템 1을 사용해 처리하게 돼.

이는 우리 뇌가 효율적인 일 처리를 추구하는 것과 관련이 있을 거야. 자동차 운전 같은 일도 처음에는 시스템 2를 사용해야 하지만 익숙해지면 시스템 1로 처리하게 되지. 이는 우리 뇌가 어떤 일에 능숙해지면 에너지 소모가 적어지도록 만들어졌다는 것을 의미한단다. TV 프로그램 〈생활의 달인〉에 나오는 달인은 보통 사람이 시스템 2를 처리해서 하는 일을 오랫동안 해서 시스템 1로 처리할 수 있게 만들어 에너지 소모량을 극적으로 줄인 사람이라고 할 수 있지.

우리 뇌는 어떤 일을 처리할 때 당장 해야 하는 급박한 일이나 처리 과정이 복잡하지 않은 단순한 일은 시스템 1을 사용해서 처리하고, 정보량이 많고 천천히 해도 되는 일은 시스템 2를 사용해서 처리해. 시스템 1을 사용해서 처리해야 하는 일들은 대체로

① 공포 같은 원초적 감정을 자극하고
② 해결방법이 단순한 경우가 대부분이고

시스템 2를 사용해서 처리해야 하는 일들은 수학 문제처럼

① 감정적인 자극이 적고
② 문제를 해결하는 데 선택지가 정해져 있지 않고, 해결방법이 복잡하고 어려운 경우가 많단다.

짐승을 만났을 때는 도망갈지 말지만 정하면 되지만 바둑을 둘 때 어디에 둬야 하는지를 결정하는 데는 수백 가지 선택지가 있을 수 있잖아. 그래서 우리는 대부분 감정적인 자극을 받는 경우 시스템 1을 통해 해결하고, 문제를 분석하고 해결해야 하는 경우엔 시스템 2를 통해 문제를 해결한단다.

우리는 급박한 상황이라고 느끼면 시스템 1을 사용하는데, 현대 사회는 원시 시대와 달라서 의사결정을 할 때 시스템 2를 사용해야

하는 경우가 대부분이지. 그런데 우리 뇌가 시스템 1을 사용해야 하는 상황으로 착각해서 시스템 1을 사용한 의사결정을 하면 잘못된 판단을 하게 되는 거란다.

주식투자를 할 때는 시스템 1이 작동하지 않도록 해야 하고 모든 의사결정을 시스템 2만 사용해야 해. 시스템1이 작동하지 않게 하려면 제일 중요한 건 시스템 1이 가동되지 않는 상황을 만들어야 한다는 거야.

주식투자를 할 때 주가가 급등하거나 폭락하면 우리는 감정적으로 엄청나게 기뻐하거나 크게 낙담하겠지. 감정적인 자극을 받으면 어떤 시스템이 먼저 작동한다고 했지? 시스템 1이 작동하지. 주식투자는 겉으로 보기에는 사고파는 게 전부라 우리 뇌가 시스템 1을 사용해서 해결할 수 있는 문제라고 착각하도록 만들어.

그래서 심리관리를 훈련하지 않은 투자자들은 주식투자를 할 때 시스템 1을 사용해 판단하고 행동하지. 가지고 있는 주식이 급등하면 혹시 다시 떨어질까 하는 두려움에 사로잡혀 팔지 말아야 할 주식을 파는 경우도 있고, 주가가 폭락했을 때는 멀쩡하게 사업이 잘되고 있는 회사가 망하고 주식이 휴지 조각이 될지도 모른다는 두려움에 사로잡혀 가진 주식을 터무니없이 싼 가격에 내던지고 나중에 후회한단다.

'나는 다를 거야'라고 생각하는 사람이 있다면 주식투자를 그만두거나 생각을 바꿔야 해. 인간은 다 비슷해. 아주 소수는 특별히 다른 사람도 있겠지만, 사람 대부분은 어떤 상황에 부닥쳤을 때 비슷하게 생각하고 행동해. 따라서 훈련하지 않은 사람 대부분은 주식투자를 하면서 시스템 1을 주로 사용하지.

주식투자는 반드시 시스템 2를 사용해야만 하는 행위야. 고도의 판단력을 발휘하고, 가능한 감정을 배제한 이성적인 선택을 해야 해. 주식투자를 하면서 시스템 1을 사용해 판단 및 선택을 하고 행동하면 실패할 확률이 높아지기 때문에, 심리관리를 통해 시스템 1이 발동되지 않고 시스템 2를 사용해 판단하고 선택하고 행동할 수 있도록 해야 한단다.

심리관리 방법

그렇다면 심리관리는 어떻게 하는 걸까? 심리관리라고 하면 명상이나 요가처럼 마음을 평안하게 다스리는 방법을 익히는 특별한 요령과 훈련법이 있는 것처럼 느껴지겠지만 안타깝게도 심리관리는 그보다는 훨씬 더 재미없고 지루한 일이란다.

우리가 역사를 공부하는 이유는 과거에 벌어졌던 일들을 공부해서 현재 벌어지고 있는 일과 미래에 벌어질 일들에 대비하고 대처하기 위해서잖아. 과거에 벌어졌던 일들이 똑같이 벌어지지는 않지만 비슷한 일이 벌어지는 경우가 많으므로 과거의 일을 공부하면 좀 더 현명하게 대처할 수 있어.

1997년에 우리나라 정부는 외환 보유고 부족으로 인해 IMF International Monetary Fund에 구제금융을 신청했지. 1997년 외환위기라고도 부르고 IMF 사태라고도 부르는 이 일은 외환, 정확히는 달러 보유액이 부족했기 때문에 벌어졌단다.

우리나라는 외국에서 원재료를 사다가 물건을 만들어 파는 가공무역을 하는 나라야. 또 석유 같은 에너지 원료가 나지 않기 때문에 외국에서 사다 써야 하지. 외국에서 원재료와 에너지원을 사 오려면 달러가 필요해.

그런데 달러가 부족했던 거야. 당연히 난리가 났고, 우리나라 정부는 IMF에 돈을 빌려달라고 했어. IMF에서 돈을 빌리면 IMF가 원하는 대로 경제구조를 개편해야 해. 경제구조 개편은 돈을 빌리는 나라가 원하지 않는 방향으로 이뤄지지 않는 경우가 많아.

IMF에서 돈을 빌려 어렵사리 당장 위기에서 벗어나기는 했지만, 그 과정에서 수많은 기업이 망하고 많은 국민이 고통받았어. 실업자가 넘쳐나고 길거리에 노숙자가 엄청나게 늘어났지. 1980~1990년대에 우리나라는 고속 성장을 했지만, 그 성장에 취해 내실을 다지는 데는 별로 신경을 쓰지 않았어. 외화가 부족할 때 어떤 일이 벌어지는지에 대한 고민이 부족했지. 달러가 부족해서 이대로 나라가 망하는 게 아닌가 싶을 정도로 난리가 났고 국민 대부분이 고통받았지.

그 후로 우리나라 정부는 항상 외환보유고를 유지하는 데 신경 쓰고 있어. 2008년 부동산발 금융위기가 왔을 때 잘 넘어갈 수 있었던 것도 IMF 사태에서 잘 배웠기 때문이지. 심리관리를 하는 데는 과거에 벌어진 일을 아는 게 중요하단다. 한번 경험했던 일은 좀 더 침착하게 대처할 수 있기 때문이지.

지진이나 화재 같은 상황을 가정해 민방위 훈련을 하는 것도 시스템 1대신 2가 작동하도록 만들기 위해서라고 할 수 있지. 직접 경험하지 못한 일이라도 책이나 영화, 소설 등을 통해 간접적으로 경험했다면 전혀 모르는 일보단 훨씬 더 잘 대처할 수 있을 거야. 어떤 일이 벌어지고 어떻게 전개되고 어떤 방법으로 해결했는지를 아는 것만으로 시스템 1 대신에 시스템 2를 사용해 판단하고 선택할 수 있단다.

경제학에서는 인간을 합리적인 존재라고 가정해. 하지만 알다시피 우리는 합리적이기만 한 존재는 아니야. 어떤 때는 합리적으로 판단하고 행동하지만 어떤 때는 대체 왜 그럴까 싶은 생각이 들 정도로 비합리적으로 행동하지. 인간은 이성적인 동시에 감정적인 존재이기 때문이야.

보고 싶던 뮤지컬 표를 구한 두 사람이 있다고 치자. 성삼문 씨는 정가인 20만 원을 주고 표를 샀고, 신숙주 씨는 아는 사람에게 표를 선물 받았지. 공연 날이 됐는데 태풍이 와서 비바람이 엄청나게 심해졌기 때문에 공연을 가기가 어려울 지경이 됐어. 뮤지컬을 보고 싶어 하는 두 사람의 마음이 원래는 비슷했다고 가정하면 둘 중에 누가 더 공연에 가려는 의지가 강할까?

합리적으로 생각해보면 얻은 표와 산 표의 가치는 같아. 그러니 공연에 가려는 의지도 비슷해야 해. 하지만 우리 대부분은 그런 식으로 생각하지 않아. 보통은 성삼문 씨를 고를 거야. 성삼문 씨는 표를 자기 돈을 주고 샀고, 신숙주 씨는 누군가에게 공짜로 얻은 표이기 때문이지. 돈을 낸(=대가를 치른) 사람의 의지가 더 강한 게 대부분이야. 우리의 의지가 우리의 행동에 영향을 받기 때문에 벌어지는 일이지.

주식투자를 하면서 우리가 가장 자주 경험하는 비합리적인 심리 상태를 '앵커링Anchoring'이라고 한단다. 어떤 결정을 할 때는 기준이 필요한데, 이 기준을 초기에 제시된 조건으로 삼는 경향을 일컫는 말이지.

예를 들면, 어떤 사람에게 아무 물건이나 보여주면서 이것의 가격은 '5천 원보다 높을까요? 아니면 낮을까요?'라고 물어본 후 커피 가격을 물어봤을 때와 '1만 원보다 높을까요? 낮을까요?'라고 물어본 후 커피의 가격을 물어봤을 때 대답에 차이가 있단다. 5천 원 질문을 받은 사람과 1만 원 질문을 받은 사람이 예상하는 가격은 각각 5천 원과 1만 원에 가까운 경향을 보이는데, 이건 답하는 사람이 첫 질문에 영향을 받기 때문이지.

이처럼 배가 닻에 묶이듯 우리의 심리가 어딘가에 묶인 채 생각하게 되는 걸 앵커링이라고 한단다. 이때 '어딘가'는 우리가 제일 처음에 접하는 조건인 경우가 많아. 알에서 깬 오리가 제일 처음에 본 생물을 어미라고 인식하는 것과 비슷한 현상이지.

서로 아무 관계도 없는 별도의 사건이라도 앵커링되는 경우가 많아. 두 개의 집단 중 한 집단에는 1억 원짜리 수표를 보여주고 다른 집단에는 아무것도 보여주지 않은 후 물건의 가격을 물어보면, 1억 원짜리 수표를 보여준 집단이 제출하는 평균 가격이 아무것도 보여주지 않은 집단보다 높은 경향을 보인단다. 1억 원짜리 수표와 물건의 가격은 아무 상관이 없음에도 불구하고 수표를 봤기 때문에 영향을 받은 거지.

성삼문 씨와 신숙주 씨의 뮤지컬 표 애기도 앵커링의 일종이지. 표의 가치를 공연이 아니라 내가 낸 돈에 연동시켜 생각했지. 표의 가치를 공연을 볼 수 있는 용도로만 생각했다면 표를 돈을 주고 샀는지 아니면 초대권인지는 공연 관람을 할지 말지를 결정하는 데 영향을 미치지 않겠지. 하지만 우리의 무의식은 표를 구하느라 들어간 돈까지 계산하기 때문에 날씨에 따른 관람 욕구가 달라지는 거란다.

표 가격도 영향을 미칠 수 있어. 만일 초대권이라도 원래 1천만 원쯤 하는 표라면 비가 와도 가려는 의지가 강해지겠지. 돈을 내고 산 티켓이라도 1천 원짜리 표라면 비가 많이 올 때 가고 싶지 않은 마음이 더 클 거야. 합리적으로 생각하면 가격이나 획득 방법은 가느냐 마느냐에 영향을 미치지 않아야 하지만 우리는 합리적이기만 한 존재가 아니기 때문에 이런 일은 수도 없이 벌어지지.

주식투자를 해본 투자자라면 앵커링을 경험해보지 않은 사람은 아마 없을 거란다. 자기가 산 가격을 기준으로 주식을 평가하고 판단하는 경향이 있기 때문이지. 1만 원을 주고 산 주식이 8천 원이 됐으면 그 주식은 8천 원짜리 주식이지만, 1만 원에 산 사람에게는 여전히 그 주식이 1만 원짜리 주식이야. 1만 원짜리 주식이라고 생각하며 가지고 있는 것이 앵커링이지.

주식의 가격은 내가 산 가격이 아니라 현재의 가격으로 판단하고 행동해야 해. 10만 원 주고 샀던 주식이라도 현재 5천 원에 거래되고 있으면 이 주식의 가격은 5천 원이라고 생각해야 하는데 이걸 할 수 있는 투자자는 거의 없단다. 투자자 대부분은 자신이 산 가격에 앵커링되어 생각하는 경향을 보이기 때문이지.

'주식은 당신이 주식을 가졌는지 모른다'라는 말이 있어. 내가 주식을 얼마에 샀는지는 주가의 움직임과 별 상관이 없다는 의미야. 내가 비싸게 샀건 싸게 샀건 주가가 오를 만하면 오르고 내려갈 만하면 내려가. 그래서 주식을 팔지 계속 가지고 있을지에 대한 판단은 앞으로 회사의 사업이 잘될지 혹은 주가가 오를 만한 좋은 소식이 나올 수 있을지, 주가가 오를지 내려갈지에 대한 전망과 예측으로 해야지 내가 산 가격에 영향을 받아선 안 돼.

앵커링이 되지 않도록 심리를 관리하는 방법은 여러 가지가 있단다. 제일 먼저 알아야 할 것은 앵커링의 존재야. 우리가 매수가격에 앵커링이 되어 생각한다는 경향이 있다는 걸 알아야 해. 모른다면 관리할 수도 없겠지.

일반적으로 앵커링을 관리하는 요령은 매수가격을 잊어버리는 거야. 매매일지를 기록하고 있다면 매수가격을 기록하지 않는 것도 한 가지 요령이 될 수 있지. 잊으려고 한다고 해서 잊을 수 있는 것은 아니지만 매수가격은 매수할 때 외에는 보지 않으려는 노력해야 해. 특히 매도할 때는 내 매수가격을 보지 않도록 해야 한단다.

인간이 어떤 상황에서 어떻게 행동하는가를 아는 게 심리관리의 출발이야. 어떤 상황(특히 위기상황)에 부닥친 인간은 비슷하게 행동하는 경향이 있어. 이 선택은 어떤 경우엔 굉장히 비합리적이고, 위기를 벗어나게 하는 게 아니라 오히려 위기를 더 악화시키기도 하지.

어떤 상황에서 투자자들이 어떤 행동을 하는지에 아는 게 심리관리의 출발이라고 했잖아. 앵커링이 뭔지를 알아야 앵커링을 피하는데 유리하겠지. 물론 어떤 사람은 타고난 투자자라 앵커링이 되지 않는 사람도 있겠지만 우리는 그런 천재가 아니니까 앵커링을 피하고자 앵커링에 대해 알고 의식적으로 노력해야 해.

주식시장의 역사에서 투자자들의 어리석은 행동은 수없이 반복해서 일어났단다. 그걸 찾아보고 알기만 해도 심리관리에 큰 도움이 될 거야. 다시 한번 강조하지만, 시장의 역사와 투자자들의 행동에 대해 아는 게 심리관리의 출발이야.

심리를 관리하는 또 다른 요령은 루틴을 만드는 거야. 프로 운동선수들은 대부분 자기만의 루틴이 있어. 류현진 선수는 등판 전날엔 부인이 만들어준 감자탕을 꼭 먹고 등판 당일이 되면 모든 운동을 22분부터 시작한다고 해. 모든 준비를 10분 단위로 맞춰서 진행하고, 등판 후에는 목욕탕 사우나를 섭씨 52도로 맞추고 30분 동안 다리를 꼬고 앉아 있다가, 이후 온도를 7도로 맞춘 냉탕에서 목욕한대. 농구 역사상 최고의 3점 슈터인 스테판 커리는 홈 경기 전 준비 시간이 끝나고 초장거리 롱슛을 던지는데 롱슛이 명중이 된 걸 확인한 후, 그대로 라커룸으로 뛰어가는 루틴이 있고. 또 경기 전에는 무조건 팝콘을 챙겨 먹는 것도 커리가 하는 루틴이래.

이런 루틴을 그냥 미신이라고 생각할 수도 있지만, 심리적인 측면에서 보면 마음을 안정시켜주는 효과가 있단다. 예를 들면 지수가 한 달 동안 20% 이상 떨어지면 일주일간 주식 창을 들여다보지 않는다든지, 내가 가진 종목이 30% 이상 폭락하면 우선 1주를 판다든지, 이런 방식으로 때에 따라 어떤 행동을 할지 정해놓으면 그런 상황이 되었을 때 시스템 1이 발동되지 않고 시스템 2가 사용되도록 만드는 데 큰 도움이 될 거야.

레밍(쥐 과 포유류)의 집단 자살처럼 인간도 어떤 상황이 되면 이해하기 어려운 행동을 한단다. 특히 급박한 상황이나 위기 상황이 되면 더욱 그렇지. 그럴 때일수록 더 침착하게 행동해야 한다고 생각은 하지만 생각만 그렇고 현실적으로 그렇게 하기는 어려워. 상황이 나쁘면 시야가 좁아지고 생각이 단순해지거든.

개인 투자자가 앞다투어 사면 주식시장의 고점이고 다 팔아치우면 주식시장의 저점인 경우가 많은 건, 우연이 아니라 급박한 상황에서 사람들이 어떤 식으로 행동하는지를 보여주는 좋은 예라고 할 수 있단다.

화가 났을 때 손바닥에 '참을 인忍' 자를 세 번 쓰면 화가 좀 가라앉는 것처럼 루틴은 우리가 어떤 상황에 매몰되어서 하면 안 되는 행동을 하는 걸 막아주고 좀 더 현명한 대처를 할 수 있게 해주지.

우리가 하는 모든 행동은 우리의 마음이 시키는 거야. 주식투자도 마찬가지란다. 우리의 마음이 어떤 주식을 사고팔고, 가지고 싶어 하는지 시키는 대로 실행하는 거야. 심리관리를 제대로 하지 않으면 잘못된 행동을 하고, 그러면 큰 손해를 볼 수도 있지. 그래서 심리관리가 중요해.

Must Know

심리관리 요령
① 우리가 겪을 수 있는 심리 현상에 대해 알아야 한다.
② 그 현상은 어떤 때에 벌어지는지를 안다.
③ 어떻게 해서 그 현상을 피할 수 있는지를 안다.
④ 다양한 직간접 경험을 통해 대처요령을 익힌다.

자본관리

자본관리는 주식투자를 하면서 제일 중요하고 제일 어려운 일이란다. 자본관리의 개념은 아주 간단해. 어디에 얼마큼 돈을 나눠서 투자할지를 결정하는 거지. 자본관리는 주식투자뿐만 아니라 투자와 관련된 모든 일에 적용돼.

회사에서 CEO가 하는 가장 중요한 일도 자본관리야. 회사에서 벌어들이는 돈을 어느 쪽으로 배분해야 최대의 이익을 거둘 수 있을지를 결정하는 일이지. 자본관리를 어떻게 하느냐에 따라 회사의 흥망성쇠가 결정되기 때문에 자본관리는 투자뿐만 아니라 회사 경영에서도 제일 중요해.

자본관리가 가장 중요한 이유는 주식투자에서 제일 중요한 '수익률'을 결정짓는 제일 중요한 변수이기 때문이지. 얼핏 생각하면 왜 자본관리가 수익률에 가장 영향을 미치는 변수인지 이해가 되지 않을 수도 있지만 사실 당연한 거란다.

내가 가진 종목 중 어떤 종목이 10배로 오르면 수익률이 어떻게 될까? 내 계좌에서 그 종목이 차지하는 비중이 얼마나 되느냐에 따라 수익률은 완전히 달라져.

계좌 총액 : 1억 원
A 종목 : 5% : 500만 원
B 종목 : 10% : 1000만 원
C 종목 : 20% : 2000만 원
D 종목 : 40% : 4000만 원
현금 : 25% : 2500만 원

이 중에 가장 비중이 낮은 A 종목이 10배로 올랐다면 ,

500만 원 × 10 = 5000만 원

계좌의 총액은 1억 4천 5백만 원, 수익률은 45%가 되지. 가장 비중이 높은 D 종목이 10배가 되었다면,

4000만 원 × 10 = 4억 원

계좌의 총액은 4억 6천만 원. 수익률은 460%가 되지.

이번엔 보유 종목이 상장폐지가 됐다고 가정을 해볼게. A 종목이 상장폐지가 됐을 경우엔 500만 원 손실이 나서 계좌 총액이 9500만 원이 됐겠지. 수익률은 -5%. D 종목이 상장폐지가 됐을 경우엔 4000만 원 손실이 나서 계좌총액은 6000만 원이 됐을 테고 수익률은 -40%가 될 거야.

위에서 보는 것처럼 비중에 따라 수익률은 완전히 달라져. 이걸 결정하는 일이 자본관리이기 때문에 제일 중요하다고 말하는 거야. 하지만 제일 어려워. 자본관리가 어려운 이유는 정답이 존재하지 않기 때문이지. 100명의 투자자가 있으면 100가지 자본관리 방식이 존재하고 10000명의 투자자가 있으면 10000가지 자본관리 방식이 존재해. 투자자마다 상황과 성향, 투자방식이 다르기 때문이지.

어떤 투자자는 주식투자에 투입할 수 있는 시간이 많은가 하면, 어떤 투자자는 투입할 수 있는 시간이 적어. 어떤 투자자는 투자금 외에 수입이 있어서 투자 손실이 생겨도 생활에 문제가 생기지 않을 수 있지만, 어떤 투자자는 투자 수익이 수입의 전부라서 손실이 생기면 생활이 곤란해질 수 있어. 어떤 투자자는 반도체와 관련해서 아는 게 많고, 어떤 투자자는 화장품에 대해서 잘 알고 있어.

투자 규모에 따라서도 크게 달라질 수도 있어. 몇십만 원으로 주식투자를 하는 사람은 주식을 팔려고 할 때 사려는 사람이 많지 않아도 쉽게 팔 수 있으므로 거래량이 적거나 시가총액이 작은 주식도 별 고민 없이 살 수 있지만, 몇백억 원 단위로 투자하는 투자자는 자신이 사고파는 일이 주가에 영향을 미치기 때문에 거래량이 많고 시가총액이 큰 종목을 골라야 해.

사람마다 지문이 다 다른 것처럼 상황과 방식도 모두 달라. 자본관리 방식도 당연히 달라질 수밖에 없어. 그래서 다른 투자자의 자본관리 방식을 참고할 수는 있지만 따라 할 수는 없단다. 당연히 배우기도 쉽지 않고.

그래도 자본관리에 어떤 것들이 있고, 어떤 식으로 관리해야 하는지를 알기 위한 기본적인 지식은 배울 수 있지. 주식투자에서 자본관리는 보유 종목의 수와 한 종목에 얼마나 비중을 둘지, 그리고 현금은 얼마나 가지고 있을지를 결정하는 일이란다.

적정 보유 종목 개수 알기

몇 종목 정도 가지고 있는 게 적당할까? 달걀을 한 바구니에 담지 말라는 유명한 투자 격언 들어본 적이 있을 거야. 종목 하나에 자산 전부를 투자하면 성공했을 경우 수익률은 높지만, 그 투자가 잘못됐을 경우 돌이킬 수 없는 피해를 볼 수 있기 때문이지. 그래서 투자자 대부분은 한 종목이 아니라 여러 종목을 나눠서 산단다. 그리고 이런 방식의 투자를 '분산투자'라고 해.

기본적으로 종목수와 수익률, 위험도는 반비례 관계란다. 종목수가 늘어날수록 기대 수익률과 위험도는 줄어들고, 종목수가 줄어들수록 기대 수익률과 위험도는 늘어나지.

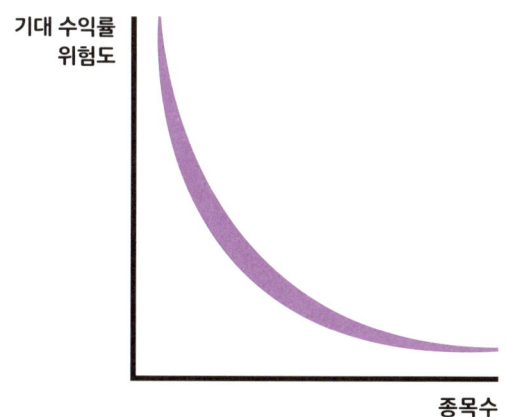

　그럼, 계좌에 몇 종목 정도를 넣어두는 게 적당할까? 개인 투자자는 일반적으로 5~10개 정도의 종목수가 적당하다고 해. 왜 5~10개 정도가 적당할까?

　종목수가 너무 적으면 생길 수 있는 문제가 두 가지 정도 있지. 하나는 시장이 좋아서 다른 종목들이 막 오르는 데 내가 가진 종목이 상승장에서 소외되면 마음고생을 심하게 할 수 있어. 이걸 포모증후군(FOMO : Fear Of Missing Out, 자신만 뒤처지거나 소외되어 있는 것 같은 두려움을 가지는 증상)이라고 하는데, 이것 때문에 판단을 그르칠 수가 있지. 내가 가진 주식은 제자리걸음을 하는데 다른 주식들만 오르면, 내가 가진 주식을 팔아서 오르는 종목을 사고 싶은 마음이 당연히 생길 거야.

　내가 가진 주식을 팔아서 다른 종목을 산 후에 새로 산 종목은 오르지 않고 판 종목이 오르면 마음고생은 네 배가 되지. 마음고생을 하더라도 돈만 벌면 되는 거 아니냐고 생각할 수도 있지만 마음고생을 하다 보면 잘못된 판단을 할 가능성이 커지거든. 심리관리를 해야 하는 이유도 감정 때문에 잘못된 판단을 하지 않기 위해서라고 했잖아. 셔츠에 첫 단추를 잘못 끼우면 다음 단추도 계속 잘못 끼게 되듯이 연달아 실수하기 쉽단다.

두 번째는 종목수가 적으면 예상치 못한 사건이 생겼을 때 치명적인 타격을 입을 수 있기 때문이란다. 주식투자를 하다 보면 생각도 못한 일이 생길 때가 있어. 회사 직원이 회사 돈을 빼돌려서 개인적으로 쓰는 바람에 거래가 정지되는 일이라든지, 제약회사에서 파는 약에서 중대한 결함이 발견되는 일 등은 미리 예측할 수가 없잖아. 보유 종목수가 어느 정도 되면 한 종목에 이런 일이 생긴다고 해도 크게 타격을 입지 않을 수 있지. 하지만 한두 종목만 가진 투자자한테 이런 일이 생기면 망해.

실제로 2021년 10월에 우리나라 임플란트 1위 업체인 오스템임플란트에서 이런 일이 있었단다. 재무팀의 한 직원이 무려 2215억 원의 회사 돈을 빼돌려서 개인적인 용도로 사용한 거야. 이 사실이 알려진 즉시 주식 거래는 정지됐고, 수많은 주주는 혹시라도 상장폐지가 되어 자신들이 가진 주식이 거래할 수 없게 될까 걱정했지. 당시 오스템임플란트의 시가총액이 1조 5천억 원에 달했으니 주식을 가진 주주들의 마음고생이 얼마나 심했을지 짐작이 가지? 다행히 거래가 재개됐지만 만일 그대로 상장폐지가 결정됐다면 수많은 투자자가 피눈물을 흘렸을 거야.

정정신고(보고)

정정일자	2022-01-10

1. 정정관련 공시서류	횡령·배임 혐의 발생
2. 정정관련 공시서류제출일	2022-01-03
3. 정정사유	횡령금액, 자기자본대비 비율 수정 등
4. 정정사항	

정정 항목	정정 전	정정 후
2. 횡령 등 금액 - 발생금액(원) - 자기자본대비 (%)	2. 횡령 등 금액 - 발생금액(원) 188,000,000,000 - 자기자본대비 (%) 91.81	2. 횡령 등 금액 - 발생금액(원) 221,500,000,000 - 자기자본대비 (%) 108.18
3. 향후대책	3. 향후대책 현재 고소장이 제출된 상태이며, 향후 적법한 절차에 따라 회수를 위해 필요한 모든 조치를 취할 예정입니다.	3. 향후대책 피고소인은 현재 구속수사중이며, 향후 적법한 절차에 따라 회수를 위해 필요한 모든 조치를 취할 예정입니다.

    코오롱티슈진이라는 회사는 무릎 관절 통증에 획기적인 효과가 있는 인보사라는 약을 개발했어. 인보사는 우리나라 바이오산업 역사에 남을 약이었지. 출시된 후 관절염으로 고통받는 수많은 사람이 혜택을 받았어. 하지만 2019년에 약의 효능을 실험하는 과정에서 문제가 있다는 사실이 밝혀져 약은 판매 중지되고 주식 거래도 정지돼서 상장폐지 심사를 받았지. 2022년 10월 말에 다행히 거래가 재개가 됐지만 거래가 정지된 3년 동안 주주들은 마음고생을 심하게 했을 거야.

이런 일들은 투자자들이 미리 알거나 예측한다는 게 거의 불가능한 일이지만 실제로 벌어질 수 있는 일이야. 이런 일을 겪을 때 최악의 상황은 시장에서 쫓겨나는 거란다. 쫓겨나면 돌아올 수 없어. 그런 상황을 피하기 위해선 여러 종목을 보유해서 위험을 분산하는 편이 좋단다.

보유 종목수가 너무 많으면 어떻게 될까? 이 경우에도 두 가지 문제가 있어. 하나는 수익률의 문제야. 우리가 직접 주식투자를 하는 이유는 펀드에 맡기는 것보다 높은 이익을 거두기 위해서야. 모든 종목을 보유하는 인덱스 펀드는 지수에 따라 수익이 결정되기 때문에 위험도는 낮지만 높은 수익률을 기대하기 어렵단다. 보유하는 종목수가 많아질수록 수익률은 시장 지수와 비슷해질 수밖에 없지. 우리가 기대하는 높은 수익률을 거두기 위해서는 상장된 회사 중 '정말 좋아 보이는 회사'에 어느 정도 집중해서 투자해야 해.

두 번째 문제는 우리가 주식투자에 사용할 수 있는 시간과 우리가 아는 지식에는 한계가 있다는 점이야. 주식을 보유한다는 건 회사를 보유한다는 거야. 그리고 그 회사의 상황이나 회사가 가진 기술, 회사가 파는 제품에 대해서 잘 알수록 투자에 성공할 확률은 높아져. 한두 종목을 가졌을 때는 그 종목에 대해서 가능한 한 많은 시간을 쓸 수 있고, 그래서 충분히 공부하고 연구할 수 있으므로 아는 것도 더 많겠지.

SM엔터테인먼트에 투자한다고 가정해보자. 이 회사에 투자할 때는 이 회사의 아이돌인 엑소, 레드벨벳, NCT, 에스파 같은 아이돌 그

룹의 뮤직비디오나 음반도 찾아보고, 멤버들의 개별 활동이나 구설수 등에 대해서도 알아보며, 음반 판매량이라든지 팬클럽 현황도 연구해야겠지. SM엔터테인먼트에만 투자할 때는 이걸 전부 챙겨볼 수 있을 거야. 그런데 SM, YG, JYP, 하이브, 큐브, FNC 등 상장된 모든 엔터테인먼트 회사에 투자할 때도 이렇게 할 수 있을까? 쉽지 않을 거야.

투자와 관련해 올바른 의사 결정을 하기 위해 회사에 대해 알아보는 데 걸리는 시간, 지식을 쌓기 위해 필요한 시간 등을 확보하려면 너무 많은 수의 회사에 투자해선 안 돼. 투자한 회사의 수가 늘어나도 우리가 투자에 들일 수 있는 시간은 그대로야. 또 주식을 샀다고 해서 거기서 모든 일이 끝나는 게 아니라 지속해서 추적 조사, 연구해야 하므로 종목수를 계속 늘리는 건 위험하지.

시간과 집중력은 유한해. 세상 모든 걸 다 알 수 있다면 주식투자에 더 도움이 되겠지만 현실적으로 불가능한 일이야. 자신의 집중력, 시간, 지식 등을 고려해서 보유 종목수를 결정해야 하는데, 개인 투자자는 일반적으로 5~10개 정도가 적당하지. 물론 이보다 더 적게 가지고 있는 게 좋다는 사람도 있고, 더 많이 가지고 있는 게 좋다는 사람도 있어. 이것 또한 투자를 경험하면서 알아갈 수밖에 없단다.

종목의 개수를 정하는 데 예외가 있는데, 아직 잘 모르겠지만 유망해 보이는 주식이 있으면 몇 주 정도를 사기도 해. 이런 주식을 정찰병 혹은 보초병이라고 부르는데 아무래도 내가 가지고 있지 않은 주식엔 관심이 안 가게 마련이거든. 그러니까 관찰하고 공부하기 위해 몇 주 정도를 샀다가 나중에 확신이 생기면 그때 비중을 늘리는 거야. 이런 종목들은 보유 종목 개수를 신경 쓰지 않고 많이 가지고 있어도 괜찮단다.

각 종목의 적정 비중 찾기

어떤 종목에 어느 정도의 비중을 둬야 할까? 적당한 보유 종목수는 사람마다 다른 것처럼 종목당 비중을 얼마나 두느냐도 사람마다 다를 수밖에 없어. 자본관리에선 모든 질문에 대한 답이 이런 식이고, 때문에 자본관리는 배우기도 실행하기도 어렵단다.

다만, 기계적으로 같은 비중을 싣지 않는 편이 좋아. 이건 투자자 대부분이 동의할 거야. 투자자들이 주식을 살 때는 내가 정한 '목표주가'가 있게 마련인데, 어떤 주식은 현재가와 목표주가의 차이가 작고 어떤 종목은 현재가와 목표주가의 차이가 커. 또, 주식을 살 때 주가가 현재보다 많이 내려가기 어려워 보이는 주식이 있는가 하면 그렇지 않은 주식도 있거든. 자본관리를 위해 보유한 주식을 아래 네 가지로 분류해봐야 해.

① 목표주가가 높고, 주가가 많이 내려갈 것 같지 않은 주식
② 목표주가가 높고, 주가가 많이 내려갈 수도 있는 주식
③ 목표주가가 낮고, 주가가 많이 내려갈 것 같지 않은 주식
④ 목표주가가 낮고, 주가가 많이 내려갈 수도 있는 주식

보유한 주식들을 이런 식으로 분류해서, 많이 내려갈 것 같지 않은 주식인 1번, 3번, 특히 1번의 비중을 늘리는 것이 좋겠지? 그리고 2번 주식의 비중은 많이 두면 안 되겠지. 4번 주식은 당장 팔아야 해. 저런 주식을 굳이 가지고 있을 이유가 없단다.

주식을 살 때는 '여기까지 오를 수 있다'라는 '목표주가'와 '여기서는 더 떨어지지 않을 거다'라는 '록 보텀Rock-bottom 가격'을 정해야 해. 이 작업은 적정한 주가를 산정하는 일인 일종의 밸류에이션인데, 현재 가격이 목표주가와 차이가 크게 날수록 좋고 록 보텀과 차이가 작게 날수록 좋아. 그리고 그런 주식들에 비중을 더 싣는 게 좋단다.

목표주가는 내가 생각하는 긍정적인 일이 다 현실이 되었을 때 주가는 얼마나 될지 예측해보는 거고, 록 보텀 가격은 예상할 수 있는 부정적인 일이 벌어졌을 때라도 얼마 이상 주가가 내려가지는 않을 거라고 정해두는 가격이란다.

예를 들면, 발행 주식 수가 1000주인 회사가 현금을 1000억 원을 가지고 있고, 부채가 없는 회사라면 시총이 1000억 원 이하로 내려가기는 쉽지 않아. 그러면 이 회사의 록 보텀 주가는 1000억 원이 될 거야.

주식 수 : 1000주

현금 : 1000억 원

부채 : 0원

(예상) 록 보텀 주가 : 1억 원

만일 1억 원 이하로 주가가 내려간다면 주식을 안심하고 사도 괜찮겠지. 하지만 이런 경우에도 고려할 게 있어. 대규모로 계속 적자가 나는 회사라면 현금이 계속 줄어들 테니 록 보텀 주가도 계속 낮아질 수 있잖아. 이런 식으로 투자를 할 때는 최소한 회사가 적자가 나지는 않는 회사여야 해.

어느 종목에 얼마나 비중을 둘지는 내가 그 종목에 얼마나 확신이 있느냐에 따라 달라질 수밖에 없어. 몇 달 내로 10배 오를 거로 확신하는 주식이 있다면 비중을 많이 실어야겠지. 하지만 주식투자를 하면서 항상 명심해야 할 것은 세상에 벌어질 수 없는 일은 없다는 거란다.

주사위 놀이를 하면 맨날 지던 어떤 노름꾼 이야기를 잠깐 해줄게. 이 사람은 걸기만 하면 절대로 그 숫자가 나오지 않아서 돈을 엄청나게 잃었지. 어느 날 이 노름꾼은 오늘은 반드시 이기겠다고 결심했어. 이 사람은 노름판에 모여 있는 사람들한테 자기가 오늘은 반드시 이긴다고 큰소리쳤지. 사람들은 대체 어떻게 이길 거냐며 비웃었어. 그래도 이 노름꾼은 조금도 기가 죽지 않고 반드시 이기겠노라고 얘기했어. 사람들은 웅성웅성하다가 오늘 이 노름꾼이 정말로 1승을 거둘지 아닐지를 놓고 내기를 하기 시작했지. 정말 필승법이 있는 걸까?

이 노름꾼은 돈을 꺼내 들고 베팅을 시작했어. 1부터 6까지 모든 수에. 사람들은 이게 뭐냐며 화를 내고 실망했지. 주사위는 1부터 6까지밖에 없는데 거기에 전부 돈을 걸면 하나는 맞출 수밖에 없으니까. 어쨌든 노름꾼이 말한 대로 필승법은 맞지. 이기긴 이길 테니까. 주사위가 하늘로 던져졌어. 이 노름꾼은 꿈에도 그리던 승리가 눈앞에 있었어. 어떻게 됐을까? 보나 마나 이겼지. 아니 이겨야 했지. 이겨야 했는데 현실은 좀 달랐어. 주사위가 던져진 그때 경찰이 도박판을 단속하러 급습한 거야. 그 순간 모든 도박판은 끝났고 이 노름꾼은 꿈에도 그리던 승리를 거두는 데 실패했단다.

너무 터무니없는 극단적인 이야기가 아니냐고? 그런데 주식투자에도 상상하지 못한 일들이 벌어질 수 있단다. 그러므로 몇 달 내로 10배 오를 거라 확신하는 주식도 100% 비중을 두면 안 돼. 상한선을 정해놔야 해. 아무리 좋아 보이는 주식이라도 비중을 nn% 이상은 두지 않는다는 식으로 원칙을 정해야 하지. 대체로 한 종목에 두는 비중은 40~50%가 최대라고 생각해. 이 이상으로 비중이 있으면 그 종목에 문제가 생겼을 때 리스크가 너무 커지거든.

비중을 둘 때는 이런 식으로 계산하면 좋아.

① 비중이 10%인 주식이 반토막 나면 손해는 -5%가 된다.
② 비중이 20%인 주식이 반토막 나면 손해는 -10%가 된다.

이런 식으로 계산해서 어떤 주식에 문제가 생겼을 경우 내가 감당할 수 있는 최대 손해율을 제한하는 거야. 최악의 상황으로 주식이 상장폐지가 되더라도(물론 상장폐지가 될 만한 주식은 사지 않아야 하지만) 그로 인해 발생하는 손해가 내 계좌와 자산이 무너져 없어질 만한 피해를 주지 않을 정도로 제한해야 해.

그렇다고 비중이 너무 작으면 주가가 올라도 수익률이 너무 낮으니까 어느 정도 확신이 있는 주식이라면 비중을 최소한 10% 이상은 가져가는 편이 좋아. 대체로 보유하는 종목의 비중은 10~40% 사이가 좋단다.

적정 현금 보유량 알기

주식투자를 하면서 현금에 대해 제일 먼저 알아야 하는 게 있어. 현금도 주식 포트폴리오 중 하나라는 거란다. 현금을 '주식을 사기 위한 수단'으로만 생각할 것이 아니라 투자 종목 중 하나라고 생각하고 주식 종목의 하나처럼 현금을 보유해야 한다는 사실을 이해해야 해.

현금을 은행 계좌에 넣어놓으면 이자를 받을 수 있지? 예금을 통해 받을 수 있는 이자가 충분한지에 대해선 이견이 있을 수 있지만, 은행 계좌에 넣어서 보유하기만 해도 양이 늘어난다는 점에서 현금도 투자 수단의 하나란다.

많은 투자자가 현금을 보유하는 걸 적극적으로 투자하지 않고 돈을 놀려둔다고 생각하는데, 현금을 가지고 있는 걸 다른 관점에서 바라보면 현금에 투자한다고 볼 수 있어. 특히 금리가 올라가는 시기에는 현금이 제일 좋은 종목일 수도 있지.

그래서 현금은 자산의 가치를 측정할 수 있는 눈금자이면서, 현금 자체로 자산이라는 이중적 성격을 지니고 있어. 현금이 지닌 이중적 속성은 현금을 얼마나 보유해야 할지를 이해하는 실마리야.

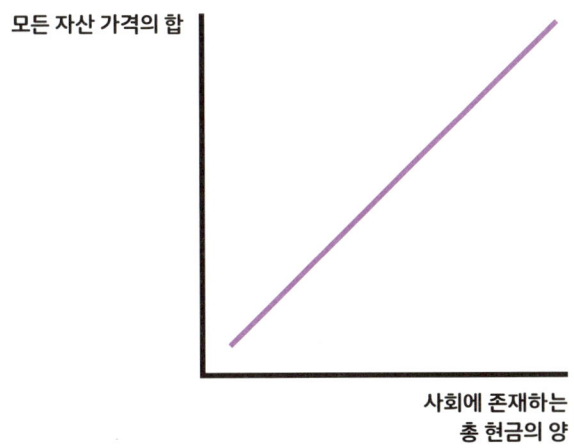

| 자산의 가격 = 현금의 총합

현금은 가치를 측정하는 눈금자이기 때문에 현금이 늘어나고 줄어드는 건 자산 가격에 영향을 줘. 자산의 가치가 그대로인데 현금의 양이 늘어나면 자산의 가격은 올라가고, 줄어들면 자산의 가격도 함께 줄어들지.

이론적으로 볼 때 현금이 두 배로 늘어나면, 자산의 가격도 두 배로 늘어나게 돼. 코로나 팬데믹 이후 부동산, 주식, 암호화폐 등 자산의 가격이 급등한 이유도 이 때문이야. 코로나19로 인해 소비가 위축되어 불황이 찾아올 것을 우려한 각국 정부, 특히 FED(미국연방 준비제도)는 양적 완화(QE, Quantitative Easing)를 대규모로 시행했어. 양적 완화라고 하면 그럴싸하게 들리지만 결국 중앙은행에서 돈을 찍어 내서 사람들에게 나눠준다는 얘기야. 현금의 양이 급속도로 늘어나면서 자산의 가격도 급격하게 상승했던 거지.

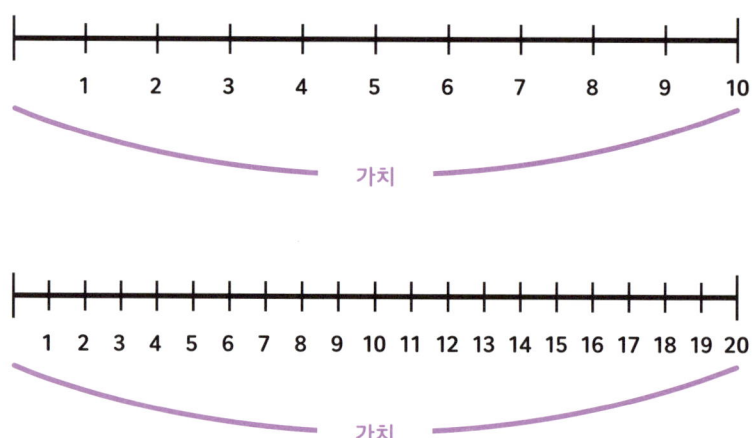

물체의 길이를 가치라고 하고 그걸 재는 눈금의 수를 현금의 양이라고 가정해볼게. 길이는 그대로인데 한 눈금 안에 눈금의 수가 두 배로 늘어나면 어떻게 될까? 표시되는 가격은 10에서 20으로 두 배가 되겠지. 물가가 상승하는 인플레이션의 원인도 대부분은 유통되는 현금의 양이 늘어났기 때문이야. 팬데믹 동안 주식, 부동산, 암호화폐 같은 자산과 상품의 가격이 올라간 이유는 누가 잘했기 때문도, 잘못했기 때문도 아니야. 눈금의 수가 전례 없이 늘어났기 때문에 벌어진 일이지.

2022년부터 FED가 인플레이션을 잡겠다는 목표하에 금리를 빠르게 올려 양적 축소(QT, Quantitative tightning)를 실행하면서 자산의 가격이 급격하게 내려가기 시작한 것도 현금의 양이 자산 가격에 미치는 영향을 잘 보여주지.

이 현상을 이해하면 현금에 대한 투자전략은 자연스럽게 세워져. 현금이 늘어날 때는 자산 가격이 올라가니 자산 보유를 늘리고 현금 보유를 줄이며, 현금이 줄어들 때는 자산 보유를 줄이고 현금 보유를 늘리는 거지. 수요와 공급, 희소성의 원칙에 따르는 당연한 투자전략이란다.

모든 자본관리는 상황에 따라 달라. 사람에 따라 다르고, 때에 따라 다르므로 현금을 총자산의 몇% 정도 보유하면 좋다고 딱 잘라 말할 수는 없지만, 대략적인 가이드 라인을 제시해보자면 2080 전략을 쓰는 게 좋단다.

현금 비중이 제일 낮을 때는 20%, 현금 비중이 가장 높을 때는 80%까지 보유하는 거지. 시중에 현금이 줄어들기 시작할 때부터 현금 비중을 늘리고 주식 보유를 줄이고 현금이 늘어나기 시작할 때부터 현금 비중을 줄이고 주식 비중을 늘리는 거지.

시중에 현금이 줄어드는지 늘어나는지는 몇 가지 지표를 지속해서 확인하면 알 수 있어. 우선 시중 통화량을 가장 근접하게 알 수 있는 M2(Money 2, 광의통화, 현금+예금=M1에 만기 2년 이하의 금융 상품을

	현금 수요	자산 가격	현금 보유량
돈이 줄어들 때 (일반적으로 금리 인상기)	상승	내려감	늘림
돈이 늘어날 때 (일반적으로 금리 인하기)	하락	올라감	줄임

더한 것)를 항상 확인해야 해. M2를 확인할 때 포인트는 M2가 늘어나고 줄어드는 양을 보는 게 아니라 M2의 증가율을 확인하는 거란다.

자본주의 국가에서 M2가 줄어드는 일은 거의 없어. 만일 연속 2개월 동안 M2가 줄어든다면 아주 심각한 신호이기 때문에 아예 다른 얘기가 되지. M2를 확인할 때는 늘었는지 줄었는지를 확인하는 게 아니라 이전에 비해 증가율이 줄었는지 늘었는지를 확인하면서 돈이 늘어났는지 줄어들었는지를 보는 거란다.

둘째로 증시 예탁금을 확인해야 해. 예탁금은 증권 계좌에 들어 있는 현금을 말하는데 즉시 주식시장에 투자할 수 있는 현금의 양을 의미하지. 차트에서 보는 것처럼 코로나 팬데믹 이후 20조 원대 초반이던 예탁금이 늘어나면서 주식시장은 급등했고 70조 원을 넘어갔다가 이후 50조 원까지 줄어들면서 주가지수도 함께 빠졌어.

예탁금이 늘어났다고 시중의 돈이 늘어났다고 볼 수는 없고, 예탁금이 줄어들었다고 시중의 돈이 줄었다고만 봐서는 안 돼. 주식보다 더 좋은 투자처가 생겨서 예탁금이 줄었을 수도 있고, 주식이 가장 좋은 투자처로 인식되어 예탁금이 늘어났을 수도 있지. 하지만 예탁금이 줄고 늘어나는 걸 확인하는 건 두 가지 의미가 있단다.

① 시중의 돈이 전반적으로 늘어나고 줄어들었음을 짐작할 수 있는 실마리
② 주식시장에 투자 여력이 늘어나고 있는지 줄어들고 있는지를 확인

| 증시자금동향 비교

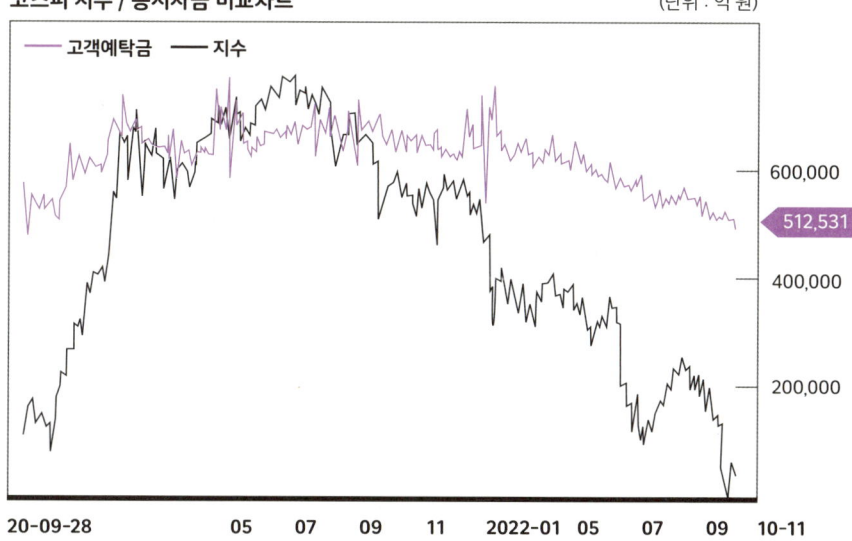

이 차트는 2020년 9월부터 2022년 10월까지 코스피 지수와 예탁금의 추이를 그린 차트야. 코스피 지수는 2021년 6월 25일 3316.08로 고점을 찍고 2022년 10월에 2202.47까지 떨어졌어. 33% 정도 하락한 거지. 코스닥은 2021년 8월 6일 1062.03을 정점으로 2022년 10월에 671.67까지 떨어졌어. 36% 정도 하락했지. 예탁금은 2021년 7월 29일 75조 원을 정점으로 2022년 10월에 49조 3천억 원까지 떨어졌어. 34% 정도 하락한 거야. 묘하게도 비슷한 비율로 하락한 거지. 이게 우연히 벌어진 일일까?

셋의 하락률이 비슷한 건 돈에 의해 밀어 올려졌던 주식시장에서 돈이 빠져나가면서 돈이 빠진 만큼 지수가 떨어졌다는 걸 의미해. 돈의 양이 시장에 어떤 영향을 미치는지를 극명하게 보여주는 거란다.

셋째로 금리를 확인해야 해. 금리가 오르고 내릴지는 아무도 알 수 없단다. 피터 린치는 금리 방향을 세 번만 연달아 맞춰도 세계 최대의 부자가 될 수 있다는 말도 했어. 그만큼 금리 방향을 맞추기는 어려워. 하지만 오랫동안 금리가 올랐거나 장기간에 걸쳐 금리가 떨어졌을 때 연속 2회 반대쪽으로 금리가 움직이면 방향 전환의 시그널로 볼 수 있지. 금리 하락기에서 상승으로 전환할 때는 현금 보유를 늘리는 편이 좋고, 상승기에서 하락으로 전환할 때는 줄이는 편이 좋지.

이 세 가지 수치를 확인하면서 지금이 현금을 늘려야 할 때인지 아닌지를 확인할 수 있단다. 리스크 관리 차원에서 일정량의 현금은 반드시 보유해야 해. 진짜 좋은 기회가 찾아왔을 때 현금이 없으면 할 수 있는 게 없거든. 반대로 전부 현금만 보유하고 있으면 시장의 상승을 놓칠 수 있으니 어느 정도는 주식을 남겨둬야 한단다.

Must Know

자본관리는 주식투자에서 가장 중요한 일이다.

현금도 하나의 종목이라고 생각해야 한다.

5장

모두의 보물지도, 재무제표

재무제표란

재무제표가 뭘까? 재무제표는 원래 가게나 기업이 자신들의 여러 가지 상황을 기록한 장부란다. 주식시장에 상장된 기업들은 3개월마다 보고서를 거래소에 제출해야 해. 이때 제출하는 재무제표는 기업의 성적표 같은 거란다. 이 회사가 지난 3개월간 어떻게 사업을 했는지 이 보고서에 다 나오거든. 3개월 성적을 표시한 보고서를 분기 보고서, 6개월 성적을 표시한 보고서를 반기 보고서, 1년 성적을 표시한 보고서를 사업 보고서라고 해. 그 보고서에는 여러 가지가 적혀 있는데 그중 재무적인 내용을 기록한 부분을 재무제표라고 부르지.

정해진 기간에 자산은 얼마고, 빚은 얼마나 되는지, 물건을 얼마나 만들었는지, 얼마나 팔았는지, 비용은 어디에 얼마나 썼는지, 이익은 얼마나 남겼는지, 들어온 현금과 나간 현금은 얼마나 되는지가 자세히 나와 있어.

재무제표를 공부해야 하는 이유

숫자 얘기가 나오면 고개를 돌리고 싶을 거야. 하지만 그래선 안 돼. 주식투자를 할 때, 보고서와 재무제표는 반드시 봐야 해. 재무제표를 보지 않고 주식투자를 하는 건, 지도 없이 해적이 숨겨놓은 보물을 찾으러 떠나는 거랑 비슷하지. 운이 좋으면 전설의 해적 드레이크가 숨겨놓은 보물을 찾을 수도 있겠지만 보물을 찾는 데 대부분 실패할 테고 심지어 죽거나 다칠 수도 있지. 보물지도가 있다고 반드시 보물을 찾게 되는 건 아니지만 보물지도가 있으면 보물을 찾을 확률도 높아지고 무엇보다 길을 잃거나 해적이 갖다놓은 함정에 빠져서 죽거나 다칠 확률이 훨씬 적어지지.

주식투자에서 재무제표는 보물지도 같은 거야. 재무제표를 뜯어보면 어떤 회사가 보물을 숨겨놓았는지 알 수 있지. 재무제표에는 회사의 온갖 일들이 기록되어 있단다. 이 회사가 어떤 회사이고, 어떤 사업을 하는지, 또 공장은 어디에 있고, 기계는 몇 대나 있는지, 회사에서 일하는 직원은 몇 명인지, 직원들에게 주는 월급은 얼마나 되는지, 직원이 늘어나고 있는지, 직원들 월급 줄 돈은 넉넉한지, 무슨 물건을 팔아서 어떤 식으로 돈을 버는지, 돈은 얼마나 잘 버는지를 확인할 수 있어. 이런 정보를 자세히 살펴보면 앞으로 이 회사의 사업이 잘될 것인지 아닌지, 그래서 주가가 오를 수 있는지 아닌지를 종합적으로 분석해볼 수 있거든. 보물지도가 별거야? 그걸 통해서 보물을 찾을 수만 있으면 보물지도지. 그러니까 재무제표는 보물지도라고 할 수 있단다.

보물지도가 있어도 어떻게 보는지를 모르면 종이 쪼가리에 불과해. 지도에 그려진 기호가 뭘 의미하는지를 모른 채 지도를 보면 아무 소용이 없지. 재무제표는 기업의 활동을 고도로 축약해서 숫자로 표시한 문서야. 거기 쓰인 용어와 의미를 모르고 보면 그냥 숫자가 잔뜩 쓰인 종이에 불과하지. 용어와 숫자가 어떤 의미를 지니는지, 기업의 어떤 상태를 나타내는지를 알아야 보물지도로써 기능할 수 있어. 그러니 재무제표를 어떻게 보는지는 따로 공부해보자.

Must Know

재무제표는 투자자에게 보물지도와 같다.
보물지도는 해석하는 법을 모르는 사람에게는 폐지와 같다.

재무제표 보는 법

재무제표 부분이 제일 중요하긴 하지만, 보고서의 나머지 부분 중에도 중요한 내용이 많이 있어. 그래서 먼저 재무제표를 보는 법을 이야기하고, 보고서의 나머지 내용 중에 어떤 부분을 살펴봐야 하는지에 대해서 이야기할게.

재무제표는 자세히, 복잡하게 들여다보자면 한도 끝도 없이 들여다볼 수도 있단다. 회계사라면 그렇게 볼 줄 알아야겠지. 하지만 일반적인 주식 투자자라면 그렇게 자세히 들여다볼 필요까지는 없어. 게다가 그렇게 보자면 시간이 너무 많이 들기 때문에 비효율적이지. 주식투자에 중요한 부분, 필요한 부분, 살펴봐야 하는 부분을 골라서 볼 수 있으면 돼. 그런 부분만 살펴보려고 해도 어떤 부분이 그에 해당하는지 모르면 골라 볼 수가 없을 테니 그 부분에 대해서 알아보자.

사실 중요한 부분만 골라서 본다 해도 재무제표를 보는 방법을 제대로 설명하자면 책 한 권 분량이 넘어. 이 책은 재무제표를 보는 방법을 설명하는 책이 아니기 때문에 여기선 재무제표가 어떻게 구성되어 있고, 주식투자를 할 때는 재무제표의 어떤 부분들을 살펴봐야 하는지에 대해서만 이야기하려는 거야.

재무제표는 우선 세 개의 문서로 구성되어 있단다. 대차대조표와 손익계산서 그리고 현금흐름표야. '대차대조표'는 회사의 자산과 빚을 기록한 문서야. 회사가 가진 현금은 얼마나 되는지, 땅이나 공장 같은 부동산은 얼마나 있는지, 기계나 자동차는 몇 대나 있는지, 다른 회사한테 받을 돈은 얼마나 되는지 등 자산에 관한 사항들과 빌린 돈은 얼마나 되는지, 물건을 사고 아직 돈을 내지 않은 외상 빚은 얼마나 되는지 등 빚에 관한 내용들이 기록되어 있지.

현금성 자산

대차대조표에선 주의 깊게 살펴봐야 하는 건, 우선 현금과 채권 같은 '현금성 자산'에 관한 사항이야. 기업의 돈은 사람의 피 같은 거야. 당장 현금이 없으면 물건이 잘 팔리고 있는 회사라도 망할 수 있거든. 이런 걸 '흑자도산'이라고 해. 회사를 운영하는 데 필요한 현금이 충분히 있는지를 살펴봐야 해.

현금이 너무 많은 회사도 바람직하지 않아. 현금을 이용해서 돈을 벌어야 하는데 현금을 그냥 쥐고 있다는 건 회사가 돈을 투자할 곳을 잘 찾지 못하고 있다는 의미거든. 투자를 제대로 못 하는 회사거나 성장이 끝난 회사라고 볼 수 있는 거지. 이런 회사의 주가가 오를 확률은 거의 없으니 관심을 가지지 않는 편이 좋아.

부채

다음에 살펴봐야 할 것은 빚이야. 빚은 '부채'라고 쓰여 있는데 두 가지 종류가 있어. 하나는 이자를 내야 하는 빚이야. 공장을 짓거나 기계를 사기 위해 은행이나 다른 회사로부터 돈을 빌리는데 이렇게 돈을 빌리면 이자를 줘야 해. 이런 빚을 '유이자 부채'라고 해. 다른 하나는 직원들의 퇴직금이나 물건을 만들기 위한 재료를 샀지만 아직 돈을 주지 않은 외상 같은 경우로, 따로 이자를 지급할 필요는 없는 빚이야. 이런 부채는 '무이자 부채'라고 해.

중점적으로 살펴봐야 할 부채는 당연히 유이자 부채야. 갚아야 하는 돈인 건 마찬가지지만, 유이자 부채는 이자를 제대로 갚지 못하면 회사에 바로 문제가 생길 수 있기 때문이지. 특히 갑자기 이자율이 오를 때 심각한 문제에 직면하는 일이 생기지. 1997년 IMF 때 수많은 회사가 도산한 이유도 유이자 부채가 너무 많아서 문제가 생겼기 때문이야. 그 당시엔 모든 회사가 이자 조건을 따지지 않고 돈을 빌려서 사업을 확장하는 데 열중했거든. 회사의 자산 중 빚이 얼마나 되는가를 표시하는 '부채비율'이란 지표가 있어.

부채비율 = [타인자본(부채총계) ÷ 자기자본(자본총계)] × 100%

예를 들어 10억 원쯤 하는 집을 살 때, 내 돈 5억 원에 은행에서 5억 원을 빌려서 집을 사면 부채비율은 (5억÷5억)×100 = 100%가 되고 내 돈 2억 원에 은행 8억 원을 빌렸다고 하면 (8억÷2억)×100 = 400%가 되는 거야. IMF 때는 이 부채비율이 3~400%는 기본이고 1000%가 넘는 회사도 많았어. 경기가 좋을 때는 이렇게 빚이 많아도 별문제가 되지 않았지. 사업을 해서 빚을 갚으면 되고, 그렇지 않더라도 건물이나 땅의 가격이 오르면 자연스럽게 부채비율이 내려갔거든.

하지만 IMF에 구제금융을 신청하고 나서 이자율이 급격히 오르고, 경기가 나빠지니 자산을 다 팔아도 빚을 못 갚는 상태가 됐어. 게다가 은행들도 상황이 나빠지면서 새로 돈을 빌려주지 않고, 예전에 빌려줬던 돈을 돌려달라고 독촉하면서 빚이 많은 회사는 망했지.

집에 빚이 많으면 생활이 어려워지는 것처럼 회사도 경영이 어려워져. 그래서 대차대조표를 볼 때는 유이자 부채가 얼마나 되는가, 그리고 이자를 내기에 충분한 현금을 가지고 있는가를 살펴봐야 해. 그렇다고 유이자 부채가 하나도 없는 기업의 주식을 사야 하는가 하면 그건 또 아니야. 유이자 부채가 없는 회사는 망할 확률은 그만큼 적지만 반대로 보면 돈을 빌려서 공격적으로 사업을 전개할 능력이 없다는 얘기가 되지. 공격적으로 사업을 전개하지 않으면 그만큼 회사의 성장 속도는 느려져. 그러니 아예 부채가 없는 회사보다는 적절한 양의 부채를 가진 회사가 더 투자하기 좋은 회사라고 볼 수 있지.

얼마큼의 부채가 적절한가 하는 건 때에 따라 다르지만, 이자가 올라도 회사가 위험해지지는 않으면서 이자를 내고도 충분한 이익을 남길 수 있는 정도의 부채가 적절한 부채라고 할 수 있어. 또 회사의 사업이 어떤 사업이냐에 따라서도 적정 부채비율은 달라져. 이제 성장을 막 시작하는 회사, 매출이 생기기 시작하는 회사의 부채비율은 좀 높고, 철강회사들처럼 성장기를 지나 성숙기에 접어든 시장에서 사업을 전개하는 회사들은 부채비율이 상대적으로 낮아야 해.

IMF 때의 쓰라린 경험 때문에 우리나라 회사들은 부채비율을 낮게 유지하려고 노력하는 편인데 대체로 50% 이하의 부채비율이면 회사에 큰 문제는 없다고 볼 수 있어. 부채비율은 평소에는 덜 중요하지만 위기의 순간에 회사가 망하는 상황도 벌어질 수 있기 때문에 반드시 확인해둬야 해.

재고자산

그다음에는 재고자산과 매출채권이라는 항목을 확인해봐야 해. '재고자산'은 만들어놨지만, 아직 팔리지 않은 채 창고 같은 곳에 보관하고 있는 물건들을 말해. 매출은 별로 늘지 않았는데 재고자산이 급등했다는 건 물건이 안 팔린 채로 계속 쌓이고 있다는 의미니까 좋지 않은 신호야. 반대로 매출은 늘었는데, 재고자산이 그대로라면 재고가 모자라 팔 수 있는 물건을 팔지 못하는 일이 생길 수 있기 때문에 이것도 좋은 신호라고 할 수는 없어.

코로나 팬데믹 이후에 반도체가 부족해서 차를 제대로 만들지 못했는데 차를 사려는 사람은 많아서 자동차 회사들이 적절한 재고를 보유하지 못해 차를 인도하는 데 너무 오랜 기간이 걸렸지. 이 바람에 자동차 대란이 벌어져 중고차 가격이 급등했던 일도 있었어. 대차대조표에서 재고와 매출을 비교해 비례하지 않은 움직임을 발견하면 이유가 뭔지 찾아봐야 해.

재고자산을 확인할 때 또 하나 생각해봐야 할 문제가 있어. 재고자산의 성격이야. 어떤 재고자산은 정말 '자산'이라 시간이 지나도 가치가 떨어지지 않거나 오히려 오르는 자산이 있는가 하면 어떤 재고자산은 시간이 지나면 가치가 아예 사라지는 자산도 있어. 정유회사의 재고자산은 기름이야. 기름은 시간이 지난다고 해도 가치가 없어지거나 떨어질 가능성이 적지. 자동차 회사의 재고도 마찬가지야. 시간이 지난다고 자동차의 가치와 가격이 급격히 내려가지는 않아.

하지만 의류회사의 재고자산은 어떨까? 계절만 지나도 의류회사의 재고자산은 가치가 뚝 떨어져 거의 가치가 없게 되는 경우도 많아. 식품회사의 재고자산도 마찬가지일 수 있지. 두부 같은 신선식품은 유통기한이 짧아서 시간이 조금만 지나면 자산이 아니라 처리해야 하는 폐기물이 되어버려서 물건을 팔아 돈을 벌기는커녕 처리 비용만 들어가는 경우도 생길 수 있어. 그러니까 최대한 빨리 팔 수 있어야겠지. 풀무원처럼 두부 같은 제품을 판매하는 회사나 매일유업처럼 우유 같은 신선식품을 취급하는 회사의 경우에는 재고자산이 잘 회전되고 있는지를 확인해봐야 해.

재고자산 회전율 = 매출액 ÷ 재고자산

매출액을 재고자산으로 나누면 회사가 얼마나 빠르게 재고자산을 회전시키고 있는지, 즉 제품을 만들고 나서 어느 정도 기간 안에 다 판매하고 있는지를 알 수 있어. 보통 직접 계산할 필요는 없고 보고서에 나와 있는 경우가 대부분이니 보고서에서 찾아보면 된단다.

다음에 나올 표는 앞에서 언급한 풀무원의 2020~2022년 6월까지 재고자산 회전율이야. 뒤에 두 칸은 1년간의 재고자산 회전율을 의미하고, 제일 처음 칸은 2022년 1월부터 6월까지 재고자산 회전 상황이지. 재고자산 회전율은 높을수록 회전이 잘된다는 의미이기 때문에 높을수록 좋단다.

2020년에는 14.84회, 2021년에는 14.08회, 2022년 반기 동안엔 13.32회 재고자산이 회전했으니, 1개월에 1회 이상 회전이 됐지. 다만 회전율이 조금씩 떨어지고 있으니 뭔가 문제가 생긴 건 아닌지 확인해보는 게 좋을 거 같아.

이어서 나오는 그래프는 2017년부터 2022년까지 삼성전자의 재

풀무원의 2020~2022년 6월까지 재고자산 회전율

	제 39반기 (2022년 1-6월)	제38기 (2021년)	제37기 (2020년)
총자산대비 재고자산 구성비율(%) [재고자산÷기말자산총계×100]	7.81%	7.18%	7.27%
재고자산회전율(회수) [연환산 매출원가÷{(기초재고+기말재고)÷2}]	13.32	14.08	14.84

2017~2022년 삼성전자 재고자산 회전율과 주가

(단위: 회, 원)

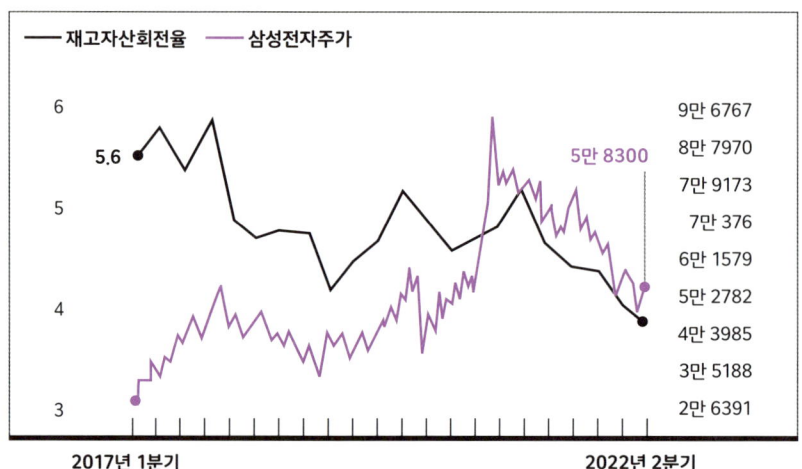

고자산 회전율과 주가의 움직임을 그린 차트인데 주가의 움직임이 재고자산 회전율과 동조해서 움직이는 경향을 보여줘. 재고자산 회전이 빠르게 이뤄진다는 건 그만큼 매출이 잘 발생하고 있다는 의미가 되기 때문에 주가와 동행하는 경향을 보이지. 재고자산 회전율을 점검하는 건 이런 의미가 될 수 있으니 투자하려는 회사의 재고자산

회전율은 중요한 정보가 된단다.

재고자산을 살펴볼 때 생각해볼 게 한 가지 더 있어. 재고는 실제로 존재하는 물건인 경우가 대부분이야. 실제로 존재하는 물건은 보관할 공간이 필요해. 회사가 어떤 제품을 파는지와 보관 기간에 따라 비용이 많이 달라질 수 있거든.

매일유업 같이 우유나 치즈를 취급하는 회사는 제품을 냉장 보관해야 하므로 재고 관리 비용이 많이 들어가. 또 시멘트 같은 물건은 제품의 가격 대비 부피가 커서 재고를 보관하는 창고 같은 장소가 넓어야 하지.

회사의 재고자산이 어떤 제품인지를 따져보고 시간에 따라 재고의 가치가 어떤 식으로 달라지는 물건인지, 부피가 크거나 보관이 까다로워 보관 비용이 많이 드는 물건인지 등을 구체적으로 생각해볼 필요가 있단다.

매출채권

매출채권은 물건을 팔았지만 아직 돈을 받지 못한 상태일 때 가진 채권이나 어음을 말해. 간단히 말해 회사가 받을 외상이야. 매출채권도 재고자산과 마찬가지로 매출액과 비교해봐야 해. 매출이 늘지 않았는데 매출채권만 늘어나는 건 굉장히 좋지 않은 신호야. 물건을 팔고도 제대로 돈을 받지 못하는 걸 수도 있고, 아니면 실제로는 물건을 제대로 팔지 못하고 있지만 은행이나 주주들을 속이기 위해 물건을 팔았다고 거짓말하는 걸 수도 있거든.

손익계산서

이 다음에 살펴볼 재무제표는 손익계산서야. 손익계산서는 해당 기간 동안 회사의 매출과 비용, 이익에 대해 기록한 문서야. 주식투자를 하다 보면 가장 자주 들여다보게 되는 문서고, 가장 중점적으로 보게 되는 문서야. 대차대조표에서 재고자산과 매출채권을 살펴볼 때도 매출을 살펴보기 위해 손익계산서를 봐야 해. 손익계산서를 대차대조표와 현금흐름표와 비교하면서 기업의 상태를 살펴봐야 한단다.

손익계산서는 위에서 아래로 내려가면서 쭉 보면 돼. 제일 위에 매출 항목을 보면서 매출이 직전 분기(직전 3개월)와 작년 동기(1년 전 같은 기간)와 비교해서 늘었는지 줄었는지 확인하고, 그다음엔 영업이익과 순이익을 확인해야 돼. 일반적으로 주식투자를 위해 손익계산서를 분석할 때 순익의 증감보다 영업이익의 증감을 중요하게 생각하는데, 순이익은 회사의 본업과 관계없는 이익과 손해가 반영되어 늘어나고 줄어들 수 있지만 영업이익은 회사의 본업과 관련되어 얼마나 이익과 손해를 봤는지를 나타내기 때문에, 영업이익을 먼저 확인해야 한단다. 회사가 얼마나 사업을 잘했는지 아닌지가 영업이익의 증감을 통해 드러나기 때문이지. 사업은 물건을 팔아 이익을 남기는 게 가장 중요해. 그러므로 매출과 이익이 나와 있는 손익계산서는 재무제표의 중심일 수밖에 없단다.

현금흐름표

마지막으로 살펴볼 재무제표는 현금흐름표야. 현금흐름표는 이름 그대로 해당 기간에 현금이 들어오고 나간 걸 기록한 문서란다. 현금흐름표의 특징은 모든 걸 현금이 들어오고 나간 관점에서만 기록한다는 거야. 물건을 아무리 많이 사거나 팔아도 현금이 들어오고 나가지 않았으면 현금흐름표에는 기록되지 않아.

손익계산서에선 실제로 물건을 팔지 않고도 판 것처럼 속일 수 있지만, 현금흐름표에는 현금이 들어온 기록이 있어야 하므로 속이기 어려워. 그래서 현금흐름표를 자세히 뜯어보면 기업 쪽에서 거짓말을 하려고 하는지 아닌지를 알 수 있단다.

현금흐름표는 영업활동 현금흐름, 투자활동 현금흐름, 재무활동 현금흐름, 이렇게 세 부분으로 구성되어 있지. 영업활동 현금흐름은 회사의 본업과 관련되어 현금이 들어오고 나간 상황을 기록한 거란다. 즉 물건을 만들고 파는 일과 관련한 기록이지. 투자활동 현금흐름은 공장을 짓거나 기계를 사거나 판 일과 관련된 기록이야. 회사가 본업을 실행하기 위해 투자하거나 필요 없는 자산들을 판 걸 기록한 거지. 재무활동 현금흐름은 빚을 얻거나 갚은 기록이란다.

현금흐름표를 볼 때 가장 먼저 살펴봐야 하는 건 영업활동 현금흐름이야. 물건을 팔아 돈을 버는 일은 물건 대금이 입금되기 전까지는 끝난 게 아니야. 물건을 100억 원어치를 팔건 1조 원어치를 팔건 돈을 못 받으면 아무 소용이 없겠지. 영업활동 현금흐름이 마이너스라는 건 회사가 제품이나 서비스를 팔아 번 돈을 제대로 받지 못하고 있다는 의미니까 투자할 때 극단적으로 조심해야 해. 기본적으로 정상적으로 사업을 하는 회사 대부분은 순익보다 영업 현금흐름이 약간 많단다. 감가상각이라고 해서 실제로 돈이 나가는 건 아니지만 기계나 건물의 평가액을 조금씩 깎아나가거든. 실제로 나가지 않은 돈을 비용으로 기록해 순익에 반영하기 때문에 실제로 회사가 번 현금은 순익보다 많은 게 일반적이지.

현금흐름표에서 영업활동 현금흐름은 무조건 플러스인 기업이 좋은 기업이지만, 투자활동 현금흐름은 회사가 성장기냐 성숙기냐에 따라 마이너스인 게 더 좋을 수도 있어. 한참 성장하는 회사는 투자가 중요해 빚을 내서라도 투자를 하기 때문에 투자활동 현금흐름이 플러스인 게 꼭 좋다고는 말할 수 없지.

재무활동 현금흐름이 플러스라는 건 부채를 늘렸다는 얘기고 마이너스인 건 부채가 줄었다는 얘기야. 기본적으로 부채가 계속 늘어나는 기업은 본업에서 번 돈이 모자라 빚을 얻는다는 의미이니 좋은 기업이라고 말하기 어렵겠지. 그래서 장기간에 걸쳐 재무활동 현금흐름이 계속 플러스인 기업은 주의할 필요가 있어.

어떤 주기에 속한 기업이라도 영업활동 현금흐름은 플러스인 게 바람직해. 하지만 성장기 기업, 특히 신약 같은 걸 연구 개발하고 있어서 매출은 만들기 어렵고 비용은 계속 들어가야 하는 기업이라면 영업활동 현금흐름이 마이너스여도 이해할 수 있지. 성숙기 기업이 마이너스 영업활동 현금흐름을 기록하고 있다면 투자에 주의해야 해. 하지만 조선업처럼 경기 사이클에 영향을 받는 기업이라면 플러

| 바람직한 현금흐름 상태

	성장기 기업	성숙기 기업
영업활동 현금흐름	+	+
투자활동 현금흐름	-	-
재무활동 현금흐름	+	-

스로 전환될 것을 기대하면서 투자할 때도 간혹 있지. 어떤 기업이라도 영업활동 현금흐름은 플러스가 클수록 좋고, 마이너스인 기업에 투자할 때는 굉장히 주의 깊게 살펴보고 투자를 결정해야 한단다.

성장기 기업의 투자활동 현금흐름이 플러스인 경우는 거의 없어. 한참 투자해서 회사의 기술을 개발하고, 생산을 늘리는 데 주력할 때니까 당연하지. 반면 성숙기 기업의 경우는 여러 가지로 생각해봐야 한단다. 어떤 성숙기 기업은 더 이상 크게 투자하지 않아도 계속 회사가 유지되고 성장할 수도 있어. 하지만 자본주의의 속성상 투자가 사라졌다는 건 회사의 성장이 멈췄다는 의미일 가능성이 높고, 경영자가 벌어들이는 돈(자본)을 효율적으로 사용할 방법을 찾지 못했다는 의미일 수 있지. 물론 마이너스라고 해서 다 좋은 건 아니야. 성장 동력을 찾는다면서 이 사업 저 사업을 새로 벌이고, 다른 회사를 인수했다가 더 안 좋은 상황에 부딪칠 수도 있거든.

성숙기 기업이라도 대개 투자활동 현금흐름은 마이너스인 편이 바람직하지만, 어느 곳에 현금을 사용하고 있는지는 살펴봐야 해. 반면, 플러스인 기업이라면 앞으로 회사가 벌어들이는 돈이 현재보다 많이 늘어날 가능성이 없으니 현재 주가와 벌어들이는 이익을 비교해서 주가가 충분히 쌀 때만 투자하는 편이 좋단다.

재무활동 현금흐름은 성장기 기업의 경우 플러스인 편이 바람직해. 성장기의 기업이 빠르게 성장하려면 대부분 외부의 투자가 필요하거든. 외부에서 투자하거나 돈을 빌려주는 건 이 회사가 투자할 만한 가치가 있거나 돈을 빌려줬을 때 돌려받지 못할 가능성이 적다고 생각하기 때문이란다. 투자나 돈을 빌려준다는 건 최소한 투자하는 쪽에서는 이 회사에 대해 긍정적으로 평가한다는 의미가 되지.

성숙기 기업의 경우 재무활동 현금흐름이 마이너스라는 건 성숙기에 이르렀는데도 회사가 영업활동을 통해 충분히 벌고 있지 못하고 있다는 얘기가 되니까 위험한 신호라고 할 수 있단다. 회사가 성숙기인데도 돈을 못 번다는 건 내리막길만 남았다는 의미가 될 수 있거든. 다만 성숙기의 기업이 새로운 사업을 시작하기 위해 투자를 받거나 돈을 빌리는 건 나쁘지 않은 신호일 수 있어.

예를 들어, LG화학이 2차전지 사업을 확대하기 위해 투자받고 돈을 빌렸을 때 시장에서는 좋은 신호로 받아들였거든. LG화학은 우량 기업이고 돈을 굉장히 잘 버는 회사이지만, 성숙기 시장에서 사업을 전개하는 회사라서 성장 가능성을 낮게 평가받을 수밖에 없었어. 하지만 새로 투자하기로 결정한 2차전지 사업은 엄청나게 성장할 분야이기 때문에 성숙기 기업인 LG화학이 투자 현금흐름 마이너스를 기록했다고 해도 긍정적으로 평가받을 수 있는 거지.

대차대조표와 손익계산서가 사진이라면, 현금흐름표는 동영상이라고 할 수 있단다. 대차대조표와 손익계산서가 보고서 기간의 마지막 날짜에 회사의 현금과 재고와 빚, 매출, 이익 상태를 사진을 찍어서 보여주는 거라면, 현금흐름표는 보고서의 첫 날짜부터 마지막 날짜까지 현금의 상황이 어떻게 늘어나고 줄어들었는지를 동영상으로 찍은 것처럼 보여주거든.

사진보다 동영상이 조작하기 어렵고, 현금은 회사 내부 장부가 아니라 금융기관에 기록이 남기 때문에 조작할 수 없어. 그래서 현금흐름표는 가장 조작하기 어려운 문서야. 분식회계 등 조작을 통해 누군가를 속이기 어려워. 그래서 현금흐름표를 잘 뜯어보면 회사가 거짓말을 하고 있는지 아닌지를 찾아낼 가능성이 매우 높단다.

주식투자를 하다 보면 알게 될 거야. 어떤 회사나 경영자는 장부를 조작해서 자신들의 실적을 부풀려 이익을 얻으려고 하는 경우가 있어. 우리나라뿐만 아니라 미국에도 이런 유혹에 빠지는 경영자들이 있지. 1985년에 만들어진 엔론이라는 회사는 한때 미국에서 7대 기업 안에 들어갈 정도로 큰 회사였지만, 2001년에 경영자들이 분식회계를 했다는 사실이 밝혀지면서 파산했어. 자본주의 선진국인 미국이라고 해서 경영자들이 모두 양심적이고 정직하지는 않아.

엔론은 분식회계가 밝혀지기 전까지 매출이 1000억 달러에 달하고 직원이 2만 명인 거대한 회사였거든. 이런 회사의 주식도 하루아침에 휴지 조각이 될 수 있어. 여러 번 강조하지만 주식투자에서 제일 중요한 건 돈을 잃지 않는 일이고, 그러기 위해서는 신중한 투자가 필요하단다.

그런데도 회사에서 작정하고 속이려 들면 속지 않는다는 게 쉽지는 않아. 장래가 유망하다고 알려졌던 우리나라 태양광 기업인 네오세미테크란 회사도 분식회계 사실이 밝혀지면서 상장폐지됐고, 네오세미테크 주식을 산 수많은 투자자는 눈물을 흘렸어(나도 눈물을 흘렸단다). 현금흐름표는 분식하기 가장 어려운 재무제표이기 때문에 잘 공부해서 분석할 줄 알면 이런 일을 당할 가능성이 줄어들지.

이 정도가 재무제표와 재무제표를 구성하는 세가지 문서에 대해 간략한 소개란다. 이것도 충분히 복잡해 보일 수 있지만, 이제 시작이야. 재무제표는 분기/반기/사업 보고서의 일부라서 투자 기회를 찾고 손실의 가능성을 줄이기 위해서는 보고서 '전체'를 '자세히' 봐야 한단다.

Must Know

재무제표는 대차대조표, 손익계산서, 현금흐름표, 이 세 가지로 구성되어 있다.
세 가지 문서는 서로 연결되어 있으며 각 항목 간의 인과관계를 이해할 수 있어야 한다.

보고서 전체 보기

재무제표가 아닌 보고서 전체를 왜 봐야 할까? 재무제표는 말 그대로 기업의 재무 상태를 보여주는 문서란다. 기업에서 재무가 중요한 부분이긴 하지만 재무만 살펴보는 건 차를 살 때 차의 성능을 알려주는 숫자들만 보고 사는 거와 다를 바 없어. 기업의 재무를 살펴보는 걸 '정량 평가'라고 하는데 정량 평가만으로 주식투자에 성공할 수 있다면 회계사들은 전부 주식투자의 고수여야 할 텐데 그렇지는 않거든. 정량 평가는 주식투자를 할 때 빠트려서는 안 되지만 그렇다고 이게 전부여서도 안 된단다.

정량 평가보다 훨씬 중요한 게 '정성 평가'야. 결국 주식투자는 투자하려는 회사의 미래를 예측하는 게 핵심인데, 정량 평가는 현재까지 이 기업이 어떻게 사업을 해왔는지는 알려주지만, 앞으로 어떻게 할 것인지는 알려주지 못하거든. 투자의 현인들이 주식투자가 과학이나 수학보다는 예술에 가깝다고 말한 이유도 미래를 예측하는 일이기 때문이지. 수학이나 과학은 정답이 정해져 있지만, 주식투자엔 정답이 정해져 있지 않고 결과가 나오기 전엔 정확하게 결과를 예상할 수 있는 사람도 없어.

이렇게 되지 않을까 어림에서 짐작하고 그 짐작을 실천으로 옮기는 일이 주식투자야. 알 수 없는 미래를 예상하는 일에 엄청난 돈이 왔다 갔다 하기 때문에 투자자들은 조금이라도 예상을 정확히 하려고 노력하는 거지. 재무제표는 현재까지의 상태만 보여주기 때문에 미래를 예상하는데 참고와 실마리가 될 뿐 그 이상의 역할은 할 수 없지. 그러므로 정량 평가보다 정성적인 분석이 더 중요한 데, 정성적 분석의 시작은 보고서의 나머지를 살펴보는 일이란다.

보고서 곳곳에 기업이 앞으로 어떻게 될지에 대한 실마리들이 뿌려져 있어서, 보고서를 자세히 보면 이 회사가 앞으로 어떻게 될지가 어렴풋이 그려지는 경우가 많아. 다시 한번 강조하지만, 주식투자에 100%는 있을 수 없어. 안개가 자욱하게 낀 숲길을 더듬더듬 걸어서 보물을 찾는 것과 같아. 저쪽에서 불빛이 깜빡인다고 신나서 달려가 보면 호랑이의 눈인 경우가 대부분이야. 조심조심 한 걸음씩 앞으로 나가는 사람만 결국 보물을 손에 넣을 수 있지. '주식에 필승법이란 없다'라는 걸 마음속에 항상 새기고 있어야 해. 앞에 호랑이가 있는지, 함정이 있는지, 그 힌트를 알려주는 지도가 보고서야. 그래서 꼼꼼하게 잘 살펴볼 필요가 있단다.

Must Know

주식투자는 수학이나 과학보다는 문학이나 예술에 더 가까우므로 정량적인 분석 이상으로 정성적인 분석이 중요하다.

주식에 필승법은 없다. 필승법이 있다고 하는 사람은 전부 사기꾼이니 상대를 하지 말아야 한다.

주목해야 할 보고서 내용

보고서에서 어떤 부분을 잘 살펴봐야 할까? 재무제표와는 달리 '어떤 부분이다'라고 말하기 어려운 게, 어디에 어떤 힌트가 숨겨져 있을지 모르거든. 어떤 회사 보고서를 볼 땐 거의 의미가 없는 내용이 다른 회사 보고서를 볼 땐 중요한 내용이 되는 경우가 허다해. 생각지도 못한 곳에서 좋은 투자 기회를 발견할 수도 있으므로 구석구석 꼼꼼히 살펴볼 필요가 있단다.

2003년에 금호산업이란 회사의 주가가 급등한 적이 있어. 지금은 '고터몰'이라고 불리는 고속버스터미널 부지가 개발된다는 얘기가 나오자 금호산업이 가지고 있던 고속버스터미널 지분이 투자자들 사이에서 재평가되었기 때문이지.

당시 금호산업은 서울고속버스터미널(주)의 지분 27.62%를 가지고 있었어. 보고서에 기재된 지분의 가격은 취득가라 156억 원에 불과했지만, 서울고속버스터미널의 땅값을 계산해보면 금호산업의 지분가치는 당시 시가로 평가할 때 3000억 원이 넘었단다.

보고서 중에 재무제표 주석 항목 중에 종속기업과 관련된 부분을 살펴본 사람이라면 이걸 알 수 있었지. 고속버스터미널 개발 얘기가 나오기 시작한 2003년에 이 부분에 주목하고 투자한 사람이 2007년까지 금호산업 주식을 보유하고 있다가 매도했다면, 2003년 초 기준 4만 6천 원 정도였던 주가가 2007년 11월에 284만 원까지 오르면서 6100%에 이르는 천문학적인 이익을 거둘 수 있었을 거야.

2003년 초에 1천만 원을 금호산업에 투자했다면 5년 만에 6억 원을 벌 수 있었다는 얘기지.

물론 처음부터 사서 마지막까지 계속 보유하기는 어려웠을 테니 중간에 사서 팔았다 해도 10배 이상의 이익을 거둘 수 있었을 거야. 이런 건 재무제표만 보고는 발견하기가 쉽지 않아. 보고서를 꼼꼼하게 살펴보고, 고속버스터미널 재개발까지 알고 있던 투자자만 알 수 있는 사항이거든.

어려운 점은 또 하나 있어. 금호산업처럼 저평가된 자산을 보유하고 있는 회사는 많아. 이런 자산은 '재평가'받기 전까지는 계속 '숨겨진' 자산으로 남아 있으므로 주가에는 영향을 미치지 못해. 그래서 숨겨진 자산이 재평가받을 수 있는 계기가 필요해.

금호산업의 경우에는 고속버스터미널 재개발이 그 계기가 되었지. 이런 계기를 투자자들은 '촉매'라고 부른단다. 어떤 물질이 촉매로 화학 반응을 하면서 급격히 변화하듯이 주식들도 평가를 제대로 받지 못한 상태로 머무르다가 어떤 사건을 계기로 시장의 주목을 받고 재평가받으면서 주가가 급등하는 것을 일컫지.

이런 성공적인 투자를 하기 위해서는 평소에 수많은 회사에 대해 알고 있다가 뉴스 등을 통해 이 회사의 주가가 재평가받을 수 있다고 생각하는 계기가 생겼을 때 투자해야 해. 준비된 투자자만이 기회를 잡을 수 있는 거야.

그런데 수많은 투자자는 이 반대로 투자하는 경우가 많아. 촉매가 등장하고 나서야 그 회사 기술에 관해 공부를 시작하는 거지. 이렇게 투자해서는 성공하기는 어려워. 그러니 평소에 준비(공부)를 철저히 해놓고 있다가 뉴스가 나오면 투자해야 한단다.

평소 금호산업의 자산을 공부한 투자자라면 서울고속버스터미널 재개발 뉴스를 보고 투자할 거야. 또 금호산업이 고속버스터미널 지분을 가지고 있던 건 오래된 일이라 언젠가 재개발할 것으로 생각해 이미 잔뜩 투자해놓은 투자자도 있겠지. 그런데 일반적으로 촉매가 등장할 때까지 기다리지 못하고 팔아. 언제 나올지 모르는 소식을 기다리기는 쉽지 않은 일이거든.

새로닉스란 회사도 비슷한 일이 있었어. 2020년부터 전기차, 특히 2차전지와 관련된 기업들의 주가가 급등했어. 특히 2차전지 원가 중 가장 비중이 큰 양극재를 만드는 회사들의 주가는 무시무시할 정도로 급등했지. 양극재를 만드는 회사 중에 엘앤에프라는 회사가 있어.

엘앤에프의 주가는 2020년 초에 1만 2천 원에서 2022년에 27만 원까지 올랐지. 5천억 원에 불과했던 엘앤에프의 시가총액은 10조 원 근처까지 올라갔어. 엘앤에프의 최대주주는 새로닉스란 회사야. 새로닉스가 직접 가지고 있는 엘앤에프 지분과 광성전자라는 자회사를 통해 간접적으로 가지고 있는 지분을 합치면 20%가 넘었거든.

2021년 7월에 엘앤에프의 시총은 3조 원이 넘었어. 새로닉스의 지분가치로 따지면 6천억 원이 넘는 상황이었지. 하지만 새로닉스의 시총은 1천억 원을 조금 넘는 수준이었어. 이 무렵 엘앤에프의 거침없는 주가 상승을 본 투자자 중에 새로닉스가 가진 엘앤에프의 지분을 주목하는 사람들이 늘어났고 시장에서도 새로닉스 지분을 재평가하는 기류가 이어지면서 불과 석 달 만에 새로닉스의 주가는 3배 가까이 상승했지. 이것 또한 보고서에서 관련 회사 지분을 살펴보고 지분 가치를 계산해봤던 투자자는 미리 알고 투자할 수 있었겠지. 그런데 엘앤에프에 투자하면 더 많이 벌 수 있었던 것 아니냐고? …아차!

Must Know

보고서에서 다른 투자자들이 발견하지 못한 가치를 발견하면 성공적인 투자를 할 수 있다.
그러기 위해서는 꼼꼼히 들여다보고 깊이 생각해봐야 한다.

보고서를 입체적 유기적으로 보는 법

금호산업, 새로닉스의 주가 변동 사례 같이 예측하려면, 보고서를 구석구석 꼼꼼히 살펴보기만 하면 되는 걸까? 구석구석 꼼꼼히 살펴보는 것만큼, 아니 그 이상으로 중요한 게 있어. 입체적 유기적으로 바라보는 거야. 무슨 말일까?

단순히 한 가지 사실만 아는 게 아니라 3차원 지도를 바라보듯 머릿속에 주가가 어떤 과정을 통해 상승할지, 그 프로세스를 알아야 한다는 얘기야. 나무만 보는 게 아니라 숲의 전체적인 모양을 예측하는 일, 한 가지 사실이 다른 곳에 어떻게 영향을 미칠 수 있는지를 이처럼 입체적 유기적으로 이해해야 한다는 거지.

이전 내용에서 예로 들었던 금호산업은 (1) 금호산업이 서울고속버스터미널의 지분을 가지고 있다는 걸 알고, (2) 그 지분이 저평가되어 있다는 걸 이해하고 (3) 재평가받아서 주가가 올라갈 가능성에 대해 예측하고 (4) 재평가받는 계기가 고속버스터미널 재개발이라는 걸 알고 (5) 재개발 뉴스를 기다리는 식으로 투자해야 했겠지.

새로닉스는 (1) 새로닉스가 엘앤에프 지분을 20% 넘게 가지고 있다는 사실을 알고 (2) 엘앤에프가 2차전지 중에서도 양극재를 만드는 회사이며 시장에서 양극재 제조 회사가 유망하다고 평가하고 있기 때문에 주가가 급등하고 있다는 사실을 알고 (3) 엘앤에프의 주가가 오르면 새로닉스의 지분가치도 재평가 받아 주가가 오를 수 있음을 이해하고 (4) 그 계기를 기다리는 식으로 투자를 했어야겠지.

보고서 속에 쓰인 대부분의 일은 서로 연관되어 있어. 예를 들면 보고서에서 'Ⅷ. 임원 및 직원들에 관한 사항' 중 1번 항목에는 '임원 및 직원들의 현황'이라는 것이 있어. 이 항목에는 대표이사 등 임원들의 약력, 직원의 숫자와 월급을 얼마나 받는지 등에 대해 기록되어 있지.

만일 어떤 회사의 보고서를 분기별로, 연도별로 지속해서 살펴보는데 직원들의 숫자가 계속 늘어난다는 사실을 발견했다면, '직원 숫자가 늘었구나'라며 넘어갈 게 아니라 직원들의 숫자가 늘어난다는 것의 의미를 생각해봐야 해. 직원들의 숫자가 늘어난다는 의미는 회사가 더 많은 직원을 필요로 한다는 얘기고, 더 많은 직원이 필요하다는 얘기는 회사가 파는 제품이나 서비스에 더 많은 인력이 필요한 상황이라는 얘기이니 앞으로 이 회사의 매출이나 이익이 늘어날 수 있다는 걸 의미할 수 있단다.

그럼 다음에는 'Ⅱ. 사업의 내용'에서 '3. 원재료 및 생산설비 항목' 중 '3번 설비의 신설 및 매입 계획 항목과 대차대조표'에서 유형자산 등을 살펴보는 거야. 또는 보고서 말고 다른 공시나 뉴스 중에 공장 증설 등의 계획을 살펴보는 거지.

이런 것들을 살펴봤는데 회사가 생산량을 유의미하게 늘리려 한다면, 이 회사는 매출과 이익이 성장할 가능성이 높으니 투자를 고민해보는 거지. 단순히 직원의 숫자가 늘어나는지 줄어드는지만 보는 게 아니라 하나의 사실과 다음의 사실을 연관시켜 생각해봐야 해. 사실들을 평면적으로 바라보는 게 아니라 조감도를 보듯이 위에서 전체적으로 보려고 하는 노력이 꼭 필요해. 보고서 안에 쓰인 하나의 사실이 다른 사실과 어떻게 연관되어 있는지를 이해한 후 어떤 일이 벌어질 것인지를 종합적으로 예측하는 거지.

한미반도체라는 반도체 장비를 만드는 회사가 있어. 2020년에 1호선 지하철을 타고 가다가 이 회사가 열차 내에 직원 구인 광고를 잔뜩 낸 걸 본 적이 있지. 그럴 때 '뭔 지하철에 구인 광고를 내나?'라며 넘어가는 게 아니라 '지하철에 구인 광고를 낼 정도로 직원이 필요한가 보다'라고 생각하고, 한미반도체의 직원과 증설 상황, 반도체 업계 상황 전반 등의 사실들을 알아본 후 투자했다면 꽤 큰 수익을 거둘 수 있었을 거야.

당시엔 코로나19로 인한 각종 물자 부족으로 인해 반도체 쪽도 쇼티지(물자가 제대로 공급되지 않아 부족한 현상)가 나서 생산량을 늘려야 했고, 생산량을 늘리려면 증설해야 했기 때문에 증설에 필요한 장비를 생산하는 반도체 장비 회사들이 좋은 실적을 거둘 수 있는 상황이었거든. 물 들어올 때 노를 젓는다고, 한미반도체 입장에서는 장비 생산량을 늘리기 위해 직원들을 많이 채용했는데 코로나19로 인한 구인난 때문에 지하철에도 구인 광고를 실어야 했던 거지. 지하철에 구인 광고를 하는 게 일반적이지는 않지만 1호선이 안산, 동탄 등 공장들이 많은 지역을 지나간다는 걸 고려하면 합리적인 구인 전략일 수도 있겠지.

구인 광고를 봤다고 투자해야 한다는 말이 아닌 건 알지? 하나의 단편적인 사실에서 시작해서 하나하나씩 투자 아이디어를 쌓아 올리고 그 아이디어를 검증하는 과정을 만들어가야 한다는 얘기란다. 기업의 모든 행동은 매출, 더 나아가서는 이윤을 늘리기 위한 행동이기 때문에 기업이 하는 행동을 잘 살펴보면 이 기업이 어떻게 돈을 더 벌려고 하는지, 돈을 더 벌 수 있을지 생각해볼 수 있거든. 그러니 사소해 보이는 사실이라도 놓치지 말고 지켜보면서 다른 사실들과 연관 지어보려는 노력이 필요해. 투자 아이디어를 떠올리고 검증하는 과정에서 분기/반기/사업 보고서는 무엇보다 중요한 자료란다.

Must Know

보고서에 나와 있는 사실들을 유기적으로 연결해서 입체적으로 보려고 노력해야 한다.

보고서는 주식투자에서 가장 기초적이고 가장 중요한 자료다.

6장

주식투자로 돈을 벌기 위해 꼭 알아야만 하는 것들

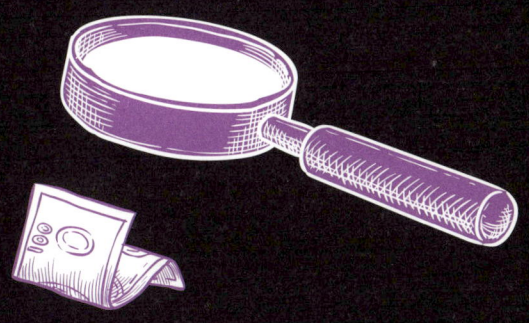

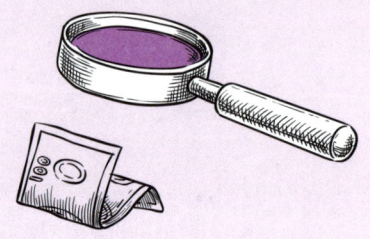

복리의 마법

아인슈타인이 인류 최고의 발명품이 '복리'라고 했지. 이 말을 아인슈타인이 정말 했는지 아닌지는 알 수 없지만(안 한 거 같아) 복리는 주식투자를 하는 사람이라면 반드시 이해해야 해. 복리라는 게 사실 대단하거나 거창하거나 복잡한 게 아니야. 마법 같은 건 더욱 아니지. 따지고 보면 당연한 건데 복리를 적용했을 때랑 그렇지 않을 때 너무 큰 차이가 벌어지다 보니까 그 숫자 차이 때문에 처음 복리를 접하는 사람들은 무슨 마법이라도 본 것처럼 깜짝 놀라곤 해.

복리는 이자가 원금으로 변하면서 새로 이자를 적용할 때 원금이 원래 원금에 이자를 더한 금액으로 불어나서 적용한다는 말이야. 이렇게 써놓으면 이해가 힘들 테니, 예를 들어 좀 더 쉽게 설명해줄게.

내가 돈이 2천만 원이 있어서 각각 1천만 원씩 두 개의 예금을 들었어. 기간은 5년간이고 이자율은 5%인데 A 예금은 복리가 적용되지 않고, B 예금은 복리가 적용되는 예금이라고 치자. 5년 뒤에 결과가 어떻게 달라지는지 한번 살펴볼까?

A 예금

1년 차 원금 1000만 원 + 5% 이자 50만 원 = 1050만 원

2년 차 원금 1000만 원 + 5% 이자 100만 원 = 1100만 원

3년 차 원금 1000만 원 + 5% 이자 150만 원 = 1150만 원

4년 차 원금 1000만 원 + 5% 이자 200만 원 = 1200만 원

5년 차 원금 1000만 원 + 5% 이자 250만 원 = 1250만 원

B 예금

1년 차 원금 1000만 원 + 5% 이자 50만 원 = 1050만 원

2년 차 원금 1050만 원 + 5% 이자 52만 5천 원 = 1102만 5천 원

3년 차 원금 1102만 5천 원 + 5% 이자 55만 1250원 = 1157만 6250원

4년 차 원금 1157만 6250원 + 5% 이자 57만 8812원 = 1215만 5062원

5년 차 원금 1215만 5062원 + 5% 이자 60만 7753원 = 1276만 2815원

 5년이 지나면 A 예금은 1250만 원이 되지만, B 예금은 그보다 26만 2815원 더 많은 1276만 2851원이 돼. 겨우 26만 원 차이라고 생각할 수도 있어. 하지만 복리의 무시무시함은 시간이 지날수록, 이자율이 클수록 잘 드러나.

 예를 들어, 이자율이 10%, 10년 만기인 예금에 1000만 원씩 가입했다고 하면 복리가 적용되지 않을 경우 2000만 원을 돌려받지만, 복리가 적용되면 2707만 415원을 돌려받게 돼. 700만 원 넘게 차이가 나지. 이자율이 10%, 30년 만기인 예금이라고 가정하면, 복리가

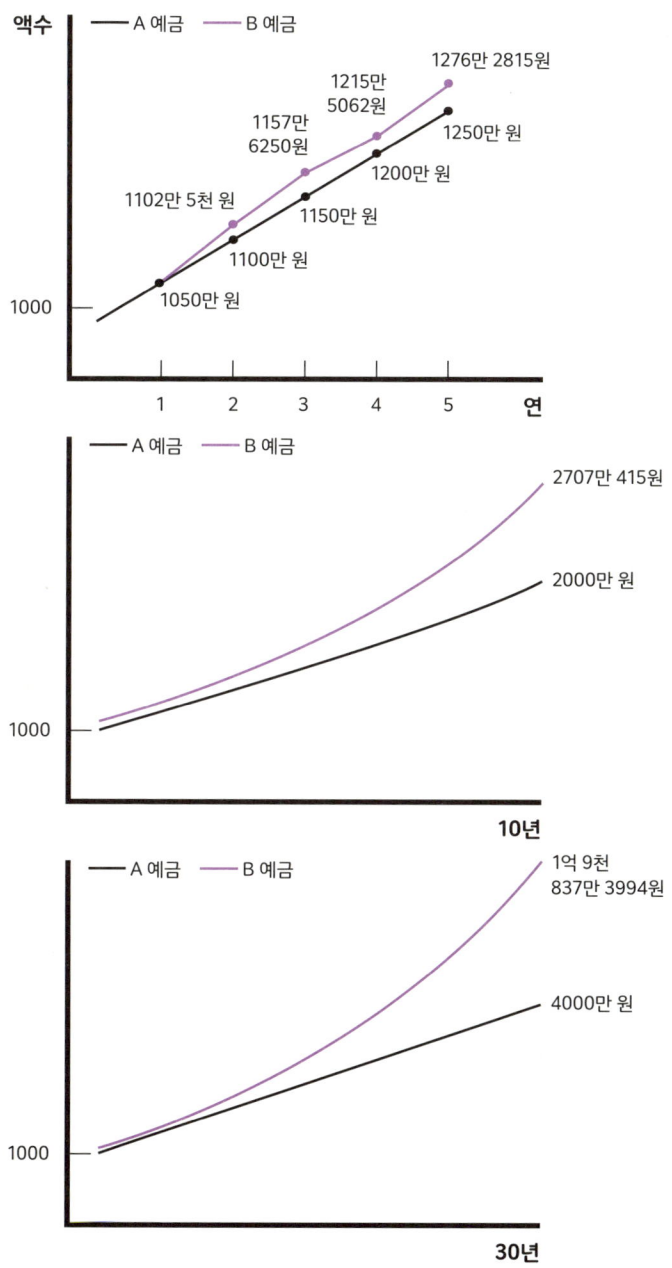

적용되지 않을 때, 4000만 원을 돌려받게 되지만, 복리가 적용되면 1억 9천 837만 3994원을 돌려받게 돼.

엄청난 차이가 생겼지? 초기에는 큰 차이가 없지만 시간이 지날수록 큰 차이가 나서 나중에는 상상도 할 수 없는 차이가 나게 돼. 그래서 복리를 시간의 마법이라고도 한단다.

복리가 중요한 이유

이게 중요한 이유는 두 가지야. 워런 버핏을 비롯해서 성공한 투자자들이 공통으로 하는 이야기가 '절대로 돈을 잃지 말라'는 말이야. 투자는 돈을 벌기 위해서 하는 거지 잃기 위해서 하는 게 아니니까 하나 마나 한 당연한 소리같이 느껴질 거야.

'절대로 돈을 잃지 말라'라는 말을 이해했다는 건 복리의 효과와 무서움에 대해 이해했다는 의미이고, 저 말이 하나 마나 한 당연한 소리로 들린다면 복리가 어떻게 작용하는 건지 이해를 못 한 거야.

1000만 원을 투자했다가 50%를 잃으면 원금은 500만 원이 되지. 그럼 500만 원을 1000만 원으로 만들려면 몇 %의 수익을 거둬야 할까? 100%겠지. 50%의 손실에서 회복하려면 100%의 수익률이 필요하다는 뜻이야. 원금 회복을 위해 필요한 수익률을 알아볼까?

10% 손실이 났을 경우 11.1% 이익을 거둬야 원금 회복

20% 손실이 났을 경우 25% 이익을 거둬야 원금 회복

30% 손실이 났을 경우 42.9% 이익을 거둬야 원금 회복

40% 손실이 났을 경우 66.7% 이익을 거둬야 원금 회복

50% 손실이 났을 경우 100% 이익을 거둬야 원금 회복

60% 손실이 났을 경우 150% 이익을 거둬야 원금 회복

70% 손실이 났을 경우 233% 이익을 거둬야 원금 회복

80% 손실이 났을 경우 400% 이익을 거둬야 원금 회복

90% 손실이 나면 무려 900%의 수익, 즉 9배로 불어나야 원금이 회복될 수 있다는 의미야. 이것은 복리가 부정적으로 작용할 때, 드러나는 무시무시함이지. 원금을 많이 잃을수록 회복하는 데 필요한 수익률은 기하급수적으로 커져서 돈을 벌기는커녕 원금을 회복하는 것조차 힘들어진단다. 그래서 주식투자에서 제일 중요한 건 돈을 잃지 않는 거라고 말을 하는 거고, 이 말에 담긴 진짜 의미를 이해하려면 복리의 프로세스를 이해해야 하지.

그런데 돈을 잃지 않으려면 어떻게 해야 할까? 복리 얘기를 좀 더 하려고 했는데 이 얘기를 먼저 하는 게 좋겠지? 돈을 잃지 않는 가장 쉬운 방법은 투자하지 않는 거야. 투자하지 않고 저금만 하면 돈을 잃을 가능성은 거의 없어. 은행이 망할 위험도 있지만, 우리나라는 예금자보호제도라는 게 있어서 은행이 망해도 원금과 이자를 합쳐서 5천만 원까지는 나라에서 보장을 해줘. 5천만 원씩 이 은행, 저 은행에 분산해서 넣어 놓으면 돈을 잃을 위험도 없고 이자도 받

을 수 있어.

문제는 금리는 보통 인플레이션 비율보다 낮아서 예금에서 나오는 이자로는 인플레이션을 따라잡을 수 없어. 앞에서 얘기했지만 투자의 제1목적은 내가 가진 돈의 구매력을 지키는 건데 예금으로는 현금의 구매력이 떨어지는 속도를 늦출 수는 있지만 막을 수는 없단다.

우리는 우리가 가진 돈의 구매력을 지키기 위해 돈을 잃을 가능성이 있는 투자를 해야만 해. 하지만 절대로 돈을 잃어선 안 돼. 불가능한 일이 아니냐고? 아니야. 어려운 일이라고 할 수는 있지만 불가능한 일은 아니야. 실제로 사람들이 하는 일 중엔 비슷한 일이 많아. 교통사고가 나면 안 되지만 어딘가에 가기 위해 차를 타잖아. 차를 타지 않으면 교통사고가 날 일이 없겠지만 차를 타지 않으면 목적지까지 가는 데 시간이 오래 걸리겠지.

누군가 우리를 대신해서 운전하는 차를 타듯이 펀드 같은 간접투자 상품에 투자하는 방법도 있어. 하지만 펀드도 돈을 잃을 가능성은 있고, 어느 펀드가 손실을 보지 않고 더 나은 수익률을 올려줄지도 판단해야 해. 결국 선택은 자신의 몫이고 책임 또한 내가 져야 해. 누구도 나를 대신해서 투자 결과를 책임져줄 수 없어. 오로지 자신만이 투자의 결과에 따라 기쁨을 누리거나 책임을 지지.

안전하게 걸어가는 대신에 교통사고의 위험을 감수하고 차를 타는 이유는 목적지에 빨리 도달하기 위해서잖아. 투자도 마찬가지야. 돈을 잃을 위험을 감수하고 투자하는 이유는 (1) 내가 가진 돈의 구매력을 지키고 (2) 나아가서 구매력을 늘리기 위한 거지. 사고를 피하고자 안전 운전하듯이 돈을 잃지 않기 위해 투자를 할 때는 '안전마진'이라는 걸 확보하고 투자하는 방법이 있단다. 안전마진에 대해서 함께 알아보자.

Must Know

복리가 흑마법이 되면 정말 무섭다.
그래서 이기는 투자보다 지지 않는 투자가 더 중요하다.

투자자가 꼭 알아야 할 안전마진

투자자라면 복리와 함께 '안전마진'을 알아야 한단다. 물건 가격은 시장에서 정해지는데, 어떤 때는 싸게 팔리고 어떤 때는 비싸게 팔리지. 공산품은 가격이 크게 바뀌지 않는데 농산물은 가격이 심하게 오르내려. 흉년이 들면 엄청나게 비싸지기도 하고 풍년에는 가격이 폭락하기도 하지. 이런 현상은 경제학에서 말하는 수요와 공급의 변화 때문에 벌어지는 일이란다.

수요와 공급은 간단히 말해 필요한 물건의 양과 만들 수 있는 물건의 양을 의미해. 필요한 물건의 양은 늘었는데 만들 수 있는 물건의 양이 늘어나지 않으면 비싼 돈을 주고라도 물건을 사려 할 테니 가격이 올라갈 테고, 만든 물건은 많은데 필요로 하는 사람이 적으면 싸게라도 팔려고 할 테니 가격이 내려가겠지.

공산품 가격이 비교적 일정한 이유는 수요에 맞춰 공급을 조절하는 게 쉽기 때문이란다. 공장에서 만드는 물건은 비교적 일정한 양을 생산할 수 있고 생산량을 늘리고 줄이는 것도 상대적으로 쉬워. 하지만 농산물을 그렇지 않지. 가격이 비싸진다고 갑자기 농작물이 빠르게 자랄 수 있는 것도 아니고, 가격이 내려간다고 이미 자라고 있는 농작물을 자라지 못하게 할 수도 없어. 가끔 뉴스에 농작물을 팔지 않고 그냥 밭을 갈아서 흙으로 덮어버리는 모습이 나오는데, 그 이유는 가격이 너무 내려가서 팔아봤자 수확하는 비용도 나오지 않기 때문이야.

하지만 가격 변동이 작은 공산품이건, 변동이 큰 농작물이건 가격 변동의 폭은 있게 마련이야. 가격이 내려가도 이 이하로는 더는 내려갈 수 없다 싶은 최소 가격과 아무리 가격이 올라도 이 이상 오르는 건 무리다 싶은 최대 가격이 있어.

주식도 마찬가지야. 어떤 회사의 주식이 오르내리더라도 이 정도면 충분히 싸다 싶은 주가가 있을 테고 이건 너무 비싸다 싶은 주가도 있을 거야. 안전마진은 이 정도 주가면 혹시 투자자의 판단에 실수가 있더라도 크게 손해를 보지 않을 거라고 볼 수 있는 충분히 안전한 주가를 말한다고 할 수 있어. 실은 이보다는 좀 더 복잡한 개념이지만 우선 이 정도만 알고 넘어가도록 하자.

원래 안전마진의 의미는, 몸에 해로운 물질이 들어갔을 때 문제가 생길 수 있는 양과 어떤 경우에도 문제가 생기지 않는 양의 차이를 의미해. 혹은 공학적으로 어디서부터 어디까지 문제가 생기지 않는 범위를 말하지. 이 정도면 (충분히) 안전하겠다 싶은 양이나 강도를 의미하는 거지.

투자에서도 마찬가지야. 아무리 좋은 회사의 주식이라도 비싸게 사면 위험하고, 나쁜 회사의 주식도 충분히 싸게 사면 돈을 잃을 위험이 줄어들겠지. 이런 의미에서 주식투자에서 제일 중요한 고려 사항은 가격일 수밖에 없어. 안전마진이 가격만을 뜻하는 건 아니지만 가격이 제일 중요한 요소이기 때문에 여기선 가격 얘기만 했어. 좀 더 공부를 많이 하게 되면 안전마진을 다양한 각도에서 생각해볼 수 있을 거야.

안전마진은 어떻게 확보해야 할까? 어떤 회사의 주식이건 충분히 싸게 사면 안전마진을 확보할 수 있다고 얘기했지만, '충분히 싸다'라는 게 뭘까?

예를 들어 설명해볼게. 맥도널드의 빅맥 세트나 버거킹의 와퍼 세트를 1천 원에 팔면 싼 걸까 비싼 걸까? 싼 거겠지. 할인행사를 할 때도 최소한 3~4천 원 이상 줘야 할 테니까. 그럼 10만 원에 팔면 싼 걸까 비싼 걸까? 대답할 필요도 없이 너무 비싼 거지. 그럼 빅맥 세트나 와퍼 세트의 적정한 가격은 1천 원과 10만 원 사이에 있다고 말할 수 있지. 9만 원에 판다면 어떨까? 8만 원이면?

이런 식으로 적정한 가격을 찾다 보면 어느 정도 범위가 정해지겠지. 아마 5천 원 정도에서 8천 원 사이쯤이 아닐까? 5천 원보다 싸면 살 만한 가격이고 8천 원보다 비싸면 사면 안 되는 가격이라고 할 수 있겠지. 이럴 때 4천 원 근처 혹은 그 이하에서 사면 안전마진을 확보했다고 말할 수 있을 거야.

주식투자에서 안전마진을 확보한다는 건 적정한 가격보다 싼 가격에 살 때 가능해. 그럼 어느 정도 되어야 싼 가격이라고 말할 수 있는 걸까? 앞에서 공산품의 가격은 상대적으로 변동 폭이 적고, 농산물의 가격은 변동성이 심하다고 했잖아. 주가는 농산물보다도 변동성이 훨씬 심해. 워런 버핏은 주식시장을 '미스터 마켓'이라는 사람에 비유했는데, 미스터 마켓은 조울증 환자라 변덕이 심해서 우울증이 심한 날에는 엄청나게 싼 가격에 주식을 팔기도 하고, 기분이 좋은 날에는 엄청 비싼 가격에 물건을 팔아.

상식적으로 생각했을 때는 쌀 때 사고, 비쌀 때 팔면 이익을 거둘 수 있겠지만, 사람의 마음이 간사해서 이게 쉽지 않단다. 주가가 곤두박질칠 때는 더 내려갈 거 같아서 못 사다가 주가가 올라서 후회하고, 주가가 오르면 더 오를 거 같다고 생각하고 벌 수 있는 돈을 못 벌어서 손해를 본다는 느낌이 들까 봐 주식을 샀다가 손해를 보는 등 여러 이유로 후회하지.

주가만 보고 투자하면 이런 일이 자주 벌어져 주가만 보고 있으면 지금 가격이 싼지 비싼지 알 수 없어. 그래서 오르면 더 오를 거 같고 내려가면 더 내려갈 것 같은 느낌이 들어. 용기를 내서 주식을 사야 할 때 무서워서 못 사고, 조심해야 할 때 용감하게 매수 버튼을 누르는 거야. 주식을 살 때 명심해야 할 건, 내가 사는 건 종이 쪼가리나

파일이 아니라 회사 일부를 사는 거라는 점이야. 이걸 염두에 두고 투자하면 내가 사는 가격이 싼지 비싼지 계산할 수 있단다.

위에서 햄버거 세트 가격 얘기를 했잖아. 주식도 마찬가지로 저런 식으로 평가해볼 수 있을 거야. 햄버거 가격을 평가하는 식으로 주가를 평가하고 나면 얼마 이하에 사면 안전마진을 확보할 수 있는지 짐작할 수 있겠지.

Must Know

주식투자에서 가장 큰 리스크는 시장에서 퇴출당하는 것이며, 이를 피하기 위해서는 안전마진을 반드시 확보해야 한다.
안전마진을 확보하는 가장 좋은 방법은 '충분히' 싸게 사는 것이다.

회사의 주가는 어떻게 평가할까

회사 주가는 어떻게 평가할까? 주가를 평가하는 방법은 다양해. 가게를 예로 들어 생각해볼까? 우리가 어떤 가게를 사고팔 때 그 가게를 얼마에 거래하면 적당할지를 평가할 수 있겠지. 우선 주변에 다른 가게들이 얼마에 거래되는지를 보면, 이 가게를 얼마에 사면 적당할지 비교해서 짐작할 수 있어.

그런데 이 방법에는 문제가 있단다. 옆에 있는 가게는 장사가 잘 안 되는데 이 가게는 장사가 엄청나게 잘되고 있을 수도 있잖아. 이런 경우에 옆 가게의 가격을 참고할 수는 있겠지만 직접적으로 비교하는 데는 무리가 있지.

그럼, 이 가게가 얼마나 돈을 벌고 있는지를 보고 판단할 수도 있을 거야. 이 가게가 한 달에 벌어들이는 돈을 보고 얼마에 거래하면 적당할지를 판단하는 거지. 하지만 이 방법에도 문제는 있어. 골동품이나 미술품을 파는 가게는 당장 장사가 잘 안 되더라도 그 가게가 가진 골동품이나 미술품이 엄청 비싼 것들일 수도 있잖아. 이런 경우에 얼마를 버느냐로 이 가게를 평가하면 정확한 가격이 될 수 없지.

이런 방법 외에도 가게를 평가하는 방법은 무수히 많아. 어느 시점에 어떤 시각으로 바라보느냐에 따라 달라질 수 있거든. 주식도 마찬가지란다. 주식은 그냥 종이가 아니라 회사의 소유권이야. 회사의 가치가 바뀌면 주식의 가격도 달라진다는 얘기지.

회사의 가치가 올라가면 주가가 올라가고 회사의 가치가 떨어지면 주가가 내려가. 정확히는 사람들이 회사의 가치가 올라갔다고 생각해서 비싼 가격에 주식을 사기 시작하면 주가가 올라가고, 회사의 가치가 떨어졌다고 생각해서 싼 가격에 주식을 팔기 시작하면 주가가 내려가지. 매수하려는 양과 매도하려는 양이 변하는 걸 '수급'이라고 부른단다. 수급에 따라 주가는 오르기도 하고 내려가기도 해.

주가는 단기적으로는 수급의 영향을 제일 크게 받아. 단기적인 수급에 가장 영향을 주는 건 정보와 소문이고. 예컨대 어떤 과자 회사에서 새로 나온 과자가 엄청나게 잘 팔린다는 소문이 돌면 그 회사의 주가가 급등하는 경우를 왕왕 볼 수 있어. 허니버터칩 같은 경우가 대표적인 사례지. 물론 허니버터칩은 소문만이 아니라 실제로 잘 팔렸어. 손오공이라는 완구회사에서 나온 터닝메카드가 어린이들 사이에서 선풍적인 인기를 끌었을 때 손오공의 주가가 급등했고.

그 밖에도 전자 제품에 들어가는 부품을 파는 회사가 애플에 아이폰 부품을 납품할 거라는 소문이 돌아 그 회사의 주가가 급등한 사례도 있지. 애플에 납품을 하면 매출 규모가 차원이 다를 정도로 늘어나기 때문에 그 기대감으로 투자자들이 주식을 사서 주가가 올라가게 되거든.

이런 소문은 사실로 판명되는 경우도 있고 그냥 헛소문에 불과한 경우도 있어. 어떤 경우엔 헛소문으로 판명됐는데 시간이 좀 더 지나 다시 사실로 판명되는 경우도 있지. 어쨌든 좋은 소문이 돌면 주가가 오르고 나쁜 소문이 돌면 주가가 내려가지만 이런 소문이 정말이건 아니건 결국 이런 식으로 오르거나 내려간 주가는 시간이 지나면 제자리를 찾아. 특히 소문으로만 시장에서 돌아다니던 얘기가 언론을 통해 뉴스로 진위가 판명되면 주가가 제자리를 찾는 사례가 많아서 '주식을 소문에 사서 뉴스에 팔아라'라는 격언도 있단다.

이런 소문 중에는 터무니없는 거짓말도 많아. 나쁜 사람들이 일시적으로 헛소문을 낸 후에 주가를 올리고 나서 자기들이 가진 주식을 비싸게 팔아치워 돈을 버는 거야. 이런 일은 절대 있어선 안 되고 이런 짓을 저지르는 사람들은 정말 나쁜 사람들이야. 하지만 쉽게 많은 돈을 벌고 싶은 유혹에 빠져 이런 범죄를 저지르는 사람들이 주식시장에는 계속 있단다.

예를 들어볼게. CNK라는 회사는 2010년 12월 17일에 외교통상부 보도자료를 통해서 아프리카 카메룬에 있는 4억 2천만 캐럿의 다이아몬드가 매장된 것으로 추정되는 다이아몬드 광산 개발권을 취득했다고 밝혔어. 발표 후에 3천 원 정도였던 주가는 15일 만에 5배 이상 폭등했지.

그 후에 매장량이 과장됐다는 의혹이 여러 번 제기됐고 주가는 제자리로 돌아갔어. 저런 소문을 퍼뜨리고 주가를 띄운 사람들은 주가가 올라간 후에 자신들이 가지고 있던 주식을 다 팔아서 충분히 이익을 챙겼지. 발표를 믿고 주식을 산 투자자들만 손해를 봤어.

CNK 주식은 2014년 7월 거래가 정지됐고, 2015년에 상장폐지됐어. 주식이 휴지 조각이 된 거지. 더 황당한 일은 주가조작의 주범으로 추정되는 CNK 대표는 집행유예를 받아 감옥도 가지 않고 주가조작으로 돈을 벌었어. 뉴스를 보고 주식을 샀다가 결국 상장폐지까지 당한 투자자들 입장에선 정말 피 눈물나는 일이었지.

보물선을 이용한 주가조작 사례도 있어. 주식 관련 범죄 중에 단골 메뉴야. 드미트리 돈스코이호(號)라는 러시아 배가 있어. 1905년 러일 전쟁에 참전했다가 울릉도 근처에서 침몰했다고 알려졌지. 이 배가 황금을 싣고 있다는 소문이 돌면서 주기적으로 이 배를 가지고 주가조작을 해서 돈을 벌려는 사람들이 주식시장에 계속 나타났어. 2000년 당시 법정관리 중이던 동아건설은 돈스코이호를 인양하겠다고 발표했고, 주가는 17일 연속으로 상한가를 기록했지. 그런데 돈스코이호가 어디 있는지조차 모른다는 사실이 밝혀지면서 동아건설은 부도가 나서 상장폐지됐어.

그다음 해인 2001년에도 삼애인더스라는 회사에서 보물선을 찾겠다며 돈스코이호와 관련된 주가조작을 해서 큰 문제가 됐지. 2018년에도 삼일그룹은 돈스코이호를 인양한다고 발표했는데 제일제강이라는 회사를 인수한다는 발표를 동시에 해서 제일제강의 주가를 띄우는 작전을 벌이기도 했지.

좋은 일이 있을 거라는 발표만 해도 주가가 상승해 돈을 벌 수 있기 때문에 이런 일을 저지르는 범죄자들은 앞으로도 계속 나타날 거야. 이런 범죄의 특징 중 하나가 피해자들이 어떤 보상도 받지 못한다는 점이야. 심지어 처벌조차 미미하게 끝나는 경우가 많아. 그래서 불확실한 소문이나 허황된 뉴스를 따라서 주식을 매매하는 일은 절대 하면 안 돼. 아무도 내가 입은 손해를 책임져주지 않아.

Must Know

주식시장에는 사기꾼들이 드글드글하다. 그 사기꾼들은 내 돈을 노리고 있다.

투자자의 기대와 가치평가

수급에 영향을 주는 또 다른 요인은 실적 전망이야. 투자자들이 실적이 좋아질 거란 기대를 할 때는 주가가 올라가고 실적이 나빠질 거라 생각하면 주가가 내려가는 경향이 있어. 주가는 꿈을 먹고 산다는 말이 있단다. 실제 매출이나 영업이익, 순익이 잘 나오는 것도 중요하지만, 지금보다 앞으로 더 좋아질 거란 기대감이나 나빠질 거란 실망감이 주가에 미리 반영되는 경향이 있거든.

실적이 잘 나왔는데 주가가 내려갈 때도 있고, 실적이 나쁜데 주가가 오르기도 해. 예상한 대로 실적이 잘 나와도 주가가 내려가면 투자자로선 정말 미칠 노릇인데 어쩔 수 없어. 이것 또한 주식투자의 일부분으로 받아들이는 수밖에 없지. 요식업 격언 중에 '손님이 짜다면 짜다'라는 말처럼 '시장이 짜다면 짠 거'거든. 배의 선장과 선원들이 바다와 맞서 싸우지 않고 파도와 바람에 순응하듯이 투자자들도 시장과 맞서 싸우려고 해선 안 돼. 시장과 맞서 싸워 이길 수 없거든.

시장과 맞서 싸울 수 없다는 말이 투자자들이 돈을 벌 수 없다는 의미는 아냐. 폭풍우도 거센 파도도 언젠가는 그치는 것처럼 부정적인 전망이나 소문으로 인해 주가가 내려가더라도 그런 일이 영원히 계속되지는 않아. 일시적으로는 회사의 가치와 주가가 따로 움직일 수 있지만, 결국엔 회사의 가치와 주가가 비슷하게 움직이거든. 그러니 지금보다 앞으로, 현재보다 미래에 돈을 잘 벌 수 있는 좋은 회사를 찾아서 투자하면 언젠가 돈을 벌 수 있지.

회사의 가치를 평가해서 주가가 회사의 가치보다 싸게 거래된다고 생각될 때 사서 적당하거나 비싸게 거래되고 있다고 생각할 때 팔면 되는 거야. 가게를 평가하듯이 회사를 평가해서 적정한 회사의 가격(시가총액)과 주가를 비교한 후에 쌀 때 사면 된다는 거지.

이렇게 얘기하면 간단하고 쉬운 일 같지만, 주식투자가 간단하고 쉬운 일이라면 주식투자로 돈을 잃는 사람은 없겠지. 실제로는 주식시장에는 돈을 잃는 사람들이 대부분이거든. 돈을 잃는 사람들이 대부분이라는 얘기는 주식투자가 쉬운 일이 아니라는 얘기지.

회사의 가치를 평가하는 게 간단하고 단순한 일이 아니라서 그래. 수많은 개인 투자자는 자기가 투자하려는 회사의 가격이 얼마쯤 할지 계산해보지도 않고 투자하는 경우가 많아. 온갖 노력을 해서 평가해도 돈을 버는 게 쉬운 일이 아닌데 주변에서 한두 마디 얘기를 듣고 주식을 사면 돈을 잃는 게 어찌 보면 당연하지.

회사를 평가하는 건 쉬운 일이 아니지만 그렇다고 해서 절대 할 수 없는 어려운 일도 아니야. 앞에 얘기한 것처럼 평가하는 방법이 있어. 회사의 가치를 평가하는 방법은 위에 가게를 평가하는 방법처럼 크게 두 가지가 있단다.

① 자산으로 평가하는 방법
② 수익성으로 평가하는 방법

자산으로 평가하는 방법은 수익성으로 평가하는 방법에 비해 비교적 단순해. 회사가 가진 자산의 가격을 합치는 거지. 책상이나 의자부터 공장에 있는 기계, 건물과 땅, 자동차 같은 자산들의 가격을 다 합치고 이 가격과 주가를 비교해보는 거야. 이런 식으로 가치를 평가한 지표를 PBR이라고 해. 앞서 잠깐 얘기했지만, 다시 자세히 설명할게.

PBR = 시가총액 ÷ 장부에 표시된 총자산

시가총액은 회사의 현재 주가에 회사가 발행한 주식의 숫자를 곱한 걸 말해.

시가총액 = 주가 × 주식의 총 수

주가가 1만 원인 회사가 발행한 주식이 총 100만 주라면 이 회사의 시가총액은 100억 원이 되지. 즉, 이 회사의 주식을 현재 가격으로 전부 사들였을 때 필요한 금액이야. 시가총액은 이 회사가 현재 시장에서 얼마에 거래되고 있는지를 보여주는 거야.

시가총액을 장부에 표시된 회사의 자산 가격의 합으로 나눈 게 PBR이야. PBR이 1보다 크면 회사가 가진 자산 가격의 합보다 주식이 비싼 가격에 거래되고 있고, PBR이 1보다 작으면 회사가 가진 자산 가격의 합보다 회사가 싸게 거래되는 거고, PBR이 1이면 같은 가격에 거래되고 있는 거지.

이렇게 생각하면 PBR이 1 이하인 주식을 사서 기다리면 무조건 이익을 볼 수 있는 거 아니냐고 생각할 수도 있어. 이론상 맞지. 이론상 맞는데, 이론상으로 맞는다는 얘기는 대개 실제로는 틀렸다는 얘기야.

PBR이 유효한 투자지표로 사용되던 시절도 있었어. 여러 나라의 주식투자 역사를 살펴보면 대개 주식투자가 대중화되기 시작한 초창기에 PBR은 유용한 지표로 사용됐지. 주식투자가 대중화되지 않았다는 얘기는 아직 회사들의 주가가 제대로 평가받지 못했을 가능성이 높다는 거야. 터무니없을 정도로 싼 가격에 거래되는 회사들이 시장에 널려 있는 경우가 많았지. 가지고 있는 자산의 10분의 1만 팔아도 회사 전체를 사들일 수 있을 정도로 싼 회사들이 주식시장에 가득했어. 이런 회사의 주식을 '자산주'라고 불러.

자산주들은 거의 위험 부담 없이 사서 시장의 주목을 받아 주가가 오르기를 기다리기만 하면 돼. 하지만 주식투자가 대중화되면서 이런 주식들은 점점 사라졌지. 회사가 망하거나 상장폐지를 해서가 아니라 주가가 올라서 그래. PBR이 낮은 주식에 투자하는 투자자들이 늘어나면서 그런 회사들의 주가가 오르고, 어느 시점까지 오르고 나면 그 주식은 더 이상 싼 주식이 아니게 되지. 그때가 되면 PBR을 이용한 투자는 한계를 드러내. 지금도 PBR이 1 이하인 채로 주식시장에서 거래되는 주식은 많단다.

2022년 9월 28일 시점에서 이름이 익숙한 큰 회사들이 PBR 1 이하에서 거래됐어. 이 회사들 주식을 사면 금방 돈을 벌 수 있을까?

PBR이 1 이하인 회사의 주가를 살펴보면 짧게는 2~3년 이상, 길게는 10년 이상 계속 PBR 1 이하인 채로 거래되는 경우가 대부분이야. 왜 그럴까? 회사의 가격이 관점에 따라 달라지듯이 자산도 어떤 기준으로 평가하냐에 따라 가격이 달라지거든.

예를 들면, 옷을 파는 회사가 PBR이 1 이하로 거래된다면 이걸 자산주라고 부를 수 있을까? 그렇게 말하긴 어려울 거야. 길을 걷다가 '눈물의 재고 처리'라고 플래카드를 걸어놓고 옷을 파는 가게를 본 적이 있을 거야. 옷은 유행을 많이 타는 제품이지. 계절이 조금만 지나도 입을 수 없고, 인기가 엄청나게 많던 옷도 유행이 조금 지나면 아무도 사려고 하지 않아.

유행이 지난 옷은 정가보다 엄청나게 많이 할인해야 팔릴까 말까지. 심하면 옷을 만드는 데 들어간 천 값도 건지기 어려운 경우도 생겨. 게다가 안 팔린 재고를 보관하는 데 들어가는 보관 비용도 만만치 않지. 그래서 유행이 지난 옷은 싸게라도 팔아야 하는데 안 팔리면 그대로 재고로 남기 때문에 불태워 버리기도 해.

옷이 재고로 남아 있으면 원래 정가는 10만 원이라 장부에는 10만 원이라고 쓰여 있지만 실제로는 1만 원이나 2만 원 정도 가치밖에 안 될 수도 있어. 재고를 잔뜩 가지고 있는 의류 회사가 장부로 보면 PBR이 굉장히 낮을 수도 있지만, 실제로는 그만큼의 가치가 없으므로 빛 좋은 개살구에 불과할 수도 있단다.

또 기계 같은 경우도 마찬가지야. 기계는 일단 스위치를 켜면 그때부터 빠르게 가격이 내려가지. 게다가 공장 같은 데서 쓰는 기계는

단위 : 배
자료 : 에프앤가이드

그 회사의 물건을 만드는 데만 유용한 경우가 많아서 아무도 그 기계를 사려고 하지 않을 수도 있어. 그러면 기계가 아니라 고철 가격만 받고 팔아야 할 수도 있지. 그러니 장부에 표시된 숫자만 보고 PBR이 낮다고 해서 이런 회사에 투자하면 낭패를 볼 수도 있겠지?

이 반대의 경우도 있단다. 일반적으로 장부에 표시하는 자산의 가격은 구매할 때를 기준으로 표시하게 되어 있어. 감가상각이라고 취득 이후에 일정 비율로 자산의 가격을 깎아서 표시하게 되어 있지만 이건 복잡하고, 당장 필요한 개념이 아니니까 넘어갈게.

살 때를 기준으로 표시하게 되어 있으므로 옷이나 기계의 가격이 내려가는 걸 제대로 반영하지 못해. 이 반대의 경우도 있지. 취득 이후에 가격이 올라가는 자산을 가진 회사는 실제 자산 가격보다 장부 가격이 싸게 표시되어 있을 때도 있단다. 공장 부지처럼 땅이 이에 해당되는 대표적인 자산이야. 오래전에 산 땅이 여러 가지 이유로 인해서 가격이 엄청나게 올랐는데 장부로 보면 여전히 취득 당시 가격으로 표시되어 있어서 실제보다 훨씬 싸게 거래되기도 해.

이런 회사의 주식을 진정한 자산주라고 말할 수 있지. 하지만 이 경우에도 문제는 있어. 숨어 있는 땅의 가치를 나 말고 다른 투자자들이 발견해줘야 해. 내가 어떤 회사가 가진 땅이 장부의 10배 이상 비싼 땅이라는 걸 알았다고 해도 다른 투자자들의 관심이 없으면 주가는 오르지 않기 때문이지.

운이 좋아 그 근처에 쇼핑몰이나 기차역 같은 게 생겨서 자연스럽게 투자자들이 관심을 두게 되거나 회사에서 자산 재평가를 해서 장부 가격이 올라 시장에서 회사에 관심을 두면 주가가 오르기도 해. 앞에서 예로 들었던 금호산업이 고터몰을 개발하면서 많은 투자자가 자산의 가치를 재발견했지. 하지만 이 기간이 생각보다 오래 걸릴 수가 있단다.

앞에서 얘기했지만 예전에는 투자자들이 자산주에 관심을 가지는 경우가 많았어. 하지만 지금은 자산주에 별로 관심을 두지 않는단다. 자산이 많다고 해도 회사의 자산이 많을 뿐이지 주주들에게 돌아오는 건 하나도 없는 경우가 대부분이기 때문이야. 자산을 팔아 배당하거나 유망하고 새로운 사업에 투자하면 주가가 오를 수도 있지만 특히 우리나라에서 그런 경우는 많지 않단다.

주식을 다 사들여서 자산을 팔면 돈을 벌 수 있는 거 아니냐고? 맞는 말이야. 맞는 말이긴 한데, 틀린 말이야. 왜 틀린 말이냐고? 주식을 다 사들일 수 없기 때문이지. PBR이 낮은 자산주들은 대개 최대주주의 지분율이 굉장히 높은 경우가 많아. 내가 그 회사 주식을 사들여서 자산을 파는 결정을 하려면 회사를 경영할 수 있는 권리 및 경영권을 확보해야 하는데 최대주주의 지분율이 높아서 경영권을 확보할 수 있을 만큼의 주식을 사들일 수 없는 경우가 많단다. 경영권을 확보하기 위해 주식을 사들이는 걸 'M&A'라고 하는데, 이 과정에서 원래 경영권을 가지고 있는 쪽에서 경영권을 지키기 위해 자신들도 주식을 많이 사게 돼. 이런 일이 벌어지면 주가가 엄청나게 올라서 주식을 싸게 사겠다는 원래의 목표가 무산될 수도 있지.

어떤 회사는 가지고 있는 현금이 회사의 빚을 다 갚고도 회사의 시가총액보다 많기도 해. 이런 회사는 진정한 자산주라고 할 수 있겠지. 삼성공조 같은 회사가 이런 사례이지. 시가총액보다 현금이 많으면 당연히 주가가 올라서 최소한 현금보다는 시가총액이 많아야겠지만 삼성공조는 아주 오랜 기간, 그리고 여전히 회사가 보유한 현금보다 싼 수준에서 계속 거래됐어. 최대주주의 지분율이 너무 높아서 현실적으로 경영권을 확보하는 게 불가능한데다가 배당도 많이 주지 않고 회사가 하는 사업도 전망이 밝지 않기 때문에 주가는 늘 현금가치보다 싸게 거래됐지.

싼 게 비지떡이라는 말처럼 싸게 거래되는 자산주들은 대부분 싸게 거래되는 이유가 있어. 가끔 시장에서 자산가치가 재발견돼서 주가가 오르기도 하지만 그런 경우는 흔하지 않으니 재평가를 기대하고 자산주를 사면 실망하게 되는 경우가 많을 거란다.

투자자 중에선 자산주 투자를 가치투자라고 오해해서 PBR이 낮은 주식을 찾아다니면서 자신은 가치투자를 하고 있다고 생각하는 투자자들도 있는데, 이런 경우에 좋은 투자 성과를 올리는 경우는 많지 않을 거야. 가치투자는 자산보다 싸게 거래되는 회사를 찾는 단순한 행위가 아니거든. 가치투자는 한 가지로 정의할 수 없어. 가격에 비해 높은 가치를 지닌 회사에 투자하는 모든 투자가 가치투자야.

자산으로 회사를 평가하는 방법은 비교적 간단하지만, 수익성으로 평가하는 방법은 다양하고 복잡해. 자산은 회사가 가진 자산이 시장에서 어느 정도에 거래되었는지 혹은 거래될 수 있는지를 따지기만 하면 돼. 하지만 수익성을 평가하는 기준은 수없이 많고, 어느 시점에 어떤 식으로 평가하느냐에 따라 천차만별로 달라질 수 있기 때문이지.

예전과 지금의 주식투자가 크게 달라진 건, 자산주에 투자하는 경우는 별로 없고 대부분 수익성을 중시하게 되었다는 점이야. 이렇게 바뀐 이유는 여러 가지가 있지. 앞에서 얘기한 것처럼 시장이 고도화되면서 살 만한 자산주들이 줄었다는 점도 있지만, 가장 큰 이유는 네이버나 엔씨 같은 IT 회사들이 나타나면서 회사의 자산보다 더 중요한 고려사항들이 생겼기 때문이란다.

제조업이라고 불리는 회사들은 공장 같은 유형자산이 중요해. 공장, 기계 같은 게 있어야만 물건을 만들어 팔 수 있잖아. 하지만 IT 회사에겐 이런 것들이 중요하지 않아. 네이버 사이트나 카카오 앱, 게임 리니지는 실체가 있는 물건이 아니라 온라인에서만 존재하는 무형의 물건이야. 이런 회사에서는 유형자산이 그다지 중요한 요소가 아니겠지. 이런 회사들은 얼마나 많은 고객을 모아서 매출을 올려 돈을 벌 수 있는가가 훨씬 중요해. 이런 회사들에 PBR을 적용하면 터무니없을 정도로 높은 숫자가 나와서 도저히 투자할 수 없는 경우가 많단다.

주식시장에 네이버, 엔씨소프트, 카카오 같은 회사들이 점점 늘어나면서, 회사의 자산을 보고 하는 투자는 유행에 뒤떨어진 게 됐고, 그런 식으로 투자하는 투자자들도 많이 사라졌어. 앞에서도 말했듯이 주식시장은 꿈을 먹고 자란다는 말이 있는데, 이러한 변화로 자산주들은 꿈을 잃어버리게 됐지.

1천만 원 투자해서 1천만 원을 벌 수 있는 회사보다 1백만 원 투자해서 1천만 원을 벌 수 있는 회사가 더 좋은 투자대상이 되겠지? IT 회사들이 늘어나면서 제조업보다 적은 자본으로 더 많은 돈을 벌 수 있게 되니 주식시장에서도 자연스레 '회사의 자산이 얼마 있느냐'보다는 '얼마나 돈을 잘 벌 수 있느냐'가 더 중요한 기준이 되었단다.

현재 주식시장에서 회사를 평가하고 투자할 때, 자산보다는 수익성을 훨씬 더 중요하게 생각해. 그래서 요즘 투자자들은 현재 돈이 많은 회사보다는 현재 돈을 잘 벌고 있는 회사나 앞으로 돈을 잘 벌 수 있는 회사에 투자하려고 하지. 그러므로 수익성으로 회사를 평가하는 방법을 반드시 알아야 한단다.

Must Know

시장과 싸우지 마라. 왜? 못 이기니까.
자산주는 찾기는 쉽지만 돈을 벌기는 쉽지 않다.

수익성으로 회사를 평가하는 방법

그럼 어떻게 수익성으로 회사를 평가할까? 주식시장에서는 꿈이 중요하고 현재보다 미래에 좋아질 회사를 좋아해. 그래서 현재 돈을 잘 벌고 있더라도 앞으로는 돈을 못 벌게 될 회사에 대해서 주식시장은 냉정하지. 주식은 꿈을 먹고 자란다는 말은 투자자들이 앞으로 돈을 잘 벌 수 있는 회사에 주로 투자한다는 의미란다. 회사가 벌고 있는 수익 혹은 앞으로 회사가 벌 수 있을 거라고 생각하는 수익을 현재 거래되는 회사 주가와 비교하지.

길에 다니는 차 대부분이 전기차로 바뀌고 있는 상황에서 휘발유로 운행되는 내연기관차와 관련된 회사들은 현재 아무리 돈을 잘 벌고 있다고 하더라도 주식시장에선 크게 관심을 두지 않아. 주식도 싸게 거래되는 경우가 대부분이지.

회사를 수익성으로 평가하는 여러 가지 지표가 있는데, 이 지표를 알면 회사를 수익성으로 평가할 수 있단다. 우선 수익성을 평가하는 여러 가지 기준을 알고, 어떤 회사에 어떤 기준을 적용해야 하는가에 대해서 알아야 해.

우선, 수익성의 기준으로 어떤 게 있을까? 자산으로 평가하는 기준은 비교적 단순하지만 수익성으로 평가하는 기준은 수없이 많아. 어떤 관점에서 회사의 수익성을 평가하느냐에 따라 다 다르거든. 어렵지 않게 많이 쓰는 지표만 몇 가지 알려줄게. 지금부터 함께 알아보자.

PER

PER은 Price Earning Ratio의 약자인데 '퍼'라고 읽기도 하고, '피이알'이라고 읽기도 해. 기업의 시가총액을 한 해의 순이익으로 나눈 수치이고, 기업의 수익성을 평가할 때 가장 보편적으로 사용하는 지표란다. 그리고 시가총액을 해당연도의 순이익으로 나눈 비율을 말하지.

PER = 시가총액 ÷ 한 해의 순이익

시가총액은 현재의 주가를 기준으로 이 회사를 얼마에 살 수 있는지를 보여줘. 시가총액을 순이익으로 나눈 PER은 이 회사를 샀을 때 원금을 회수하려면 몇 년이 걸리는지를 보여주는 숫자이지.

시가총액 = 주가 × 주식의 수

시가총액이 1000억 원인 기업이 100억 원의 순이익을 거뒀다고 하면

$$1000억\ 원 \div 100억\ 원 = 10$$

PER이 10이니까 원금 회수에 10년이 걸리고 시가총액이 2000억 원인 기업이 100억 원의 순이익을 거뒀으면

$$2000억\ 원 \div 100억\ 원 = 20$$

PER이 20이니까 원금 회수에 20년이 걸린다는 의미가 되지. 원금 회수를 하는 데, 걸리는 기간은 당연히 짧을수록 좋을 테니 투자할 때 PER이 낮은 게 좋단다. PER은 직관적으로 이해하기 쉽고 수익성을 측정하는 데 신뢰할 수 있는 지표라, 투자자 대부분이 투자할 때 꼭 확인하는 지표야.

PER은 투자를 결정하면서 한번은 살펴봐야 하는 수치이기는 한데, 너무 의존하면 안 되는 지표이기도 해. 얼핏 생각하면 PER이 낮은 주식에 투자하면 무조건 성공할 수 있을 것 같지만 실제로 그렇지는 않거든. PER이 가장 중요한 수익성 지표이던 때도 있었지만, 지금은 그렇지 않단다. 최근 몇 년 동안 시장을 살펴보면 PER이 낮은 주식보다 PER이 높은 주식의 수익률이 높은 경향을 보이거든. 왜 이런 일이 벌어졌을까?

얼핏 생각하면 PER이 낮으면 원금을 회수하는 데 걸리는 기간이 짧으니 그걸로 충분한 거 아닌가 생각할 수 있어. 그런데 그런 생각은 누구나 할 수 있는 생각이잖아. 그럼 다른 투자자도 PER이 낮은 회사의 주식에 투자할 테니 그 회사의 주가는 이미 올라서 더 이상 PER이 낮은 주식이 아닐 거야. 그런데도 PER이 낮은 데는 이유가 있겠지. 그 이유가 뭘까?

PER이 낮은 회사는 대부분 시장에서 성장성을 의심하고 있는 경우가 많단다. 시가총액이 1000억 원이고, 올해 순이익이 500억 원인 회사는 PER이 2에 불과하지만, 만일 이 회사의 순이익이 내년에 10분의 1인 50억 원으로 줄어든다면 어떤 일이 벌어질까? 내년 이 회사의 PER은 20이 되겠지. 더 이상 PER이 낮은 회사라고 말할 수 없을 거야. 반대의 경우를 생각해볼까? 시가총액이 1000억 원인 회사가 올해 순이익은 10억 원이면 PER이 100이 되겠지. 이 회사를 사서 원금을 회수하는 데 100년이 걸려. 하지만 내년에 순이익을 200억 원을 거둘 수 있다면 PER이 5가 될 테니 5년이면 원금을 회수할 수 있지.

작년에 PER이 낮은 걸 보고 투자했다가 올해 순이익이 확 줄어들면 PER이 올라서 주가가 내려갈 수도 있고, 그 반대의 상황도 생길 수 있어. 낮은 PER에 거래되고 있다는 건, 시장에서 회사의 미래를 어둡게 보고 있다는 의미일 수 있고, 높은 PER에 거래된다는 건 시장에서 회사의 미래를 밝게 보고 있다는 의미일 수 있단다.

대체로 빠르게 성장하는 회사는 높은 PER의 주식이 거래되고 성장이 멈췄거나 사양산업에 속하는 회사들은 낮은 PER로 거래되는 경향이 있어. 2차전지와 관련된 회사들은 시장에서 성장성이 높다고 보기 때문에 높은 PER을 적용받고, 내연기관 차량 부품을 만드는 회사나 LCD 디스플레이 관련된 제품을 만드는 회사들은 사양산업에 속했다고 해서 낮은 PER로 회사의 주식이 거래되는 경우가 많지.

반면 PER은 과거의 수익성과 주가의 상관관계를 보여주는 지표일 뿐이지, 회사의 미래까지는 보여주지 못해. 그러므로 PER이 낮다고 투자한다든지 높아서 투자하지 않는다든지, 이렇게 단순하게 투자해서는 안 돼.

그렇다면 투자하기에 적정한 PER은 어느 정도일까? 일반적으로 회사의 순이익과 연관 지어서 평가할 수 있을 거야. 내년에 순이익이 10% 정도 성장할 거라 예측되는 기업은 PER이 10보다 낮으면 싸다고 평가할 수 있고, 20% 정도 성장할 거라 예측되는 기업은 PER이 20 이하면 싸다고 평가할 수 있지. 물론 절대적인 기준은 아니란다.

PER은 회사의 성장성과 연관 지어 어느 정도의 주가가 적정 주가인지를 평가할 수 있는 굉장히 유용한 지표지만, 참고 수단일 뿐 너무 신봉해서는 안 돼. 더구나 기업의 성장성에 높은 프리미엄을 부여하는 요새 같은 시장에선 PER은 예전보다 유용성이 떨어질 수밖에 없단다.

영업이익률

영업이익률Business Profit Rate은 매출과 비교할 때 영업이익이 얼마나 되는지를 측정하는 지표란다.

영업이익률 = 영업이익 ÷ 매출

매출은 회사가 얼마나 물건을 팔았는지를 벌었는지를 보여주는 숫자고, 영업이익은 매출액에서 매출원가와 판매비와 관리비를 뺀 금액이야.

영업이익 = 매출 - 매출원가 - 판매비와 관리비

매출원가는 순수하게 제품을 만드는 데 들어간 비용이지. 원재료 가격 같은 걸 말해. 판매비와 관리비는 직원들 월급이나 광고비 같은 비용을 말해. 영업이익은 매출액에서 제품을 만들어 파는 데 들어간 직접비와 간접비를 뺀 비용, 다시 말해 제품을 팔아서 얼마나 이익을 남겼는지를 보여주는 비용인 거지.

영업이익률은 이 비율을 의미해. 남들이 만들어 팔기 어려운 물건을 파는 기업일수록 이 비율이 높고, 경쟁자가 많은 기업일수록 영업이익률이 낮지. 경쟁자가 없으면 물건을 비싸게 팔 수 있을 테고, 경쟁자가 많은 기업은 물건을 싸게 팔아야겠지. 꼭 필요한 물건이지만 다른 기업이 절대 만들 수 없는 물건을 파는 회사는 물건을 비싸게 팔 수 있으니 영업이익률이 높을 테고, 별로 중요하지 않고 아무나 만들 수 있는 물건을 만들어 파는 회사는 가격 경쟁력으로 승부를 겨뤄야 하니까 영업이익률이 낮겠지. 이런 의미에서 영업이익률은 기업이 얼마나 경쟁력을 가졌는지를 보여주는 지표란다.

그렇다면 적정한 영업이익률은 어느 정도일까? 물건을 만들어 파는 데, 이익을 많이 남길수록 좋겠지? 당연히 영업이익률은 높을수록 좋아. 하지만 회사에서 파는 물건이나 서비스에 따라 적정 영업이익률은 크게 달라진단다.

엔씨소프트, 크래프톤 같은 게임 회사나 네이버, 카카오 같은 포털 회사라면 영업이익률이 15%는 넘어야 해. 왜냐면 물건을 만드는 데 원재료 비용이 들어가지 않는 회사이고, 매출이 늘어날 때 추가로 들어가는 비용이 줄어드는 회사들이기 때문이지. 자동차를 만드는 회사나 식품을 만들어 파는 회사는 물건을 만들 때마다 원재료 비용이 들어가지만, 포털 회사는 비용이 더 들어가지 않잖아.

CU 편의점을 운영하는 BGF리테일이나 이마트 같은 유통회사는 영업이익률이 5%가 넘으면 괜찮아. 이런 회사들은 물건을 만들어 파는 게 아니라 다른 회사의 물건을 파는 유통회사라서 매출에 비해 영업이익이 낮을 수밖에 없거든.

화장품이나 옷 같은 소비재를 만들어 파는 회사라면 영업이익률이 10%를 넘으면 준수하다고 할 수 있어. 하지만 화장품 회사의 경우 어떤 제품이 입소문을 타고 대박이 나면 영업이익률이 급등하는 때도 왕왕 볼 수 있지. 그런 경우는 주가도 동반 급등하기 때문에 미리 그런 회사를 찾을 수 있다면 투자에 성공할 수 있단다. 다음에 나오는 주가차트를 보면 2013년쯤부터 아모레퍼시픽 화장품이 중국에

| 아모레퍼시픽 주가 차트(2013~2015년)

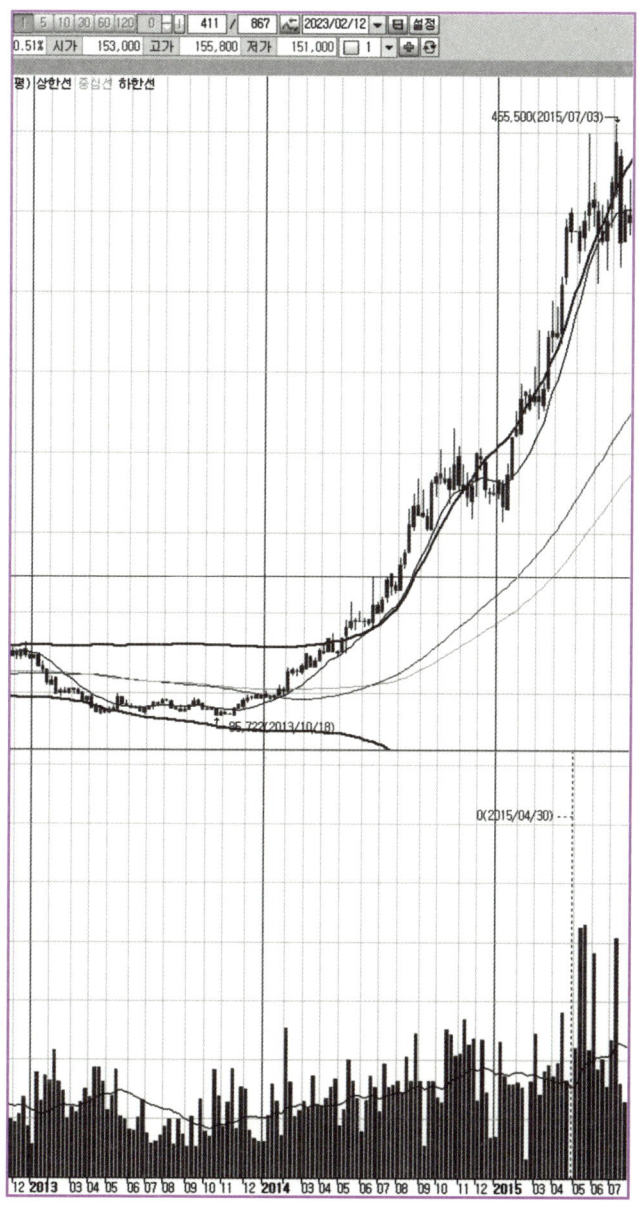

| 애플 매출과 영업이익 | | | | (단위 : 백만 달러) |

마감기준	2021 25/09	2020 26/09	2019 28/09	2018 29/09
총매출	365817	274515	260174	265595
매출	365817	274515	260174	265595
기타 매출 총계	—	—	—	—
총매출원가	212981	169559	161782	163756
총 이익	152836	104956	98392	101839
총 영업비용	256868	208227	196244	194697
판매/일반/관리 비용 총계	21973	19916	18245	16705
연구 및 개발	21914	18752	16217	14236
감가상각/무형자산상각가	—	—	—	—
영업이자비용(수익) 순계	—	—	—	—
특별지출(수익)	—	—	—	—
기타 영업비용 총계	—	—	—	—
영업 이익	108949	66288	63930	70898
영업외이자수익(비용) 순계	198	890	1385	2446

서 인기를 끌면서 1년 동안 주가가 5배 넘게 급등한 적도 있어.

IT 제품 같은 물건을 만들어 파는 회사의 영업이익률은 그 회사가 얼마나 경쟁력이 있는 회사인지를 보여주는 경우가 많아. 그래서 똑같이 스마트폰을 만들어 팔지만, 애플과 삼성전자의 영업이익률은 차이가 크게 나지. 위 표는 2018년부터 2021년까지 애플의 매출과 매출이익과 영업이익을 나타낸 것이야.

다음은 삼성전자 IM(information technology & Mobile, 스마트폰 사업부, 현재는 MX : mobile experience 사업부로 개명) 부분 매출과 영업이

익이란다.

삼성전자 IM 부분 매출과 영업이익			(단위 : 억 원)
	매출	영업이익	영업이익률
2015	1035543	101420	9.79
2016	1003021	108076	10.78
2017	1066683	118273	11.09
2018	1006777	101720	10.10
2019	1072662	92725	8.64
2020	985875	114727	11.52
2021	1092514	136476	12.49

영업이익률은 회사가 어떤 제품이나 서비스를 파는 회사인가에 따라 크게 달라질 수밖에 없단다. 영업이익률은 기업의 경쟁력을 숫자로 보여주기 때문에 굉장히 유용한 지표이고 투자를 결정할 때 꼭 살펴봐야 해. 경쟁 기업이 생겼다든지, 원재료 가격이 올라갔는데 제품 가격은 그대로라면, 영업이익률이 내려가겠지.

이마트 같은 경우 인터넷 쇼핑, 특히 마켓컬리 등이 신선 식품 배송을 시작하면서 경쟁이 심해져 영업이익률이 내려갔지. 그래서 이런 상황이 주가에 그대로 반영되어 오랫동안 주가가 조금씩 하락하고 있는 상황이야. 라면 회사인 농심은 코로나19로 인해 농작물 생산에 문제가 생기면서 라면의 원재료인 소맥과 팜유의 가격이 올라가 영업이익률이 내려가다 못해 적자를 기록했어. 당연히 주가도 내려갔지. 비싼 가격으로 부모의 등골을 휘게 만들어 일명 '등골브레이커'로 유명한 노스페이스 제품을 만들어 파는 영원무역은 노스페이스가 학생들 사이에서 유행할 때 영업이익률이 많이 올라갔었어.

어떤 회사의 영업이익률이 떨어지면 회사나 제품, 서비스에 문제가 생겼다는 의미일 수 있고, 영업이익률이 올라가는 회사는 반대로 회사의 상황이 좋아지고 있다고 볼 수 있지. 이외에도 영업이익률은 회사가 어떤 상황인지를 여러 가지로 잘 보여줄 수 있는 지표야.

영업이익률이 떨어질 거로 예측되는 기업은 높은 확률로 주가가 내려가기 때문에 투자할 때 굉장히 유의해야 하고, 올라갈 거로 생각하는 기업은 주가가 올라갈 가능성이 높으니 잘 살펴봐야 한단다.

ROE

ROE는 Return On Equity의 약자인데, '자기자본 이익률'을 뜻해. PER이나 영업이익률에 비해 약간 어려운 개념이지만, 주식투자에서 아주 중요한 지표니까 꼭 알아둬야 하지. ROE를 이해하기 위해서는 우선 '자기자본'이라는 개념을 이해해야 해.

자기자본은 자본금과 자본잉여금, 자본조정, 기타포괄손익누계액, 이익잉여금으로 구성되어 있는데 하나하나 다 알 필요는 없어. 간단하게, 기업의 총자산에서 부채를 뺀 걸 자기자본이라고 해.

자기자본 = 자산 - 부채

자기자본은 기업에서 주주의 자산이 얼마나 되는지를 뜻해. 을지문덕 씨가 자기 돈 1억 원에, 은행에서 빌린 돈 1억 원을 보태서 노노치킨을 새로 냈다고 가정해보자.

처음에 노노치킨에 대해 을지문덕 씨의 자기자본은 1억 원이야. 하지만 1년 동안 장사해서 매달 1천만 원씩 총 1억 2천만 원을 벌었어. 그럼 노노치킨의 총자산은 처음 을지문덕 씨가 낸 1억 원에 부채 1억 원, 그리고 1년 동안 벌어들인 1억 2천 원을 합쳐서 3억 2천이 되겠지.

초기자본 1억 원 + 부채 1억 원 + 이익금 1억 2천만 원

= 총자산 3억 2천만 원

이 중에 자기자본은 부채를 제외한 2억 2천만 원이야.

총자산 3억 2천만 원 - 부채 1억 원 = 자기자본 2억 2천만 원

간단히 얘기해서 자기자본은 빌린 돈을 빼고 남은 모든 자산이지. 자기자본은 회사의 주인인 주주들의 순수한 자산이 얼마나 되는지를 보여주는 거란다. 자, 그럼 ROE도 계산해볼까.

ROE = (당기순이익 ÷ 자기자본) × 100

ROE를 계산하는 데 문제가 하나 있어. 기업이 영업하면 자산과 부채가 변하기 때문에 자기자본도 계속 바뀌지. 그렇다면 어느 시점을 기준으로 자기자본을 정해야 할까?

자기자본 = (기말의 자기자본 + 기초의 자기자본) ÷ 2

이 시점을 정하기 어려워서 ROE를 계산할 때 연말의 자기자본과 연초의 자기자본을 더해서 반으로 나눠서 결정해. 조금 복잡하지만 ROE는 아주 중요하니까 꼭 이해하고 넘어가야 해. ROE가 왜 중요한지는 뒤에서 설명할게.

ROE = [당기 순이익 ÷ {(기말의 자기자본 + 기초의 자기자본) ÷ 2}] × 100

이게 ROE의 최종 계산식이 되지. 노노치킨을 기준으로 ROE를 계산해볼게.

[당기 순이익 1억 2천만 원
÷ {(기말의 자기자본 2억 2천만 원 + 기초의 자기자본 1억 원) ÷ 2}] × 100 = **75%**

노노치킨의 기말 자기자본은 2억 2천만 원이고 기초 자기자본은 1억 원이니까 자기자본은 1억 6천만 원이 되고, 당기 순이익인 1억 2천만 원을 자기자본 1억 6천만 원으로 나눠서 100을 곱하면 을지

문덕 씨 가게의 ROE는 75%가 되지.

실제로 계산할 때는 인건비, 전기료, 알바비 등 들어간 비용을 다 빼고 계산해야 하지만 여기서는 편의를 위해 간단히 줄여서 계산했어.

ROE는 회사가 주주의 돈을 이용해서 얼마나 효율적으로 돈을 벌었는지를 보여주는 수치야. ROE가 높은 회사는 주주의 돈을 효율적으로 이용한 거고 ROE가 낮은 회사는 주주의 돈을 비효율적으로 이용한 게 되지.

투자는 돈을 이용해 돈을 버는 행위이고, 효율적으로 돈을 벌수록 투자를 잘한 게 되잖아. 1억 원으로 100만 원 번 투자자보다는 200만 원 번 투자자가 더 투자를 잘한 거지. 회사도 마찬가지야. 같은 돈을 이용해 돈을 많이 벌수록 좋은 회사지.

주주들이 회사에 돈을 투자하는 이유는 회사가 내 돈을 이용해 돈을 잘 벌기를 바라기 때문이잖아. 어떤 회사의 ROE가 높다는 의미는 그 회사가 투자자의 돈을 효율적으로 이용한다는 의미가 되지.

주주들의 돈을 효율적으로 이용하는 회사는 투자하기 좋은 회사일테니 주가가 오를 가능성도 그만큼 높겠지. 그러니 ROE는 주식투자를 할 때 중요한 지표일 수밖에 없단다.

투자하기에 적정한 ROE는 어느 정도일까? 영업이익률과 마찬가지로 ROE도 높을수록 좋아. 하지만 장기적으로 높은 ROE를 유지할 수 있는 회사는 거의 없지. 회사가 커질수록 자기자본이 커지고, 자기자본이 커지면 높은 ROE를 유지하기 위해 벌어야 하는 돈도 커져. 1억 원을 가지고 2천만 원 버는 것보다 1조를 가지고 2천억 원을 버는 게 훨씬 어려운 거랑 마찬가지지. 덩치가 커지면 버는 돈도 같이 커질 수 있지만 그 비율을 유지하기는 어렵단다.

장기적으로 높은 ROE를 유지할 수 있는 회사는 유니콘처럼 희귀한 존재고, 이런 회사를 발견하면 전 재산을 털어넣어도 좋아. 여기서 중요한 건 높은 ROE를 유지한 회사가 아니라 앞으로 유지할 회사라는 점이야. 장기적으로 20%의 ROE를 유지할 수 있는 회사라면 집중적으로 투자해도 좋아. 15% 정도만 되도 아주 괜찮은 투자 대상이지.

주식투자의 본질은 나 대신 내 돈을 잘 불려줄 수 있는 회사를 고르는 일이고, 이런 회사를 찾는 데 ROE만큼 유용한 지표는 별로 없어. 어떤 회사의 ROE가 올라갈 거라 예상하면 꼭 투자해야 해.

영업이익률과 ROE가 상승하는 것만큼 확실한 투자 기회도 없단

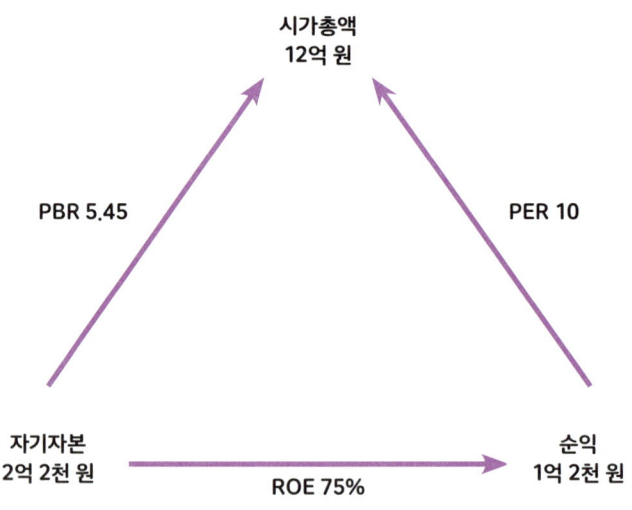

다. 주식투자는 이런 회사를 찾는 일이라 말해도 지나치지 않지. 투자를 할 때는 꼭 이 두 지표를 확인하고 이 지표가 상승할 수 있는 회사를 찾으면 투자하길 바란다.

Must Know

수익성으로 회사의 가치를 평가하는 방법은 다양하며, 주식을 사기 전에 그 회사의 PER, 영업이익률, ROE 정도는 반드시 계산해야 한다.

너에게 주식투자법을 알려주는 이유

유태인들이 자식들에게 주는 가르침을 모은 책인 〈탈무드〉에는 '자식에게 물고기를 잡아줄 것이 아니라 물고기를 잡는 법을 알려주어야 한다'는 말이 나와. 그런데 언젠가부터 우리나라 사람들은 물고기 잡는 법을 알려줘봐야 소용없고, 물고기 창고를 물려줘야 한다는 말을 해. 물고기 창고를 물려주지 못하는 부모 대부분도 사실 물고기 잡는 법보다는 물고기 창고를 물려주고 싶을 거야.

자본주의에서 자산은 복리로 불어나기 때문에 시간이 지나면 빈부의 격차가 점점 벌어지는 건 막을 수 없는 일이야. 회사나 가게, 공장 같은 생산수단을 가졌거나 건물이나 땅 같은 자산을 가진 사람들의 재산은 시간이 지나면서 복리로 늘어나고 그렇지 못한 사람들은 제자리걸음을 하거나 오히려 줄어들게 되는 경우가 대부분이야.

이게 옳으냐 그르냐를 떠나서(옳으냐 그르냐를 떠나서라는 말은 대부분 그르다는 뜻을 포함하고 있단다) 벌어질 수밖에 없는 현상인 건 사실이지. 한 사회나 국가적 차원에서 보면 빈부격차가 점점 벌어지는 일은 절대 바람직하지 않아. 인류 역사를 통틀어 빈부격차가 어느 정도 이상으로 벌어진 국가가 계속 유지된 경우는 없어. 그러니 국가는 빈부격차를 줄이기 위한 노력, 혹은 어느 정도 이상으로 벌어지지 않게 만들기 위한 노력을 할 수밖에 없지.

상속세나 누진적 소득세가 그 대표적인 예야. 상속세나 누진적 소득세가 없다면 자산 격차는 더 벌어질 수밖에 없어. 상속세나 누진적 소득세를 내는 개인 입장에서 보면 불공평하고 부당하기 짝이 없는 일이지만 사회나 국가 차원에서 보면 꼭 필요한 일이지.

우리나라도 당연히 이런 제도를 채택하고 있고, 빈부격차가 벌어지는 일을 막기 위해 어느 정도는 노력하고 있어. 빈부격차가 점점 더 벌어지고 있는 것처럼 느껴지지만, 세계적으로 보자면 우리나라의 빈부격차는 아주 높은 수준이라고 볼 수 없어. 오히려 경제발전에도 불구하고 빈부격차를 어느 정도 이상으로 벌어지지 않도록 하는 데 성공한 나라지. 부자들 입장에서 보면 잘못된 제도 때문이라고 생각하기 쉽지. 그래서 상속세를 공산주의나 사회주의 같은 제도라고 비난하는 경우도 많아.

부자들의 큰 불만에도 불구하고 이런 제도가 만들어지고 유지되는 이유는 생산수단이나 자산을 가진 사람과 그렇지 못한 사람 간에 자산이 쌓이는 속도 차이가 너무 커서 다소 강압적인 수단을 동원하지 않으면 순식간에 국가나 사회를 무너뜨릴 정도로 자산 격차가 많이 벌어지기 때문이야. 미국 같은 경우엔 자산 격차가 벌어지는 현상에 대해서 워런 버핏이나 빌 게이츠 같은 '찐' 부자들이 자신들에게 세금을 걷어 빈부격차를 줄여야 한다는 주장을 할 정도로 벌어져 있어. 워런 버핏이나 빌 게이츠라고 해서 자신들이 세금 내는 게 좋을 리는 없지만 자산 격차가 점점 더 벌어질 경우 어떤 일이 생길 수 있는지 잘 알기 때문에 자신들이 손해를 보는 일을 시행하자고 주장하는 거지.

유태인들은 물고기 잡는 법을 알려주는 게, 물고기 창고를 물려주는 것보다 낫다고 생각해서 물고기 잡는 법을 알려주라고 한 걸까? 생산수단과 자산을 소유한 사람과 그렇지 못한 사람 간에 차이가 점점 더 벌어진다는 걸 몰랐던 걸까? 아닐 거야. 유태인들은 고리대금업으로 유명할 정도로 금전 관념이 밝은 경우가 많아. 그런데도 왜 물고기 잡는 법을 알려주라고 했을까?

대부분의 부모는 물려줄 물고기 창고가 없기 때문이야. 물려주고 싶지, 물려주고 싶은데 물려줄 게 없는 거야. 물려줄 거라고는 물고기 몇 마리뿐인데 그마저도 갖지 못한 부모들이 대부분이지. 물고기 몇 마리는 물려줘 봐야 큰 도움이 되지도 않을 테니 그보다는 물고기를 잡는 법을 알려주는 편이 낫다고 생각했을 거야.

주식을 가진다는 건 회사의 일부를 가지는 것과 같다고 앞에서 여러 번 이야기했지? 회사의 일부를 가진다는 건 물고기 창고의 일부를 가지는 셈이지. 주식투자에 대해 배우는 건 물고기 잡는 법이 아니라 좋은 물고기 창고를 알아보는 방법을 배우는 것과 같아.

물고기 창고를 물려받을 수 있다면 더 좋겠지만, 만일 그렇지 못해도 좋은 물고기 창고를 알아보는 눈이 생긴다면 살아가는데 보탬이 될 거야. 주식투자를 하면 알아야 할 것도 많고 고민할 것도 많아지지만 주식투자를 잘할 수 있게 되면 여러 가지 의미에서 삶을 좀 더 낫게 만들어줄 수 있는 확실한 수단이 될 거야.

물고기 창고를 물려주지 못하는 수많은 아빠를 대신해서 여기 담긴 생각과 지식이 좋은 물고기 창고를 알아볼 수 있는 눈을 가지는 데 보탬이 되면 좋겠다는 바람을 담아 썼단다. 이 책이 너의 인생에 자그마한 등대가 되어줄 수 있다면 정말 행복할 거야.